北京市社会科学基金项目
"北京市最低工资标准调整机制优化研究"（16YJC

最低
工资标准
调整机制优化研究

——以北京市为例

林　原 ◎ 著

首都经济贸易大学出版社

Capital University of Economics and Business Press

·北京·

图书在版编目(CIP)数据

最低工资标准调整机制优化研究：以北京市为例 / 林原
著. -- 北京：首都经济贸易大学出版社,2023.7
　　ISBN 978-7-5638-3490-7

　　Ⅰ.①最… Ⅱ.①林… Ⅲ.①工资制度—研究—北京
Ⅳ.①F249.24

　　中国国家版本馆 CIP 数据核字(2023)第 049809 号

最低工资标准调整机制优化研究——以北京市为例

林　原　著

责任编辑	晓　　地
封面设计	砚祥志远·激光照排　TEL:010-65976003
出版发行	首都经济贸易大学出版社
地　　址	北京市朝阳区红庙（邮编 100026）
电　　话	(010)65976483　65065761　65071505(传真)
网　　址	http://www.sjmcb.com
E- mail	publish@cueb.edu.cn
经　　销	全国新华书店
照　　排	北京砚祥志远激光照排技术有限公司
印　　刷	北京九州迅驰传媒文化有限公司
成品尺寸	170 毫米×240 毫米　1/16
字　　数	273 千字
印　　张	14.75
版　　次	2023 年 7 月第 1 版　2023 年 7 月第 1 次印刷
书　　号	ISBN 978-7-5638-3490-7
定　　价	52.00 元

前言／Preface

本书以共同富裕和全过程人民民主思想为指导,在工资决定理论和公众参与理论的基础上,构建起研究的理论框架。基于相关文献的回顾,本书从宏观、微观两个视角分析了科学调整最低工资标准的必要性。在宏观层面,从实现共同富裕的要求出发,认为科学调整最低工资标准有助于增加一线低技能劳动者的劳动报酬,从而提高初次分配中劳动报酬所占比重,促进低技能劳动者人力资本投资能力的提高,推动实现更高质量和更充分的就业,同时有助于拉动消费,增加需求,进而促进经济的高质量发展。在微观层面,本书在演化博弈理论的框架内,对低技能劳动者个体/群体与用人单位之间,就工资水平调整的合作与冲突策略选择进行了分析,进而阐明了实施最低工资保障制度,科学调整最低工资标准的必要性。

本书分析了 1994—2022 年北京市最低工资标准的变动,及对劳资双方的影响。对低收入劳动者的问卷调查和深入访谈表明,北京市最低工资标准的调整,对提高低收入劳动者工资水平和生活水平有一定的正向积极影响,但作用不是很明显。同时,北京市最低工资标准的提高,对低收入劳动者就业机会和工作时间不存在正向或者负向影响。对北京市 6 个收入较低行业用人单位的问卷调查和深入访谈表明,目前,北京市最低工资标准的调整对被调查用人单位人工成本和产品、服务竞争力的影响很有限,对用人单位整体生产经营的影响微乎其微。

基于上述实证分析,本书对北京市最低工资标准调整的适度性进行了评价,探究影响北京市最低工资标准调整的因素,并对最低工资标准测算模型进行了研究。数据统计与比较分析表明:目前,北京市最低工资标准偏低,未能实现"保基本"与"促发展"的功能。本书构建灰色关联分析模型,揭示了影响北京市最低工资标准因素的 T 型关联度排序为:职工月平均工资、城镇居民家庭平均每人每月消费性支出、人均 GDP、社会劳动生产率、城镇居民最低生活保障标准和城市居民消费物价指数。为了实现"保基本"和"促发展"的功能,本书基于马丁法对北京市最低工资标准进行了测算,将马丁法测算所得的高贫困线进行调整,使其所包含的教育培训费用可以达到北京市的平均水平,并提出在考虑就业影响的基础上,以月平均工资的 40% ~ 60% 作为最低工资标准调整的上限。

导致北京市最低工资标准偏低的一个重要因素,是调整机制的不完善,比较突出地表现为工会职能发挥的制度约束,低收入劳动者无法表达诉求,用人单位对最低工资标准调整的影响度更大及专家参与的不足。本书以澳大利亚和美国为例,分别对专家委员会和立法机关主导的最低工资标准调整模式进行了分析,并基于CLEAR 模型,从能够做(can do)、自愿做(like to)、使能够做(enabled to)、被邀请做(asked to)和作为回应去做(responded to)五个方面,对两国最低工资标准调整中的公众参与模式进行了探究,重点阐述了澳大利亚、美国最低工资标准调整中的公众参与对于北京的借鉴意义。

从北京市最低工资标准的适度性与最低工资标准调整中存在的问题出发,在国际比较借鉴的基础上,本书提出了三个方面的政策建议,以优化北京市最低工资标准调整机制:第一,以促进共同富裕为目标科学测算最低工资标准;第二,以全过程人民民主思想为指导推动劳资双方的积极参与;第三,重视最低工资标准调整中的专家参与。

目录/Contents

第一章 引　言

第一节　研究背景

党的十八大以来，习近平总书记就实现共同富裕做出了一系列重要论述，提出了一系列重要指示和要求，把逐步实现全体人民共同富裕摆在更加重要的位置上。党的十九大报告将"以人民为中心的发展思想"定为新时代收入分配改革的主基调，提出了共享发展成果、缩小收入分配差距、促进社会公平正义，为收入分配改革赋予了新的时代内涵，并指出坚持在经济增长的同时实现居民收入同步增长，在劳动生产率提高的同时实现劳动报酬同步提高。在党的二十大报告中，习近平总书记明确指出共同富裕是社会主义的本质要求，是中国式现代化的重要特征。在实现中国式现代化的过程中，要着力维护和促进社会公平正义，着力促进全体人民共同富裕，坚决防止两极分化。

改革开放以来，中国社会经济发展取得了丰硕的成果，但居民收入差距也在不断扩大，这已成为中国走共同富裕道路必须攻克的一道难题。收入分配是民生之源，是改善民生、实现发展成果由人民共享的最重要、最直接的方式。深化收入分配制度改革，推进形成合理有序的收入分配格局，让改革发展成果更多更公平地惠及全体人民，是实现社会和谐，保持经济长期稳定发展，促进共同富裕的重要基础。不同的社会制度、不同的社会发展时期以及不同社会阶层的人，对收入分配中公平的价值判断是不同的。目前，在世界上普遍被认同的分配公平标准，是公民收入的差距适中。差距过小，不能形成有效的激励机制而不利于劳动者积极性的发挥，不利于经济和社会的高质量发展；反之，差距过大，贫富悬殊，将会导致一系列的社会问题，甚至出现社会的剧烈动荡，也不利于共同富裕的实现。在经济转型的过程中，中国居民的收入差距不断拉大，基尼系数迅速攀升。根据国家统计局测算，1990 年中国的基尼系数是 0.343，1995 年是 0.389，2000 年是 0.417，2010 年为 0.412，2017 年基尼系数依然超过国际警戒线 0.400（刘国光，2003；国家统计局，2011；宁吉喆，2018）。根据学者的测算，2004—2013 年，北京市城镇居民人均收入的基尼系数，除了 2004 年的 0.470 和 2010 年的 0.412 以外，其余年份都大于 0.500（张慧文，2017）。超过国际警戒线的收入分配差距，已经成为北京市经济社会和谐稳定发展的隐患，不利于满足人民群众日益增长的美好生活需要，不利于共同富裕的实现。而导致这一现状的重要原因之一，就是底层低技能劳动者的收入长期维持在很低的水平上。

最低工资保障制度旨在保障底层低技能劳动者及其赡养人口的基本生活，维护社会和谐稳定。1994 年 7 月，《中华人民共和国劳动法》以法律形式规定"国家实行最低工资保障制度"。2004 年 1 月 20 日，劳动和社会保障部颁布《最低工资规定》，明确最低工资标准的确定和调整方案，由各省、自治区、直辖市人民政府劳动保障行政部门会同同级工会、企业联合会以及企业家协会研究拟订，并报经劳动和保障部同意。到目前为止，中国所有省、自治区、直辖市都建立了最低工资保障制度，该制度已成为中国政府保障低收入劳动者权益的重要手段之一。通过最低工资标准的调整，合理提高低技能劳动者的收入水平，是中国"提低、扩中、控高"收入分配制度改革思路中"提低"的主要措施之一。最低工资标准的调整直接关系到劳资双方的利益。一方面，提高最低工资标准可以增加底层低技能劳动者的收入，保障他们获得劳动力生产与再生产所需的基本费用；另一方面，最低工资标准的提高会增加用人单位特别是劳动密集型企业的人工成本，企业可通过减少人员雇佣甚至产业转移应对人工成本上涨，低技能劳动者的就业会受到负面影响。如何在劳资双方利益之间寻找一个合理的平衡点，成为各地最低工资标准调整的核心问题。

北京是首都，是首善之区。北京市作为中国经济发达的地区之一，人民生活水平也处于全国前列。同时北京市又是全国生活成本高、生存压力大、收入差距明显的城市之一。一些低技能劳动者为北京经济社会的发展贡献着自己的力量，却难以平等地分享北京市经济发展的成果，收入处于较低水平，生活状况较差。为了充分保障低收入劳动者个人及其家庭基本生活需要，北京市在发展经济的同时，积极推进和实施最低工资保障制度。自 1994 年实施最低工资保障制度至 2021 年底，北京市政府 25 次调整最低工资标准，调整频率在各省、自治区、直辖市中位居前列。从绝对数额看，北京市最低工资标准较高，仅比上海市等少数地区低。但从相对比例看，北京市最低工资与平均工资的比值偏低。目前世界上实施最低工资保障制度的国家，其最低工资标准多为月平均工资的 40% ~ 60%，只有少部分国家最低工资与平均工资的比值在 40% 以下。2013 年，国务院批转的《关于深化收入分配制度改革的若干意见》明确提出，要促进中低收入职工工资合理增长，根据经济发展、物价变动等因素，适时调整最低工资标准，努力使最低工资标准达到当地城镇从业人员平均工资的 40% 以上。而北京市最低工资与平均工资的比值一直在 40% 以下，2008 年之后更是一直在 20% 以下，且这一比值低于绝大多数省、市、自治区。如何构建起一个科学的最低工资标准调整机制，成为北京首善之区建设中一个具有现实意义但又复杂的问题。

第二节 研究价值

一、实践价值

本书以共同富裕和全过程人民民主思想为指导，在工资决定理论和公众参与理论的基础上，构建起研究的理论框架。在分析北京市最低工资标准变动与影响因素的基础上，本书以北京市 16 个区 1 022 名低收入保安、保洁、杂工和售货员为调查对象，对最低工资标准调整对低收入劳动者的影响进行了探究。同时，本书以北京市 16 个区建筑业，批发和零售业，住宿和餐饮业，房地产业（物业服务），居民服务、修理和其他服务业，以及水利、环境和公共设施管理业六个行业 152 家用人单位为调查对象，分析了最低工资标准调整对用人单位的影响。在此基础上，本书从"保基本"与"促发展"两个方面，对北京市最低工资标准调整的适度性进行了评价，对影响北京市最低工资标准变动的因素与最低工资标准测算模型进行了研究，并进一步讨论了北京市最低工资标准调整中出现的问题。通过国际比较分析，从公众参与式治理 CLEAR 模型的视角，探讨澳大利亚和美国最低工资标准调整模式对北京市的借鉴意义，在此基础上提出优化北京市最低工资标准调整机制的政策建议，以促进北京市最低工资标准的科学合理调整，助推低收入劳动者在保障基本生活的基础上，更多地分享到首都经济社会发展成果，进而促进共同富裕的实现，是本书的实践价值所在。

二、理论价值

最低工资标准调整涉及劳资双方利益的协调问题。本书从演化博弈理论的视角，对劳资双方在工资水平调整策略选择中的多种心理路径进行了探讨，分析了劳资双方策略选择的动态演化过程，阐述了实施最低工资保障制度、科学调整最低工资标准的必要性。这在一定程度上拓展了演化博弈理论的应用范围，也为将演化博弈理论应用于劳动关系其他领域的研究提供了前瞻性的理论参考。

第三节 基本概念界定

一、最低工资

马克思从资本主义生产制度的角度对最低工资进行了界定。他认为，要使工人能勉强养活自己并在某种程度上延续自己的子嗣，就需要一些物品，生产这些工人生活必需品时的最低限度的支出恰好就是最低工资。按照马克思的解释，最低工资是由工人必需生活资料的价格决定的，如果工人所获得的工资无法满足在这些生活资料上的需求，工人将无法生存。

从一般意义上看，最低工资（minimum wages）指的是各种法律限定的由用人单位支付给工人的最低工资率（伊特韦尔等，1996）。雇员在正常劳动时间内履行正常劳动义务后，用人单位支付给雇员的劳动报酬不得少于这一给定的标准（Marsh，1979）。从这个意义说，最低工资即国家对工人、职员规定的最低工资标准（夏伯忠、邹宝丰，1987）。在计划经济时代，最低工资指的是最简单、最不熟练劳动的报酬。在实行等级制的情况下，一般指起点等级的工资，如八级工资制的一级工资标准（刘传济，1986）。最低工资也可以通过集体谈判确定，即企业或行业代表在与工会或雇员代表经过谈判后制定出本企业或行业的最低工资。这种最低工资一般会写入集体合同，当集体合同被承认具有法律效力时，通过这种方式制定的最低工资就对个人劳动合同产生了约束力。在一些发达市场经济国家，如美国，大量的最低工资标准存在于集体谈判的协议中，通过集体谈判制定的最低工资要高于法定的最低工资标准，在保障低收入劳动者权益方面发挥着重要作用。本书中，如无特别说明，最低工资等同于最低工资标准和最低工资率，是指劳动者在法定工作时间或依法签订的劳动合同约定的工作时间内提供了正常劳动的前提下，用人单位依法应支付的最低劳动报酬。

二、最低工资制度

最低工资制度又称为最低工资保障制度，是指劳动者在法定工作时间内，在提供了正常劳动的前提下，国家以法律形式保障其应该获得的能够维持其生存及必要的供养其家属的最低费用的制度（韩兆洲等，2006）。最低工资制度是国家干预劳动关系的一种手段，可以避免劳动者虽然提供了正常劳动却不能维持劳动力生产和再生产的问题。最低工资制度的本质是政府为了改善低技能劳动力的收入状况，对劳动力市场进行干预的一种手段，实质是通过强制性的立法把低技能劳动力的工资提高到劳动力的市场均衡工资之上，以此手段实现某种社会公平。最低工资制度最初是为消除"血汗工资"而产生的，是商品经济和现代工资制度发展到一定阶段的必然产物。最低工资制度的一个重要特征是运用国家法律手段强制执行。国家或地区（行业）统一制定最低工资标准，不仅是一项工资制度，而且是一项社会保障制度。最低工资制度从公平原则出发，为低技能劳动者提供最基本生活保障的措施，对这些劳动力市场中的弱势群体具有重要的保护作用。最低工资制度在发展过程中逐渐演变为：政府维持社会最低购买力、干预收入分配、控制工资水平的重要经济手段。

最低工资制度可以分为广义和狭义两种。狭义的最低工资制度是直接以立法的形式存在的，即以法规的形式规定最低工资标准的数额、适用范围、确定和调整的依据、调整的周期和相关的执法监察及违法时的惩罚等。广义的最低工资制度既可以直接以法规的形式存在，也可以通过立法的形式赋予集体合同以法律效力，通过集体合同对某一地区、行业或企业的最低工资标准、覆盖范围等内容进行规定。由于政治、经济和文化背景不同，各个国家和地区的最低工资制度存在着一定的差异。有的国家只有以法规形式存在的最低工资制度，如中国；而在有的国家两种形式的最低工资制度并存，互为补充，如美国；另外还有一些国家只存在以集体谈判的形式实现的最低工资制度，如以色列。本书除非特殊说明，均围绕狭义的最低工资制度进行研究。

三、最低工资标准调整机制

最低工资标准不是一成不变的。为了保证劳动者在法定工作时间内提供正常劳动的情况下，能够获得维持生存及必要的供养家属的最低费用，最低工资标准需要参考相关因素，并依据一定的程序要求进行调整。

国际劳工组织要求成员国根据第131号公约的内容，构建适合其国情的最低工资标准调整机制。131号公约第3条规定了调整最低工资标准应考虑的因素，主要包括两个方面：一是工人及其家庭的需要；二是经济方面的因素。131号公约第4条阐述了在考虑上述两方面因素的基础上，雇主组织和工人组织应参与最低工资标准调整。中国的《最低工资规定》第六条规定了确定和调整最低工资标准需要参考的因素，并在第八条和第九条中明确了程序要求，明晰了劳动保障行政部门、工会和企业联合会/企业家协会在最低工资标准调整中所发挥的作用。

从中国的现实情况出发，本书中的最低工资标准调整机制，是指相关主体从劳动者及其家庭的需要出发，综合考虑经济方面的因素，依据一定程序的要求，对最低工资标准进行调整的模式。

第四节　研究内容、研究思路与研究方法

本书以共同富裕和全过程人民民主思想为指导，基于工资决定理论和公众参与理论，从宏观、微观两个视角阐述了实施最低工资保障制度、科学调整最低工资标准的必要性，分析了北京市最低工资标准的变动及对劳资双方的影响，对北京市最低工资标准调整的适度性进行了评价，对影响北京市最低工资标准变动的因素与最低工资标准测算模型进行了研究，讨论了北京市最低工资标准调整中出现的问题，并基于国际比较研究，提出了优化北京市最低工资标准调整机制的政策建议。本书的研究思路如图1-1所示。

在对上述内容的研究中具体采用了六种研究方法。

第一，文献研究。本研究充分利用各类数据资源，通过查阅相关书籍、国内外相关互联网网页，以及CNKI，万方，EBSCO，Science Direct，Springer Link等数据库，对国内外最低工资保障制度相关文献进行收集和阅读，系统梳理了相关文献的内容，同时进行动态跟踪，并在总结的基础上归纳相关理论，描述定义。

第二，比较研究。本研究对美国和澳大利亚最低工资相关数据和最低工资标准调整机制进行了深入分析，基于CLEAR模型总结其对北京市最低工资标准调整机制优化的借鉴意义。同时，本研究收集和整理了中国各省、自治区和直辖市20余年最低工资标准和其他相关数据，与北京市进行比较分析。

第三，问卷调查与深入访谈。在预调研的基础上，课题组设计调查问卷和访谈提纲，对北京市低收入劳动者和低收入行业企业进行调研。通过对低收入劳动者的调研，课题组深入了解了低收入劳动者对最低工资标准的认知、保障作用的发挥和最低工资标准调整，对低收入劳动者工资水平、生活水平、工作时间和就业机会等方面的影响。通过低收入行业企业调研，课题组深入了解了用人单位对最低工资标准的认知，北京市最低工资标准调整对用人单位的影响。

第四，定量研究。本研究在搜集整理北京市历年最低工资标准、平均工资、城镇居民人均可支配收入、人均GDP、调查失业率、消费物价指数等数据的基础上，对北京市最低工资标准的影响因素进行了灰色关联分析，评价了北京市最低

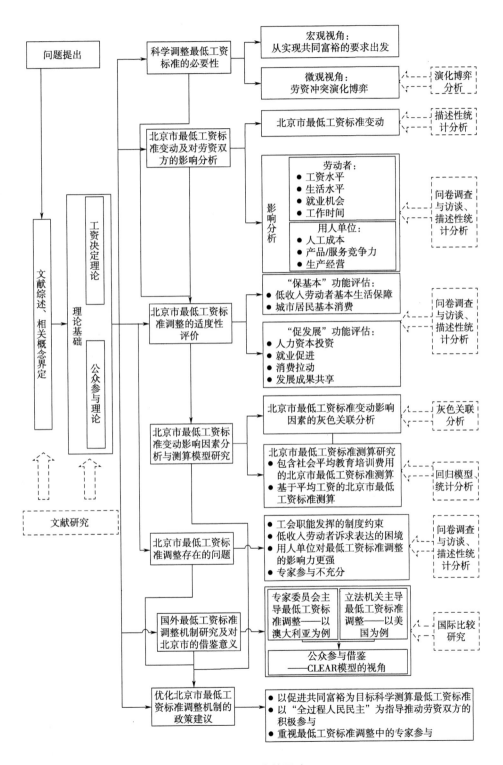

图1-1 研究的思路

工资标准的适度性，并基于马丁法和平均工资对北京市最低工资标准的测算进行了研究。

第五，演化博弈分析。基于演化博弈理论，本研究对工资水平调整中低技能劳动者个体与用人单位的合作与冲突的策略选择，低技能劳动者群体与用人单位的合作与冲突的策略选择进行了研究，分析了演化均衡策略的稳定性，阐述了科学调整最低工资标准的必要性。

第六，对策研究。理论研究是为实践发展服务的，本研究提出了优化北京市最低工资标准调整机制的具体政策建议。

第五节　本研究的创新之处

本书的创新之处在四个方面。

第一，以习近平新时代中国特色社会主义思想为指导，从宏观视角论证了科学调整最低工资标准，有助于提高初次分配中劳动报酬所占比重，提高人力资本投资能力、促进就业和扩大消费需求，从而助推人的全面发展和实现共同富裕。

第二，基于演化博弈理论，构建演化博弈模型，从微观视角对工资水平调整中低技能劳动者个体/群体与用人单位之间的合作与冲突的策略进行分析，论证了实施最低工资保障制度，科学调整最低工资标准的必要性。

第三，对北京市最低工资标准调整的功能进行了阐述，从"保基本"与"促发展"两个方面对北京市最低工资标准调整的适度性进行了评价，在此基础上，基于改进的马丁法对包含社会平均教育培训费用的北京市最低工资标准进行了测算。

第四，以澳大利亚和美国为例，分别对专家委员会和立法机关主导的最低工资标准调整模式进行了研究。基于 CLEAR 模型，对澳大利亚和美国最低工资标准调整中的公众参与模式进行了分析，重点阐述了两国最低工资标准调整中的公众参与对于北京市的借鉴意义，并在此基础上提出了优化北京市最低工资标准调整机制的具体政策建议。

第二章　理论基础与文献综述

第一节　工资决定理论

在经济学领域，对工资问题的研究由来已久，并且成为经济学研究的重要内容。19 世纪上半叶，经济学家日益强调市场交换的重要性，对分配领域的关注超过了对生产领域的关注，从而开始高度重视工资问题的研究。随后产生了诸如威廉·配第、亚当·斯密的最低生活费工资理论，杜尔阁和大卫·李嘉图的生存工资理论，穆勒的工资基金学说，马克思以劳动价值论为基础的按劳分配理论，克拉克的边际生产力理论，马歇尔的均衡价格工资理论，庇古、希克斯的谈判工资理论，帕雷的劳动力市场工资理论，舒尔茨和贝克尔的人力资本理论和新凯恩斯主义提出的效率工资理论等。从与本书高度相关的角度出发，古典经济学的工资最低限度理论、马克思的最低工资理论和效率工资理论构成了本书的重要理论基础。

一、古典经济学的工资最低限度理论

英国资产阶级古典政治经济学创始人威廉·配第在《爱尔兰的政治解剖》中，提出了商品的交换价值是由劳动决定的思想，并在这一思想的基础上阐述了分配理论。配第认为，"为了生存、劳动和传宗接代而吃的东西"是确定工资标准的重要依据。在配第所处的时代，工人的工资是由英国政府用法律规定的，配第提出这样的看法就是为政府制定"适当"的工资标准提出建议。在配第看来，工资不能定得太低，因为工人活不下去，社会的生产也就无法维持。这是一个非常有价值的见解，是工资最低限度理论的开端。

英国著名的经济学家亚当·斯密在《国民财富的性质和原因的研究》一书中提出了工资标准的问题。斯密认为，"劳动工资有一定的标准，在相当长的期间内，即使最低级劳动者的普通工资，似也不能减到这一标准之下"，"劳动的货币价格，必然受两种情况的支配：其一，是对劳动的需求；其二，是生活必需品和便利品的价格"。在斯密看来，对于需要靠劳动过活的工人，其工资至少须

足够维持其生活。在大多数情况下，工资还得稍稍超过足够维持生活的程度，否则，劳动者就不能赡养家室而传宗接代了。斯密的最低工资标准是要稍微高于维持工人生活的基本所需，而且斯密看到了工人阶级生活状况的改善会对整个社会产生影响，因此主张给予劳动者充足的劳动报酬，因为"充足的劳动报酬，既是财富增加的结果，又是人口增加的原因。对充足的劳动报酬发出怨言，就是对最大公共繁荣的必然结果与原因发出悲叹"。

法国资产阶级古典经济学家、重农学派的代表人物杜尔阁是工资生存理论的奠基人。他的主要论点是：在工业社会中，工人的工资必然处于维持生计以上。杜尔阁认为，工人出卖他的劳动时价格的高低，不能完全由他本人决定，而是同购买他的劳动的人双方协议的结果。杜尔阁说，由于有大量可以挑选的工人，当然购买者可以优先选用讨价最低的工人。因此，在彼此竞争的条件下，工人们不得不降低价格，其结果必然使工人的工资仅保持在为维持他生活所需的生活资料的水平上。杜尔阁还认为，如果工资低于维持生存的水平，则会造成人口减少和劳动力供给的下降，从而使工资上升到维持生存的水平。杜尔阁的工资理论明确指出了工人工资不能低于维持生计的水平，否则将对劳动力市场乃至整个社会经济的运行造成负面影响。

英国古典经济学家大卫·李嘉图在《政治经济学及赋税原理》一书中阐述工资生存理论时，提出了"劳动的自然价格"的概念。他认为，工资决定于维持工人及其家属的生计所需的生活资料的价值。工资是工人出卖劳动的报酬，而劳动像其他商品一样有自然价格和市场价格。劳动的自然价格是"在增减不变的情况下让劳动者继续生存并维持其后代所必需的价格"，即劳动的自然价格取决于劳动者维持其自身与其家庭所需的食物、必需品和享用品的价格。食物和必需品涨价，劳动的自然价格也上涨；相反，劳动的自然价格就下跌。劳动的市场价格随劳动的供求不断变动，但一般总是倾向于自然价格。李嘉图所说的劳动的自然价格接近于最低工资，如果最低工资低于这个自然价格，劳动者自身和其下一代的劳动供给就会出现问题。李嘉图指出："正是在劳动的市场价格超过其自然价格时，劳动者才处于幸福状态，他才有能力获得更多的生活必需品和享受品，才能供养一个健康并且人丁兴旺的家庭"，"劳动的市场价格低于其自然价格时，劳动者的境况就相当困难，贫困将他们习惯上绝对需要的享用品剥夺掉。"李嘉图认为，劳动的自然价格虽然是劳动者维持其自身及其家庭所需的一定量食物、必需品和享用品的价格，但劳动的自然价格不是一成不变的。劳动的自然价格将随不同国家、不同时期、不同气候、不同风俗习惯而不同，因而，各国、各地区都会有自己的一般工资水平。李嘉图明确指出，劳动的自然价格即使用食物和必需品来估价，也不能将其理解为是绝对固定不变的。它在同一国家的不同时期会有变化，在不同的国家差别更大。一国必不可少的住所和衣服在另一国可能根本没有必要。印度一个劳动者可能会精力充沛地继续工作，尽管他所得的自然工资能够买的衣服还不足以使俄国的一个劳动者免于冻死。即使在同一气候条件下的不同国家，不同的生活习惯也会产生劳动自然价格的差异。

法国经济学家萨伊的"生产三要素论"指出，工资是劳动要素在提供了生产性"服务"后所得到的报酬，工人劳动时所得到的工资，应略多于维持劳动者本人生存的必需品，以便养活他的子女。

上述古典经济学家的工资理论都表明：无论劳动力市场中的供求关系如何，工人的工资水平不能低于某一标准。这一标准可以理解为最低工资标准，这一标准在很大程度上取决于工人及其家属的基本生活费用，且随具体情况的不同而有所变动。

二、马克思的最低工资理论

马克思的最低工资理论，如同他的其他经济理论一样，是在批判地继承古典经济学的基础上建立和发展起来的。最低工资理论也是马克思工资理论的重要组成部分。

马克思在早期用"最低限度的工资"表示劳动力价值。如马克思在《剩余价值理论》中评价奈克尔的《论立法和谷物贸易》等著作时就说，奈克尔指出了劳动生产力的发展只不过使工人用较少的时间再生产自己的工资，从而用较多的时间无代价地为自己的用人单位劳动。同时，奈克尔正确地用平均工资、最低限度的工资做基础。劳动力价值等于最低限度工资的观点是重农学派理论分析的一个基本观点，他们在此基础上展开对资本主义生产的分析。恩格斯较早接受了最低限度工资等于劳动力价值的观点，后来马克思也曾使用这样的表达方式，并认为，对于已经不能生产任何商品而不得不出卖自己的劳动的雇佣工人来说，最低限度的工资，即必要生活资料的等价物，必然成为他同劳动条件的所有者交换时的规律。直到《资本论》问世，马克思才改变了上述提法。马克思在《资本论》第一稿中指出，既然劳动力或劳动能力成为商品，那么，它同其他商品一样也有使用价值和价值。马克思在论述劳动力价值时，不仅认识到劳动力的价值"由把工人本身生产出来所花费的那个劳动量决定"，而且认识到"这种情况并不排除工人直接满足需要的范围可以有一定的伸缩，而且包含着这种伸缩"。所以，工人的工资标准，就不只是由工人的"身体决定"，还"由一定的社会状况决定"。也就是说，不只是生理因素，还有社会因素。马克思在《资本论》第二稿中进一步指出，为维持劳动力所必需的生活资料的价值不是固定不变的，同时，工人作为工人而生活所必需的生活资料，在不同的国家、不同的文明状况下也是不同的。马克思认为，第一生活需要的数量和满足这些需要的方式，在很大程度上取决于社会的文明状况，也就是说，它们本身就是历史的产物，所以，在某一国家或某一时期属于必要的生活资料的东西，但在另一国家或另一时期却不是必要的生活资料。所以，决定劳动力价值的因素，不是纯粹的自然需要，而是历史上随着一定的文化水平而发生变化的自然需要。

马克思曾经对什么是最低工资做过精辟的论述，他在《雇佣劳动与资本》中指出：简单劳动的生产费用就是维持工人生存和延续工人后代的费用。这种维持生存和延续后代的费用的价格就是工资。这样决定的工资叫作最低工资。马克思在《共产党宣言》中提出，花在工人身上的费用，几乎只限于维持工人生活和延续工人后代所必需的生活资料，雇佣劳动的平均价格是最低限度的工资，即工人为维持其生活所必需的生活资料的数额。关于最低工资的内容，马克思明确指出由三部分构成：一是维持工人生存所需要的商品；二是使工人阶级能够繁殖后代并用新工人代替失去劳动能力的工人的费用；三是把他们训练成为工人所需要的费用。这里马克思清楚地说明，劳动力发挥作用后的消耗，必须要重新得到补偿：劳动力因损耗或死亡，需要补充新的劳动力；劳动者要获得一定的劳动技能，需要一定的教育和训练费用。

1865 年 6 月，马克思发表的《工资、价格和利润》的演说及 1867 年出版的《资本论》第 1 卷，对最低工资问题进一步做了全面的科学论述，标志着马克思最低工资理论的形成。在这一阶段，马克思使用的是"工资的最低限度"的概念，而非"最低工资"或"最低限度的工资"。最低工资和最低限度工资是指按照雇佣劳动规则或工资规律，工人应该得到并且只能得到的那个工资。"工资的最低限度"却只是指工人应得工资的一部分，说明工人事实上并不能得到由身体标准和社会标准共同决定的那个工资（最低限度的工资），工人实际所得经常接近于"工资的最低限度"或最低工资。

三、效率工资理论

乔治·阿克洛夫（George Akerlof）等在《劳动力市场的效率工资模型》中指出，为了提高工作效率从而降低成本，厂商们愿意使工资水平维持在高于市场出清的水平上，以实现利润最大化，这一高水平的工资就是效率工资（efficiency wages）。工资是企业成本的主要部分。在正常情况下，企业为了利润最大化，要使成本（包括工资）尽可能低。20 世纪 70 年代末，新凯恩斯主义者提出了效率工资的新观点，而后在 80 年代，效率工资理论逐渐发展起来。信息不对称和激励机制可以很好地解释效率工资存在的合理性。阿克洛夫认为，由于用人单位和求职者之间信息的不对称，同时也为了激励工人们更加努力工作，明智的厂商会选择效率工资。因为他们相信效率是工资的增函数，是随工资的增加而提高的。

索洛（Solow，1979）指出，当达到最佳工资水平时，工资变动一定的百分比，将引起努力程度以相同的百分比变动，即如果工资提高 50%，工人的努力程度也会提高 50%。这就是著名的索洛条件。索洛模型考虑到了劳动生产率与工资水平有关，但并没有解释出效率工资作用的内在机理。自 20 世纪 80 年代以来，讨论效率工资作用机理的理论模型层出不穷，其中最典型是怠工模型（shirking model）和工作转换模型（turnover model）。

怠工模型是由夏皮罗（Shapiro）和斯蒂格利茨（Stiglitz）于 1984 年提出的。他们的模型从雇佣关系中激励的角度研究工资和劳动生产率之间的关系，较为直观和透彻地揭示了效率工资的作用机理。怠工模型认为，在实际生产过程中，由于劳动力市场上信息的不对称，工人对他们提供的劳动服务总有某种程度上的控制能力，而这种对其自身劳动服务努力程度的控制力在合同上很难加以规定。由于企业不能完美地监督工人的努力程度，工人在其工作业绩完成好坏上都有一定的自由，工人总有怠工的机会。为了防止工人的偷懒行为，企业不得不支付给工人较高的工资。这一方面加大了工人因怠工而被解雇的成本；另一方面以此作为一种激励措施，促进工人努力工作。这种高于市场出清工资的效率工资，实质是对工人偷懒行为进行惩罚的一种机制。如果工人因偷懒而被企业解雇，将失去一份高工资的工作，很难再找到同样的工作。这样，工资本身就是工人偷懒行为的机会成本，工资越高，机会成本越大。在瓦尔拉斯（Wales）的均衡劳动力市场分析中，经济处于充分就业状态，所有企业都支付市场出清工资。这时工人反而不在乎失去工作，因为在均衡状态下，工人可以立即找到相同的工作，即怠工的成本为零。企业支付高于出清工资的效率工资，瓦尔拉斯的劳动市场均衡被打破，社会上存在着非自愿失业，这时的怠工行为就有成本了，工人就会珍惜较高工资的工作，即使怠工行为被发现的概率很小，工人也会努力工作。夏皮罗和斯蒂格利茨的怠工模型深刻地揭示了效率工资的决定机理。

工作转换模型（Stiglitz，1985）在许多方面与怠工模型类似，但更强调劳动力的工作转换给企业造成的损失。工人在辞职后所留下的职位空缺需要补充，新招聘进来的工人需要培训，这就意味着企业不得不再一次发生招聘费和培训费。因此，企业有强烈的动机采取各种措施将工人的工作转换次数控制在一个合理的水平上。企业的重要措施之一就是确定一种工资水平以阻止工人转换工作。人们一般设想，当工人获得的工资高于其他工作机会向他们提供的报酬时，他们将减少辞职。因此，在其他条件都不变的情况下，企业支付较高的工资可以降低工人的工作转换率。

第二节　公众参与理论

公众参与政府决策是现代民主政治的基本特征之一，也是推进国家治理体系和治理能力现代化的重要内容。自 20 世纪 50 年代末欧美新左派提出参与式民主的口号后，公众参与成为政治学、经济学、社会学、公共管理学、公共财政学等社会学科关注的一个焦点问题，国内外学者围绕公众参与的意义、公众参与程度和影响公众参与的因素等问题进行了阐述。

一、公众参与的价值

在传统行政管理阶段，公众参与被排斥，新公共行政理论的发展改变了这一局面，公众参与的重要价值被逐渐认可。新公共行政理论提出了公共行政的新兴价值目标，主要包括社会公平、代表性、响应、参与和社会责任感等内容，用以挑战传统公共行政中的以官僚为中心和以效率为追求的取向，其中参与作为公共行政新兴价值目标之一，强调了公民与政府之间拥有平等的地位，公民被视为全球化背景下治理的合作伙伴之一。

珍妮特·登哈特和罗伯·登哈特在专著《新公共服务：服务，而不是掌舵》中，从公民权的角度论述了公民参与的重要价值，认为公民权利作为公共利益追求的根本价值目标，唯有通过广泛的公民参与才能得以真正实现。同时，公共利益是政府行政的出发点，而公民参与是公共利益达成的基石所在，因此只有公民参与才能够取得最佳的政治结果、增强政府的合法性，从而实现民主目标。博瓦德（Bovaird，2007）明确指出，传统公共服务的设计和管理理念，没有考虑多个利益相关者之间存在的合作关系，对于公众参与重视不够，很难满足公众的需求，并提出构建包含使用者和服务社会在内的合作生产概念框架，列举了一些通过公众参与提高合作和改善地方服务的案例。

中国学者王锡锌（2012）提出，公众参与可以从微观的视角提高中国的民主建设水平，进而为在宏观层面上提高民主制度建设水平奠定基础。地方性事务和管理性事务的处理，应通过多种形式、多种途径吸纳民众的参与。多元、多渠道的微观民主的推行，有利于将基层民众组织吸收、包容到与其自身利益密切相关的地方性事务之中，进而通过治理技术层面上的信息开放和沟通理性，提升民众的参政能力。俞可平（2016）对世界现代化的历史经验进行总结，指出不断地从以"官员的权力本位"为表征的传统政治，走向以"公民的权利本位"为表征的现代政治，是社会现代化不可或缺的重要内容，而公民参与是实现善治的必要条件，日益受到重视的参与式治理是实现善治的重要方式。王浦劬（2013）从协商治理的角度指出，在政府与公民之间应搭建起协商的桥梁，公民通过意见表达和沟通协调，可以围绕着社会公共事务和公共管理，达成人民民主与国家有效治理的一致，达成协商治理参与者的政治权利与社会经济权利的有机结合。

二、影响公众参与的因素

美国学者阿恩斯坦（Arnstein，1969）提出了公民参与的阶梯理论，即根据公民的参与程度，将公民参与由下至上分为操纵、治疗、告知、咨询、安抚、合作伙伴、授权和公民控制八个层级。决定公民参与性不断提高的重要因素是一国政治体制的发展状况，尤其是政府开放度、透明性与政治民主化的进程。阿恩斯坦认为，国家政治发展状况与公民参与的能量释放存在着正相关关系，而公民参与又推动了政治民主和公共治理水平的发展。公民参与的发展历程可以被视为政府不断向社会和公民授权的过程。在这个过程中，政府对公民角色和作用的认识，公民对自身资格和作用的认识都处在不断变化和调适之中。因此，在此过程中公民有必要学习参与公共政策制定与执行的技能，官员也有必要学习如何与公民进行交往和共同合作。约翰·克莱顿·托马斯（2015）在《公共决策中的公民参与》一书中指出，公众参与行政决策的人选和公众的参与形式等会影响到公众参与的效率。罗伯特·达尔（1987）在《现代政治分析》一书中提出，公众自身在参与相关能力方面的欠缺，是导致公众参与意识缺乏和参与积极性不高的重要原因。曾（Tsang，2009）等认为，收入状况和教育水平是影响公众参与意识的重要因素。邦德（Bond，2004）等提出，公众的意见是否被重视和采纳、政府相关信息的公开程度、公众对信息的了解程度等对公众参与产生直接影响。贝尔勒（Beierle，2002）等阐述了公众参与过程中的信息流动问题，如通过调查和接触关键公众的方式实现信息从公众至政府方向的流动，通过宣传倡议和信息公开等方式实现信息从政府至公众方向的流动，以及通过公民大会、调解、意见咨询等方式实现公众和政府之间信息的双向流动。

李阳（2019）分析了新媒体对公众参与的影响，指出新媒体强化了民众参与公共领域的意愿，推动社会参与平等化、信息渠道多元化、动员手段社会化、舆论监督网格化，为中国社会治理的民主化进程提供了一个有待开拓与完善的路径，并提出可以借助新媒体，对治理主体框架、受众框架、媒体框架，以及线上线下的多元协同框架进行准确定位和动态完善，从而推动公众参与社会治理。李志和兰庆庆（2016）从沟通渠道、沟通互动、沟通效果三个维度进行分析，论述了公民网络政策参与中制度化沟通对公共政策的影响，并提出通过畅通沟通渠道、增进公众与政府部门双向互动，可以提升制度化沟通的政策效应，最终实现公民网络政策的有效参与。罗彪（2020）阐述了专家论证制度对行政决策科学化和民主化的重要意义，对专家参与行政决策的角色定位及功能优化进行了研究，指出要将实际工作中专家论证的异化行为，通过建立制约机制、改变模式和细化规则加以纠正，从而保障专家论证的独立性、权威性和权责一致性。

三、CLEAR 模型——公众参与分析的新范式

在朗兹（Lowndes，2006）等构建的有关公众参与式治理的 CLEAR 模型中，将促进公众参与的因素总结为能够做（can do）、自愿做（like to）、使能够做（enabled to）、被邀请做（asked to）和作为回应去做（responded to），如表 2-1 所示。

表 2-1　促进参与的因素：CLEAR 模型

影响因素	如何起作用	相关政策目标
能够做 （can do）	公众所拥有的与动员和组织相关的个人资源（如表达、写作和技术技能，以及使用它们的信心）影响到他们的参与能力	能力建设、培训、志愿者的支持和相关指导与发展计划
自愿做 （like to）	当公众对其身份产生认同时，公众更愿意承诺参与。这是决定公众是否愿意参与的焦点问题	公民意识，社区建设，邻里治理与社会资本
使能够做 （enabled to）	各类团体和志愿者组织构成的公民基础设施发挥着重要作用，因为它们可以创造或阻碍公众参与的机会	投资于公民基础设施和社区网络，通过契约改善沟通渠道

续表

影响因素	如何起作用	相关政策目标
被邀请做（asked to）	通过征求意见动员公众参与，可以极大促进公众参与	设计具有多样性和反馈性的公众参与计划
作为回应去做（responded to）	当公众感觉到自己的意见被倾听，且能够得到相关回应，而不是必须同意时，公众的参与意愿会提高	通过具体的成果、持续的学习和回馈建立起一个具备回应能力的公共政策体系

（1）"能够做"源于传统上占主导地位的社会经济观点对不同地区公众参与情况变化的解释（Verba et al.，1995）。该观点认为，当公众拥有适当的技能和资源时更有能力参与。这些技能和资源包括公众所具有的公开演讲或写信的能力与自信，也包括组织活动和获取具有类似想法的他人支持的能力，还包括获取复印设施和上网资源的机会等。受过教育和就业的公众往往掌握更多的此类技能和资源，而他们在社会中的地位也往往更高。该观点也解释了为什么贫困地区的公众参与度比较低。参与的技能和资源不仅与收入或社会阶层有关，一些技能还取决于公民个体所拥有的资源，比如，受教育情况和参与能力。另外，不同社区所拥有的可用的设施和能力也很重要。因此，能力建设、培训、志愿者的支持和相关指导与发展计划等提高公众能力的政策，可以促进公众参与公共决策。

（2）"自愿做"说明了人们对某一社会群体的感觉是参与的重要基础，即如果个体感觉到自己是某一社会群体的一部分，感受到来自团结或共同承诺的力量时，就更愿意参与该群体的相关事务。正式和非正式社交网络可以促进个体之间的沟通与合作，因而被视为创造信任和互利共赢的重要方式。让人们有机会参与公共事务的决策，即确保公民的选择权，是非常重要的。

（3）"使能够做"强调了各类团体和志愿者组织是公众参与公共事务决策的重要途径，各类团体和志愿者组织也因此成为推动公众参与的重要因素。公民个体参与公共决策的困难度很大，且个人的积极性非常容易受挫。在通过各类团体和志愿者组织参与到公共事务决策的过程中，个体之间可以保持持续的沟通，相互支持，形成一个较为紧密的网络。公共事务决策部门应该重视对各类团体和志愿者组织的培育，并确保这些团体和志愿者组织有参与决策的途径，而不是仅将他们视为潜在的公共服务提供者。

（4）"被邀请做"反映了动员公众参与的重要性。学者们通过研究指出，当公众被邀请参与某项公共事务的决策时，他们参与的热情会提高。公共事务决策部门可以通过设计具有多样性和反馈性的公众参与计划，向公众发出邀请，以广泛征求公众的意见和建议。参与形式的多样性很重要，因为这样可以给公众更多的选择，比如，有人喜欢参加公开的意见征集会，有人更愿意参加线上的讨论；有人愿意就自己社区的日常生活进行讨论，而有些人更愿意基于一定的专业知识给出自己的意见。公共事务决策部门在征求意见的过程中不需要过于追求"平衡"和"代表性"，更应该关注方式和群体的多样性。另外，公共事务决策部门还可以对积极参与的公众给予一定的奖励，以肯定他们所做出的贡献。

（5）"作为回应去做"体现了反馈机制对于公众参与的重要影响。当公众感觉到自己的意见被倾听，能够得到相关回应，特别是对公共事务的决策产生积极的影响时，他们参与的热情会提高。公众利益的多元化决定了公共事务决策部门不可能采纳公众所有的意见和建议，但当公众感觉到公共事务决策部门考虑到自己的建议，即便未被采纳，他们也会积极地参与。反馈的内容是多样的，其中一个重点是向公众说明决策是如何制定的，以及在这个过程中公众的参与发挥了何种作用。

近年来，中国学者从 CLEAR 模型的视角对行政决策中的公众参与问题进行了研究。周晓丽（2019）基于 CLEAR 模型，对中国公众参与环境治理中的问题及其对策进行了分析和探讨，指出培育社会公众参与意识非常重要，而增强政府对公众参与的回应性，有助于形成公众与政府的良好互动。钟苏娟等（2018）基于 CLEAR 模型论证组织化参与是一种科学、高效的公众参与路径，草根动员、较强的主体意识、良好的制度环境、政府的支持和政府与公众之间的良性互动是组织化参与成功的重要特征。

第三章　科学调整最低工资标准的必要性

是否有必要实施最低工资制度？最低工资标准的调整是否会影响就业？是否有助于提高底层劳动者的收入？是否有助于削减贫困？这些成为最低工资制度实施以来国内外学者广泛争论的议题。中国实施最低工资制度近 30 年，国内学者对最低工资标准调整的必要性开展了相关研究，但迄今为止并未达成一致的意见。本书以习近平新时代中国特色社会主义思想为指导，从实现共同富裕的要求出发，从宏观视角阐述了科学调整最低工资标准的必要性。同时，基于演化博弈论，本书从劳资冲突演化博弈的微观视角，对工资水平调整过程中劳资双方的策略选择进行了研究，据此对实施最低工资制度、科学调整最低工资标准的必要性进行了分析。

第一节　共同富裕视角下科学调整最低工资标准的必要性

习近平在有关共同富裕的讲话中强调，高质量发展需要高素质劳动者，只有促进共同富裕，提高城乡居民收入，提升人力资本，才能提高全要素生产率，夯实高质量发展的动力基础。同时还明确指出，中国必须坚决防止两极分化，促进共同富裕，实现社会和谐安定。科学调整最低工资标准，有助于提高初次分配中劳动报酬的比重，提升低技能劳动者人力资本投资能力，促进就业，扩大消费需求进而推动高质量发展，从而助力于共同富裕的实现。

一、提高初次分配中劳动报酬所占比重的需要

理解共同富裕有两个关键点，一是"富裕"，二是"共同"。"富裕"体现了生产力标准要求，是继温饱、小康目标之后的升级版，反映了人民群众物质生活、精神文化生活的高水平供给和高品质消费的质量属性。"共同"则体现了生产关系性质要求，是人人有份、公平正义的分配形态，彰显共同劳动、共同创造财富、共同享有发展成果的价值导向。实现共同富裕，不但要把"蛋糕"做大，还要把"蛋糕"分好。分好"蛋糕"要求构建初次分配、再分配、三次分配协

调配套的基础性制度安排，而初次分配是基础。初次分配要兼顾效率和公平，而不是只重视效率，否则会增大再分配的难度。科学调整最低工资标准，有助于在初次分配中提高劳动报酬的比重，增加劳动者特别是一线低技能劳动者的劳动报酬，从而为共同富裕的实现奠定重要的基础。

根据传统的劳动经济学理论，在完全竞争的劳动力市场中，最低工资标准调整对劳动者收入的影响并不确定，但在买方垄断的劳动力市场中，如果初始最低工资标准较低，调高最低工资标准将会对就业和收入分配产生积极影响（Brown，1988）。中国学者围绕最低工资标准调整对低收入群体收入的影响开展了实证研究。孙中伟和舒玢玢（2011）的研究表明，最低工资标准对农民工工资增长具有显著影响。马双等（2012）利用规模以上制造业企业报表数据，分析了最低工资对中国就业和工资水平的影响，指出最低工资每上涨10%，制造业企业平均工资水平将整体上涨0.4%~0.5%，因此政府在制定最低工资时应权衡其在收入分配上的积极效果以及其对就业的负面影响。贾朋和张世伟（2012）对最低工资调整的就业效应和收入分配效应进行了实证研究，指出最低工资标准对男性和女性就业的负面影响存在差异，而对男性和女性工资均具有明显的溢出效应。贾朋和张世伟（2013）研究了不同工资区间内，最低工资增长对工资增长率的溢出效应，指出随着相对工资区间的升高，溢出效应呈下降趋势。赵秋运和张建武（2013）的研究发现，最低工资的扭曲使得资本和劳动要素在部门间再分配，导致中国资本密集型部门不断深化以及劳动密集型部门渐趋萎缩，最终导致中国总体劳动收入份额持续下降。杨娟和李实（2016）通过对2011年和2012年流动人口动态监测数据和地市级层面宏观数据进行研究后发现，最低工资的增长对农民工收入的提高非常显著。许明和李逸飞（2020）的研究指出，最低工资制度可以提高出口企业内部的资源配置效率，促进劳动者收入水平的提高，并与企业在更大程度上实现"双赢"。

在中国传统的计划经济体制下，在初次分配中，劳动者的工资水平是由各级行政主管部门决定的，劳动者的工资收入既不反映劳动这一生产要素在生产过程中的贡献，也不反映要素的稀缺程度。不论劳动者的年龄、能力以及劳动贡献如何，劳动者之间的工资收入并不存在大的差别。在这一时期，受意识形态的影响，"最低工资"被归入资本主义的范畴，理论界不承认社会主义国家存在最低工资。学者们认为，在资本主义制度下，资本家的目标是最大限度地榨取剩余价值，因而总是力图把工人的工资压到最低的水平。工人阶级为了自身的利益，总是拼命反抗资产阶级的这种压榨。随着资产阶级和工人阶级斗争的日益激化，为了缓和阶级矛盾，一些国家的资产阶级政府先后制定了最低工资法，要求用人单位发给工人的工资不得低于最低工资法所确定的最低工资标准，即我们常提到的最低工资。从这个意义上说，最低工资实质上是资本主义社会工人阶级与资产阶级之间阶级对抗的产物。工人阶级与资产阶级的矛盾在社会主义社会已不复存在，因而最低工资也没有其存在的意义了，建立科学的最低工资标准调整机制更是无从谈起。但事实上，计划经济时代等级工资制中的起点工资发挥着"最低工资标准"的作用，起点工资的调整影响着劳动者的收入，也影响着初次分配中劳动报酬所占比重。在计划经济大一统的局面下，有了起点工资的保护，政府无需再通过最低工资来保障初次分配中劳动报酬所占比重，仅需要确立起点工资的调整机制即可。

在计划经济向市场经济转型的过程中，劳动力资源开始通过市场进行配置，工资的决定过程成为劳动者和企业两个经济利益主体的微观经济行为。而市场经济的本质决定了劳资双方的力量存在差距，用人单位凭借着对资本的所有权决定着企业内部的收入分配规则。正如马克思在《资本论》中所描述的："资本所有者成了资本家，昂首在前，劳动力所有者成为雇佣劳动者，尾随在后"，"一个笑容满面，雄心勃勃，一个战战兢兢，畏缩不前，像在市场上出卖了自己的皮一样，只有一个前途——让人家来鞣。"工人首先是雇佣劳动者，其次才是分配者。由于劳资权力失衡而导致收入分配不平等，古典经济学家斯密在《国民财富的性质和原因的研究》中有精彩的论述："劳动者的普通工资，到处都取决于劳资双方所订的契约。这两方面的关系绝不一致。劳动者盼望多得，用人单位盼望少给，劳动者都想为提高工资而联合，雇主都想为减低工资而联合。"斯密同时还指出，雇主们为了使劳动工资不超过实际工资率，随时随地都有一种秘而不宣地团结一致的联合，同时，雇主们又能得到国家和法令的明确，但秘而不宣地支持而维护他们自己的利益，而且在经济保障上只有资产阶级的特权，与工人没有雇主就不能"生活"，因而对雇主们的"凄惨的依靠"形成了鲜明的对比。

计划经济向市场经济的转型使企业在工资决定中拥有了更大的自主权，而中国目前劳动力供过于求的状况进一步导致了雇员，尤其是底层的低技能劳动者在工资决定中处于绝对的弱势。低技能劳动者由于存量大、供给弹性大、可替代性强，在工资谈判中明显处于不利地位。在这种"强资本、弱劳动"的格局中，底层低技能劳动者所获得的报酬，有可能不足以维持其自身和所赡养家属基本生存的需要，导致劳动报酬在中国国民收入初次分配中所占的比重不断下降，且这一比重处于世界较低水平（张广科和王景圣，2021）。

目前，世界上大多数市场经济国家，通过依据相关法律调整最低工资标准，或通过工资集体协商调整最低工资标准，对劳动者的劳动报酬权益给予保护，也保证了劳动报酬在国民收入初次分配中所占的比重，前者如美国、法国、日本、西班牙、卢森堡、荷兰、葡萄牙、英国等，后者如德国、意大利、瑞士、荷兰等。中国目前的集体谈判制度还很不完善，不能从根本上起到保障劳动者报酬权益的作用。同时，由于中国劳动力市场的就业压力还很大，劳动者担心失业情况的发生，导致劳资力量差距对比的进一步拉大，决定了处于劳动力市场底层的劳动者无法采取联合的方式通过集体谈判保护自身权益。经济转型期中国劳动力市场的现状决定了政府有必要确立科学的最低工资标准调整机制，对收入分配进行调节，在保护劳动者权益的同时，提高劳动报酬在国民收入初次分配中所占的比重。

二、提高个人人力资本投资能力的需要

习近平在 2021 年中央财经委员会第十次会议的讲话中，强调了共同富裕是全体人民的富裕，要为人民提高受教育程度、增强发展能力创造更加普惠公平的条件，畅通向上流动通道，给更多人创造致富机会，形成人人参与的发展环境。党的二十大报告指出，坚持以人民为中心发展教育，加快建设高质量教育体系，发展素质教育，促进教育公平。人力资本投资是提高人民受教育程度和发展能力的重要途径，科学调整最低工资标准可以为低收入群体提供收入保障，从而提高低收入群体个体人力资本投资能力。如果仅仅通过法律、政策强制性地提高低技能劳动者的收入，只能是短期效应，长期不可持续。从长期看，低收入劳动者收入提升的关键在于是否能为社会创造更高的价值，也就是其技能水平的提升。技能水平的提升依赖于低收入劳动者个人人力资本投资能力的提升。

人力资本理论研究的先驱西奥多·舒尔茨（Thodore Schults）在《对人进行投资》一书中提出，人力资本是通过人力资本投资形成的，寄寓在劳动者身上并能够为其带来持久性收入来源的生产能力。根据舒尔茨的观点，人力资本投资主要包括五方面的内容：一是医疗和保健，包括影响一个人的寿命、力量强度、耐久力、精力和生命力的所有费用；二是在职人员培训，包括企业所采用的旧式学徒制；三是正式建立起来的初等、中等和高等教育；四是为成年人举办的学习项目，多见于农业的技术推广项目；五是个人和家庭适应于变换就业机会的迁移。

世界银行发布的人力资本指数，将健康水平和教育环境作为决定人力资本的两个基本要素（胡强，2020）。相关研究也表明，健康人力资本是教育人力资本

发挥作用的基础，对经济增长的贡献率高于教育人力资本（徐祖辉和谭远发，2014）。人力资本投资的部分费用，如在职人员培训费用等可由用人单位负担，但大部分费用则由劳动者本人及其家庭负担。劳动力市场上高技能劳动力与低技能劳动力相对工资差距和相对就业份额的变化，起着诱致人力资本投资增加和促进人力资本形成的作用。但是，只有人力资本投资的积极性，而没有人力资本投资能力，人力资本的有效形成不可能实现。影响人力资本投资能力的因素主要包括收入水平、个人偏好和文化习俗等，其中最重要的因素是个人收入水平。对于经济转型期国家的人口来说，工资收入是最主要的收入来源，工资收入对人力资本的投资和形成具有重要的作用。

首先，收入水平对劳动者在医疗和保健领域的人力资本投资，即健康人力资本的形成有着直接的影响。健康是个体自身最大的财富，也是个体发展能力增强的前提保障。2013 年 8 月 31 日，习近平在会见全国体育先进单位和先进个人代表等时强调，人民身体健康是全面建成小康社会的重要内涵，是每个人成长和实现幸福生活的重要基础。实现更高水平的全民健康，既是共同富裕的必然结果和主要标志，也是实现共同富裕的基本前提和基础保障，二者辩证统一于中国特色社会主义发展的整个历史进程之中。健康状况直接影响劳动者从事社会生产活动的总时间和生产效率，因此健康也是劳动者创造价值和财富的源泉，是实现人自由全面发展的前提。收入差距的存在，使低收入群体、中等收入群体和高收入群体在医疗保健方面的支出存在很大的差距，导致低收入群体的健康状况明显落后于全国平均水平。《2013 年国家卫生服务调查分析报告》显示，经济与社会资源匮乏使低收入群体对医疗资源的获取能力较低，2013 年，低收入群体"因经济困难需住院未住院"占比为 13.09%，远高于全国 7.4% 的平均水平（国家卫生计生委统计信息中心，2015）。相关研究表明，低收入群体慢性病与大病患病率整体处在较高水平，致病因素多元化、经济社会资源匮乏、康复服务缺位等因素，严重阻碍了低收入群体健康状况的改善（昌硕，2018）。

同时，个人的支付能力严重制约着低收入劳动者的教育需求。从经济学的角度考察，教育需求是人们对教育有支付能力的需要，是获得教育服务的愿望与对教育的支付能力的统一。决定支付能力大小的收入水平是制约教育需求的重要因素。根据恩格尔定律，一个国家（或家庭）在食品支出上所占收入比例的大小，标志着这一国家（或家庭）的富裕程度，较富有者的食品支出所占比重较小。一般而言，食品支出比重随收入水平提高而下降，而非食品支出比重则随收入水平提高而提高。由于教育属于非食品范畴，因此教育支出随收入水平提高而增加。

另外，低收入导致的借贷约束也影响着低收入劳动者的教育需求。资本市场借贷是人力资本投资的另一个资金来源。当一部分劳动者及其子女无法从个人收入中支付教育费用时，借贷资金就成为人力资本投资资金的另一个重要来源。由于人力资本具有不同于物质资本的特殊性，使得人力资本投资贷款市场具有比物质资本贷款市场更强的不完备性，这种不完备性对于低收入阶层表现得更为明显。

造成这种人力资本投资资本市场不完备性的主要原因有：

第一，人力资本是依附在所有者身上的知识和技能。人力资本不像物质资本那样可以充当抵押品，在贷款出现危机时用来变现。这显然会增加人力资本贷款提供者的风险，降低其提供贷款的意愿。

第二，人力资本投资的收益既包括货币收益，又包括非货币收益。非货币收益虽然对于受教育者来说相当重要，但对于贷款提供者来说却没有任何意义。

第三，个体人力资本的生产能力存在不确定性。贷款申请者和贷款提供者之间严重的信息不对称，将使贷款提供者的贷款意愿大打折扣。因此，贷款提供者更愿意接受收入状况较好的申请者的贷款请求，而对低收入者或是拒绝贷款，或是增加贷款利率，或是加重对借款者违约行为的惩罚以达到限制低收入者贷款的目的。

第四，对人力资本进行投资和取得人力资本投资收益两者间存在一定的时间间隔。对人力资本的投资一般发生在投资者年龄较小时，而取得人力资本投资收益并归还贷款一般发生在投资者成年以后。较长的时间间隔增加了人力资本投资贷款的风险性和不确定性，影响了贷款提供者的积极性。人力资本投资贷款市场的这种不完备性，将使贷款提供者一般会倾向于限制借款者的借款数量，同时也会导致借款者所支付的利息成本随着借款数量的上升而上升。这都会影响需要靠借贷完成人力资本投资的个体的教育需求（许学军，2003）。

大量低收入群体的存在已经成为经济转型期中国所必须面对的一个事实。信贷约束限制了低收入群体人力资本投资的能力，工资收入成为大量低收入群体进行人力资本投资的主要资金来源，但较低的工资水平却很难保障这部分群体本人及其下一代的人力资本投资。上述情况不利于低收入群体受教育程度的提高和发展能力的增强，进而影响到他们向上流动的通道。科学调整最低工资标准，有助于提高这部分低收入群体的人力资本投资能力，进而不断提高他们自身以及下一代的收入，促进共同富裕的实现。

三、促进就业的需要

习近平在纪念建党 100 周年讲话中将"推动人的全面发展"作为未来努力的重要目标之一，人的全面发展是共同富裕的根本价值目标。在物资匮乏的年代，谈论人的全面发展显然是不太合乎时宜的。习近平在纪念建党 100 周年讲话中庄严宣告，经过全党全国各族人民持续奋斗，我们已经在中华大地上全面建成了小康社会，历史性地解决了绝对贫困问题。近年来，人民物质、文化生活有了非常大的提高，为人的全面发展提供了坚实的物质和文化基础。党的十九大报告强调，就业是最大的民生，要坚持就业优先战略和积极就业政策。党的二十大报告强调，要健全就业促进机制，促进高质量充分就业。实现更高质量和更充分就业，是践行以人民为中心发展思想的内在要求，是推动人的全面发展的重要基础，也是促进全体人民共同富裕的重要方式。

人的全面发展就是人的素质的全面提高，人的本质力量的全面发展。人区别于其他动物的本质特征是劳动，人的本质力量的全面发展就是人的劳动能力的全面发展和实现，因此要求劳动者具有与所处时代社会生产力发展相适应的劳动能力，而且还要求具有能正确处理各种社会关系的思想道德修养。人的全面发展意味着，蕴藏在人本身的各种潜在的本质力量都得到开发和提高，并主要体现在社会经济实践活动中得到全面、自由、充分地发挥。马克思认为，人的主体存在是通过人的生存活动——劳动实现的，实质是通过人的劳动实现的。恩格斯提出劳动创造了人本身，并更为明确地指出，人通过从事一定的劳动活动、一定的从业和就业活动获得生存需要、实现自身价值、扩充社会关系、完善自我能力，从而实现全面发展。

在商品社会，就业活动是人获得自己经济来源的根本途径，是保障自己生存、发展和实现自我价值的主要途径。同时，人的就业活动是人实现其他社会价值的基础。人的存在并不是简单的生存活动和经济存在，而是文化的、精神的、道德的、自身修养的和自身追求的存在。人的多样性存在必须建立在一定的物质基础之上，而人的就业活动就是多样性存在的物质基础。就业不仅是人融入社会生活的基本方式，更是人实现自我价值的舞台。就业使人找到了适合发挥自己劳动能力的劳动岗位，并通过竞争机制的激励把自己的劳动能力充分发挥出来，即激励人充分发挥自己的积极性、主动性和创造性解决工作中的新情况、新问题，从而充分发挥自己的体力和智力，把人的聪明智慧、所有的劳动能力都能发掘出来。人在就业岗位上的成就和贡献，是评价人的社会价值的重要标准。人在工作岗位上的成就越大，对社会的价值就越大。劳动者以自己的劳动力，参与社会生产和服务，创造价值，把自己最为深刻的生命价值转化为有用价值，而这个转化的基本途径和方式就是通过自己的就业活动。因此，就业是人实现自我价值和自我发展的重要途径，是促进人全面发展的重要途径，也是实现共同富裕的重要基础。

传统的经济学理论认为，在完全竞争的劳动力市场中，工资应由劳动力的供给和需求决定，不需要政府运用最低工资标准进行干预。政府人为制定的最低工资标准会高于市场均衡工资水平，从而形成最低限价，实施中会使得一些低工资、低技能劳动者的就业发生困难。受到自身文化素质、就业体制等方面因素的影响，一些劳动力只能跻身于那些工资低廉、工作条件差、就业不稳定的次级劳动力市场。大多数国外学者的研究结论认为，最低工资制度会干扰劳动力市场的正常运行，当最低工资标准高于劳动力市场均衡工资水平时，劳动力需求会减少，从而导致失业人数增加。阿波德等（Abowd et al.，2000）的研究指出，最低工资标准的提高对于法国就业产生了严重的负面影响。诺伊马克等（Neumark et al.，2006）对20世纪90年代以来美国和其他国家最低工资研究的相关文献进行了分析，指出约有85%的研究支持最低工资上涨会减少就业的观点。豪劳斯托希等（Harasztosi et al.，2019）对匈牙利最低工资标准就业效应的研究揭示，最低工资提高会减少就业，但影响不是很明显。

部分国外学者基于实证研究指出，最低工资制度的施行对就业造成的负面影响并不如想象中的严重，最低工资是提高了总就业水平，还是降低了总就业水平并不明确，在某些情况下，最低工资标准的提高可能对就业产生积极的影响。卡德等（Card，1992a）对1990年美国联邦最低工资增加前后年轻人就业人数及相关数据进行了分析，通过分析指出，最低工资的增加使年轻人的平均工资有所增长，同时，最低工资的增长并没有降低年轻人的就业率。卡德等（Card et al.，1992b）用美国当前人口调查（CPS）数据，以美国加利福尼亚州为例，对最低工资对就业的影响进行了实证分析，得出了与上文相似的结论。1988年7月，加利福尼亚州最低工资提高为4.25美元每小时，没有导致年轻人就业的减少，而使他们的工资有所增长。卡德（Card et al.，1994）等利用准实验的方法，对新泽西州最低工资标准提升对快餐店服务人员就业影响的研究发现，伴随着最低工资的提高，那些起薪较低的快餐店比起薪较高的快餐店就业增长更大，新泽西州快餐店的就业率上升了0.61%；而在同一时期，宾夕法尼亚州东部快餐店的就业却呈现下降的趋势。弗林（Flinn，2006）根据搜寻—匹配模型，认为最低工资制度提高了劳动者议价能力，提出最低工资标准的增长可以提高劳动参与率，从而使更多的求职者与用人单位实现成功匹配，就业和失业可能同时增加，最低工资不一定会对就业产生负面影响，总体就业变动方向存在不确定性。

同时，也有国外学者指出，对于最低工资就业效应的考察，除了劳动参与外，还应分析最低工资的调整对于工作时间的影响。哈莫米斯（Hamermesh，1993）在研究中指出，提高最低工资标准的时候，工作时间的调整往往比就业人数的调整更快。米希尔（Michl，2000）认为，卡德等（Card et al.，1994）与诺伊马克等（Neumark et al.，2000）的研究没有得到相同结论的重要原因就是对工作时间处理的差异。林内曼（Linneman，1982）的研究表明，最低工资标准的提高使适用最低工资的低技能劳动者的工作时间下降，而对于工资水平刚好高于最低工资标准的劳动者来说，他们的就业水平下降了，但工作时间却有所上升。库奇等（Couch et al.，2001）、斯图尔特等（Stewart et al.，2008）等的研究也揭示出最低工资标准的提高对劳动者的工作时间产生了负向的影响，但扎沃德尼（Zavodny，2000）的研究发现，最低工资标准的提高对工作时间产生了正向的影响。

在中国，虽然最低工资制度实施时间比较短，但学者们围绕最低工资标准调整对就业的影响开展了有意义的实证研究。罗小兰（2007）的研究指出，最低工资标准对农民工就业的影响存在一个阈值区间。在阈值之前，最低工资标准的提高将对农民工就业产生积极的作用；而超过了该阈值之后，则会产生负面的影响。石娟（2009）的研究指出，最低工资标准的提高对中国总体就业水平有负面影响，但影响力度很小，同时这种影响因地区经济发展水平不同而存在差异。马双等（2012）分析了最低工资对就业的负面影响。贾朋和张世伟（2012）对最低工资调整的就业效应进行了实证研究，指出最低工资标准对男性和女性就业的负面影响存在差异。

从国内外学者的研究成果看，最低工资标准调整的就业效应是一个富有争议性的话题。虽然学者们对于最低工资标准提高影响就业的问题并未达成一致，但可以肯定的一点是，如果最低工资标准太高，企业从利润最大化的角度出发，势必减少劳动力需求，从而对劳动力市场的就业情况造成负面影响。中国《最低工资规定》中将失业率作为最低工资标准调整考量的因素之一。理论与实证研究均表明，由于劳动力市场摩擦和不完全竞争的存在，适度提高最低工资标准不会对就业造成严重影响，但如果最低工资标准提升得过高过快，则会对就业造成一定的负面影响，尤其是对青年人的就业会造成显著的影响。就业问题不仅是经济问题，更是政治问题和社会问题，各国政府均从战略高度考虑就业问题，把促进就业作为工作的直接目标和重要内容。因此，在伴随经济发展不断提高最低工资标准的同时，要抑制最低工资标准过快增长。科学提升最低工资标准以促进就业，有助于实现人的全面发展，进而促进全体人民共同富裕的实现。

四、扩大消费需求推动高质量发展的需要

实现共同富裕目标，首先要通过全国人民共同奋斗把"蛋糕"做大做好，然后通过合理的制度安排把"蛋糕"切好分好。推动共同富裕，解决发展问题是第一位的，分配问题也很重要，但不能仅靠分配实现共同富裕。共同富裕与高质量发展密不可分，推动共同富裕需要实现国民经济高质量发展。出口、投资和消费是拉动国民经济的三驾马车，前两者曾是拉动中国经济的主要动力，但在未来的发展中，消费的作用将愈发突出。2022 年 4 月 29 日召开的中共中央政治局会议指出，要发挥消费对经济循环的牵引带动作用。党的二十大报告明确提出要着力扩大内需，增强消费对经济发展的基础性作用和投资对优化供给结构的关键作用。《中共北京市委关于制定北京市国民经济和社会发展第十四个五年规划和二〇三五年远景目标的建议》中，将"经济发展质量效益明显提升"作为"十四五"时期北京经济社会发展的主要目标，并明确指出"形成需求牵引供给、供给创造需求的更高水平动态平衡"。通过科学调整最低工资标准提高低收入劳动者的收入，有助于拉动消费，增加需求，进而推动经济的高质量发展。

钱纳里等（1995）指出："关于经济增长方式存在两种不同的观点。新古典的传统观点认为，国民生产总值（GNP）增长是资本积累、劳动力增加和技术变化长期作用的结果，是竞争均衡的假设条件下发生的。需求变化和部门间的资源流动则被认为是相对不重要的，因为所有部门的劳动和资本能带来同样的边际收益。第二种更为广泛的观点认为，经济增长是生产结构转变的一个方面，生产结构的变化应适应需求的变化，应能更有效地对技术加以利用。在预见力不足和要素流动有限制的既定条件下，结构转变极有可能在非均衡的条件下发生，在要素市场尤其如此。"根据第二种观点，经济增长的本质是一个产业结构问题，产业结构也是衡量经济发展质量的一个重要方面，而产业结构必须与需求相适应。消费需求直接拉动着产业结构的升级，而决定消费需求的重要因素之一就是消费者的工资水平。在产业结构不断适应需求变化的过程中，人们的工资或收入水平起着十分重要的作用。工资或收入水平及其在分配上的差异，加之各种商品需求的收入弹性不同，使需求结构呈现出多样性，从而导致产业结构在适应需求结构的

演变过程中不断升级。马克思强调，消费是生产的目的，生产要为消费服务。消费从两方面决定着生产：第一，只有被消费的产品才成为现实的产品；第二，消费创造出新的生产的需要，创造出生产的动力。与此相适应，消费结构的变化也为产业结构的调整提供新的动力。与经济增长同时且同步的收入稳定增长，是不断改善人民生活水平，扩大居民消费需求的基本保障，也是推动经济高质量发展的需要。一方面，收入稳定增长有利于培育新的需求对经济增长的牵引动力，使供给和需求在更高水平上实现动态平衡；另一方面，收入稳定增长有利于发挥居民消费的基础性作用，降低经济增长对出口需求和投资需求的过度依赖，实现需求因素"三驾马车"的内部良性平衡。依靠不断提高收入形成的消费需求，可以为提高供给体系质量、扩大优质供给提供市场信号和牵引动力。

在理论上，人们都有不断改善消费水准的心理愿望，但在收入约束下，消费决策的优先序列会有所不同，因此，为满足实际需求而发生的消费结果会表现出层次性。1891 年，恩格斯为《雇佣劳动与资本》写的导言中，将消费资料划分为生活资料、享受资料、发展和表现一切体力和智力所需的资料。马斯洛在需求层次论中，也将人们的需求满足程度区分为：生理需求、安全需求、社交需求、尊重需求和自我实现需求。按照马斯洛的理解，人们会率先满足生理与安全等方面的需求，然后再满足社交、尊重和自我实现等需求。因此，用于基本生存需求的消费，对于低收入群体来说，具有根本的意义：人只有维持生命的存在，才可能追求未来的发展。在中国经济发展的过程中，城乡之间、城乡内部以及地区之间居民收入差距拉大，居民大致形成三个收入群体，即低收入群体、中等收入群体和高收入群体。三个群体的消费水平不同，消费结构也各有特点。张翼（2016）指出，高收入群体的人均消费额度会高于低收入群体的人均消费额度，即高收入群体会消费更高的人均净值，但其人口少、平均消费倾向比较低。这部分人的消费在达到一定程度时，会难以继续创造有效需求。在收入差距较大时，低收入人群会因为缺钱而"消费不足"，高收入人群则会因为"消费饱和"而失去消费冲动。刘颖纯（2017）通过研究指出，中国城市低收入群体的恩格尔系数偏高，已经超过国际警戒线 0.4。中国低收入群体以满足基本生活必需品的消费为主，消费结构单一，有效需求不足。他们的收入大部分都用在食品上，填饱肚子依旧是生活主要目标，在衣着、居住、医疗保健等生存性消费上增幅不大，在家庭设备和交通通信、教育娱乐等发展性消费上的支出更少。低收入群体的生活用品档次低，其耐用品的消费以满足日常基本生活需要的低档品为主，一般性日常用品如电话、电视机、洗衣机、冰箱等耐用品的消费与平均水平相差不大，但对于较高档的空调、电脑、汽车等耐用品的拥有量则明显低于全国人均水平，这加剧了相关产业生产能力的放空。一个"供给相对过剩"的畸形买方市场出现了，企业陷入困境并导致产业演进受阻，技术徘徊在低层次水准上，服务业也停滞在低档次上（胡放之，2005）。第三产业的发展在很大程度上依赖于第二产业的发展，如果第二产业发展停留在低水平上，第三产业的需求市场就难以形成大的规模。中国大力提倡第三产业发展而收效不大，其根本原因，就在于其他产业尤其是工业尚未全面进入高级化过程，人们的工资水平远未形成对第三产业的广泛需求。

确立科学的最低工资标准调整机制，提高最低工资水平，将使城市低工资人群和农村进城打工者的收入状况得到改善，提高他们对高档耐用消费品的消费能力，带动这部分产业的发展，并进一步带动第三产业的发展，将为整体产业结构的升级和经济的高质量发展提供助力。

第二节　劳资冲突演化博弈视角下科学调整最低工资标准的必要性

工资水平直接涉及劳动力市场的供给方——劳动者的切身利益，同时也对劳动力市场的需求方——用人单位产生深刻影响。因此，工资水平调整中一个非常重要的问题就是双方利益的协调，而协调的过程伴随着劳资双方的合作与冲突，演化博弈论为劳资双方行为的分析提供了一个很好的微观视角。本书基于演化博弈论，从劳资冲突演化博弈的微观视角，对工资水平调整过程中劳资双方的策略选择进行研究，据此对实施最低工资制度、科学调整最低工资标准的必要性进行分析。

一、演化博弈模型一般表达式的构建与数学求解

（一）演化稳定策略

演化稳定策略（evolutionary stable strategy，ESS）是演化博弈理论的基本概念，在演化博弈论中的地位如同纳什均衡在博弈论中一样。梅纳德·史密斯（Maynard Smith）在 1973 年发表的《动物冲突的逻辑》（*The Logic of Animal Conflict*）一文，以及在 1974 年发表的《博弈论与动物冲突的演变》（*The Theory of Games and the Evolution of Animal Conflicts*）一式中，阐述了演化稳定策略的基本思想。假设在一个全部选择某一特定策略的大群体中，出现了一个选择不同策略的突变小群体，如果突变小群体在大群体中博弈所得到的收益大于原来群体中个体的收益，那么小群体将侵入大群体；反之，则不能侵入大群体并在演化过程中被淘汰。如果一个群体能够消除任何小突变群体的侵入，那么就称该群体达到了一种演化稳定状态，此时该群体所选择的策略就是演化稳定策略。

演化稳定策略的数学描述如下：如果对任何策略 $y \neq x$，存在某个 $\bar{\varepsilon} \in (0, 1)$ 使得不等式 $u[x, \varepsilon y + (1 - \varepsilon)x] > u[y, \varepsilon y + (1 - \varepsilon)x]$ 对所有的 $\varepsilon \in (0, \bar{\varepsilon}_y)$ 都成立，那么 $x \in \Delta$ 是一个演化稳定策略（ESS）。其中，x 代表原有策略，y 代表变异策略，ε 代表变异者占（进入后）总体的比例，$\varepsilon \in (0, 1)$，$u[a, a]$ 为博弈双方策略是（a, a）时的得益，即适应度（fitness）。可以根据命题 3-1 判断策略 x 是否是 ESS，命题 3-1：

$$\Delta^{ESS} = \{x \in \Delta^{NE} : u(y, y) < u(x, y) \, \forall y \in \beta^*(x), y \neq x\}$$

一个等价的说法是，当且仅当策略 $x \in \Delta$ 满足式（3.1）和式（3.2）两个最优反应条件时，策略 x 才是演化稳定的：

$$u(y, x) \leqslant u(x, x) \, \forall y \tag{3.1}$$

$$u(y, x) = u(x, x) \Rightarrow u(y, y) < u(x, y) \, \forall y \neq x \tag{3.2}$$

式（3.1）说明，如果策略 x 是 ESS，那么选择变异策略 y 的个体对选择策略 x 的个体博弈会得到较少的收益，因而不能侵入选择 ESS 的群体中；式（3.2）则说明，如果采取策略 x 的个体可以侵入变异者群体中，从而使得选择变异策略的个体在演化过程中从群体中消失。由此可知，当系统处于演化稳定状态时，小扰动并不影响系统的演化状态，系统将锁定这一状态。因此，虽然 ESS 是一个静态概念，但却能够反映系统局部的动态演化性质，而且其肯定是一个纳什均衡策略。

（二）复制动态

复制动态（replicator dynamics）也被称作复制者动态、复制子动态，是一个从生物学中衍生出来的概念，即如果繁衍是连续不断的，就会导致连续事件的总体动态。复制动态实际上就是特定策略在一个种群中被采用的频数或频度的动态方程或动态微分方程。

在演化博弈理论的分析中，应用最为广泛的选择机制动态方程是泰勒和琼克（Taylor & Jonker，1978）提出的单群体复制动态方程，其数学表达式如式（3.3）所示：

$$\frac{\mathrm{d}x_i}{\mathrm{d}t} = [f(s_i, x) - f(x, x)] \cdot x_i \qquad (3.3)$$

式（3.3）中，x_i 表示在某时刻 t 选择纯策略 i 的人数在群体中所占的比例；$f(s_i, x)$ 表示群体中个体进行随机配对博弈时，群体中选择纯策略 s_i 的个体所得的期望支付或适应度；$f(x, x) = \sum_i x_i f(s_i, x)$ 表示群体平均期望支付或适应度。

在复制动态方程中，纯策略的增长率与相对支付或适应度（纯策略所获得的支付与群体的平均支付之差）成正比。从单群体复制动态方程的表达式可知，如果一个选择纯策略 s_i 的个体得到的支付少于群体平均支付，那么选择纯策略 s_i 的个体在群体中所占的比重将逐渐减少；如果一个选择纯策略 s_i 的个体得到的支付多于群体的平均支付，那么做此选择的个体在群体中所占的比重将逐渐增加；而如果个体选择纯策略 s_i 所得到的支付恰好等于群体的平均支付，则选择该策略的个体在群体中所占的比重将维持不变。这意味着，某种策略的适应度或支付比群体的平均适应度高，这种策略会在群体中得到发展，表现为这种策略的增长率大于零。

泽尔腾（Selten，1980）引入角色限制行为把群体分为单群体和多群体，不同群体根据个体可供选择的纯策略集不同而划分。在多群体时，不同群体中的个体有不同的纯策略集，有不同的群体平均支付即不同的群体演化速度。多群体复制动态方程的数学表达式如式（3.4）所示：

$$\frac{\mathrm{d}x_i^j}{\mathrm{d}t} = [f(s_i^j, x) - f(x^j, x^{-j})] \cdot x_i^j \qquad (3.4)$$

式（3.4）中，上标 $j(j = 1, 2, \cdots, K)$ 表示第 j 个群体，x_i^j 表示第 j 个群体中选择第 $i(i = 1, 2, \cdots, N)$ 个纯策略的个体数占该群体总数的百分比，x^j 表示群体 j 在 t 时刻所处的状态，x^{-j} 表示 j 群体以外的其他群体在 t 时刻所处的状态，s_i^j 表示 j 群体中个体行为集中的第 i 个纯策略，x 表示混合群体的混合策略组合，$f(s_i^j, x)$ 表示混合群体状态为 x 时，群体 j 中个体选择纯策略 s_i^j 时所能得到的期望支付，$f(x^j, x^{-j})$ 表示混合群体的平均支付。

（三）演化博弈模型一般表达式与稳定点分析

对于两个参与者之间的一般演化博弈分析模型，通过设定不同的预期收益值，可以对微分方程组的稳定节点进行分析，来考察博弈参与者的 ESS，以对博弈参与者之间形成的稳定均衡状态进行讨论。

以博弈方 A 和博弈方 B 作为博弈的双方，构建一个 2×2 的博弈，其支付矩阵如图 3-1 所示。

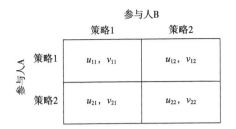

图 3-1　两个参与人不同策略选择下的支付矩阵

假设参与人 A 群体中选择策略 1 的人所占比率为 x，选择策略 2 的人所占比率为 $1-x$；参与人 B 群体中选择策略 1 的人所占比率为 y，选择策略 2 的人所占比率为 $1-y$。在此种情况下，参与人 A 选择策略 1 和策略 2 的适应度为 $E(A_1)$ 和 $E(A_2)$，分别如式（3.5）和式（5.6）所示：

$$E(A_1) = u_{11}y + u_{12}(1-y) \tag{3.5}$$

$$E(A_2) = u_{21}y + u_{22}(1-y) \tag{3.6}$$

则参与人 A 的平均适应度如式（3.7）所示：

$$E(A) = xE(A_1) + (1-x)E(A_2) \tag{3.7}$$

同理，参与人 B 选择策略 1 和策略 2 的适应度为 $E(B_1)$ 和 $E(B_2)$，分别如式（3.8）和式（3.9）所示：

$$E(B_1) = v_{11}x + v_{21}(1-x) \tag{3.8}$$

$$E(B_2) = v_{12}x + v_{22}(1-x) \tag{3.9}$$

参与人 B 的平均适应度如式（3.10）所示：

$$E(B) = yE(B_1) + (1-y)E(B_2) \tag{3.10}$$

由此可得复制动态微分方程如式（3.11）和式（3.12）所示：

$$\frac{dx}{dt} = [E(A_1) - E(A)] \cdot x = x(1-x)[(u_{11} - u_{12} + u_{22} - u_{21})y - (u_{22} - u_{12})] = P(x, y) \tag{3.11}$$

$$\frac{dy}{dt} = [E(B_1) - E(B)] \cdot y = y(1-y)[(v_{11} - v_{21} + v_{22} - v_{12})x - (v_{22} - v_{21})] = Q(x, y) \tag{3.12}$$

采取参数替代式（3.11）和式（3.12）中的部分内容，以简化数学部分的讨论，令：

$$A = u_{11} - u_{12} + u_{22} - u_{21}$$

$$B = u_{22} - u_{12}$$

$$C = v_{11} - v_{21} + v_{22} - v_{12}$$

$$D = v_{22} - v_{21}$$

则式（3.11）和式（3.12）可以简化为式（3.13）和式（3.14）：

$$\frac{\mathrm{d}x}{\mathrm{d}t} = x(1-x)[Ay-B] = P(x, y) \tag{3.13}$$

$$\frac{\mathrm{d}y}{\mathrm{d}t} = y(1-y)[Cx-D] = Q(x, y) \tag{3.14}$$

对式（3.13）和式（3.14）进行求解，令：

$$\begin{cases} P(x, y) = 0 \\ Q(x, y) = 0 \end{cases}$$

可以得到此方程组的 5 组解，分别为：

$$\begin{cases} x = 0 \\ y = 0 \end{cases}, \begin{cases} x = 0 \\ y = 1 \end{cases}, \begin{cases} x = 1 \\ y = 0 \end{cases}, \begin{cases} x = 1 \\ y = 1 \end{cases}, \begin{cases} x = \dfrac{D}{C} \\ y = \dfrac{B}{A} \end{cases}$$

由此得到动态系统式（3.13）和式（3.14）的 5 个局部均衡点，分别为 $E_1(0, 0)$，$E_2(0, 1)$，$E_3(1, 0)$，$E_4(1, 1)$ 和 $E_5(\dfrac{D}{C}, \dfrac{B}{A})$。根据弗里德曼（Friedman, 1991）提出的方法，其均衡点的稳定性可由该系统的雅可比（Jacobian）矩阵的局部稳定性分析得到。动态系统式（3.13）和式（3.14）的雅可比矩阵 $\boldsymbol{J}$ 为：

$$\boldsymbol{J} = \begin{bmatrix} \dfrac{\partial P}{\partial x} & \dfrac{\partial P}{\partial y} \\ \dfrac{\partial Q}{\partial x} & \dfrac{\partial Q}{\partial y} \end{bmatrix} = \begin{bmatrix} (1-2x)(Ay-B) & Ax(1-x) \\ Cy(1-y) & (Cx-D)(1-2y) \end{bmatrix}$$

将 $E_1(0, 0)$ 代入雅可比矩阵可得 $S_1 = \begin{bmatrix} -B & 0 \\ 0 & -D \end{bmatrix}$，将 $E_2(0, 1)$ 代入可得 $S_2 = \begin{bmatrix} A-B & 0 \\ 0 & D \end{bmatrix}$，将 $E_3(1, 0)$ 代入可得 $S_3 = \begin{bmatrix} B & 0 \\ 0 & C-D \end{bmatrix}$，将 $E_4(1, 1)$ 代入可得 $S_4 = \begin{bmatrix} B-A & 0 \\ 0 & D-C \end{bmatrix}$，将 $E_5(\dfrac{D}{C}, \dfrac{B}{A})$ 代入可得 $S_5 = \begin{bmatrix} 0 & \dfrac{DA}{C}(1-\dfrac{D}{C}) \\ \dfrac{BC}{A}(1-\dfrac{B}{A}) & 0 \end{bmatrix}$。

二、工资水平调整中低技能劳动者个体与用人单位的演化博弈

(一) 前提假设

前提假设一般是对于现实的抽象，是进行结论推理的基础。以下是本书对于

低技能劳动者个体与用人单位就工资水平调整进行博弈中合作与冲突问题进行分析的几个前提假设。

假设 1：用人单位和低技能劳动者是两个不同的群体，两个群体中个体的数量众多，群体内的个体具有同质性。

假设 2：用人单位和低技能劳动者进行博弈策略选择时，存在两个纯策略选择：合作或是冲突。对于用人单位来说，当选择合作策略时，不会刻意压低低技能劳动者的工资，同时当低技能劳动者出现消极怠工等情况时，会选择接受这种行为。对于低技能劳动者来说，当选择合作策略时，会努力工作，即便对用人单位支付的工资水平并不满意。相反，对于用人单位来说，当选择冲突策略时，会恶意压低低技能劳动者的工资，同时当低技能劳动者出现消极怠工等情况时，会选择惩罚低技能劳动者。对于低技能劳动者来说，当选择冲突策略时，不会接受用人单位支付的工资水平，采取消极怠工等方式与用人单位对抗。

假设 3：两个不同群体中的用人单位和低技能劳动者随机配对博弈，采取的策略不同，各自具有不同的支付和收益。

假设 4：用人单位和低技能劳动者因不能获得完全信息，或者获得和处理信息所需要的成本比较高，因而对合作与冲突策略选择的效果缺乏准确的预见和预测能力，在处理相同问题时，他们根据以往所积累的经验决定策略选择。这就意味着，由于有限理性，博弈双方主体一般会通过比较和模仿的方式确定自身的策略选择。

假设 5：产生更高期望收益的策略所具有的增长率会更高。复制动态反应为：选择某一策略的个体在群体所占比例的增长情况与选择该策略所得收益与群体平均收益之差成正比。

上述假设从理论上满足了对大群体中的个体策略选择进行演化博弈分析的要求，也符合经济转型过程中中国用人单位和低技能劳动者在处理工资决定问题时的实际情况。

（二）低技能劳动者个体与用人单位合作与冲突的演化博弈模型

1. 参数设置

L 代表低技能劳动者群体，此类低技能劳动者的数量非常多。

E 代表用人单位群体，用人单位的数量也非常多。用人单位群体倾向于压低低技能劳动者群体的工资，以节约人工成本。

Π_L 代表低技能劳动者对用人单位提供的工资不满意，单方面采取冲突策略时的收益。当低技能劳动者采取冲突策略时，既可能表现出因主观原因缺勤、工作松懈、低效率工作等"不服从"，也可能采取更为激烈的方式如不去上班、破坏生产设备等，还可能因工资太低而选择辞职。低技能劳动者除了采取"辞职"以外的上述其他冲突策略时，还在用人单位工作。如果用人单位采取合作的方式，就意味着用人单位允许低技能劳动者消极怠工，或是接受了低技能劳动者所提出的提高工资水平的建议，此时员工的收益为 Π_{L1}。如果低技能劳动者采取"辞职"的冲突策略，不管用人单位采取合作还是冲突策略，此时低技能劳动者的收益不变，为 Π_{L2}。低技能劳动者辞职时，会面临原来的工资级别和社会资本方面的损失，而且离职后还会面对支付相同或类似工资水平（法定最低工资或略高于最低工资）的用人单位，因此，$\Pi_{L2} < \Pi_{L1}$。可见，此种情况下，离职并非低技能劳动者的明智之选。由此可知，从提高个人收益的角度出发，当员工采取冲突策略时，其不会离开用人单位，故 $\Pi_L = \Pi_{L1}$，$\Pi_L > 0$。

Π_E 代表用人单位单方面采取冲突策略时的收益，即用人单位为了节约人工成本，一味压低低技能劳动者的工资，而此时的低技能劳动者选择了忍气吞声接受，$\Pi_E > 0$。

C_{OL} 代表低技能劳动者单方面采取合作策略时所付出的成本。当用人单位采取冲突策略，而低技能劳动者单方面采取合作策略时，低技能劳动者的权益将很难得到保障，一般表现为低技能劳动者接受用人单位较低的工资水平，$C_{OL} > 0$。

C_{OE} 代表用人单位单方面采取合作策略时所付出的成本。当低技能劳动者采取冲突策略，而用人单位采取合作策略时，用人单位要么接受低技能劳动者消极怠工所带给自身收益的减少，或是接受因改善低技能劳动者收益而带来的成本的增加，$C_{OE} > 0$。

C_{CL} 代表低技能劳动者和用人单位共同采取冲突策略时，低技能劳动者所付出的成本。当低技能劳动者与用人单位都采取冲突策略时，低技能劳动者可能会面临罚款、开除等惩罚，$C_{CL} > 0$。

C_{CE} 代表低技能劳动者和用人单位共同采取冲突策略时，用人单位所付出的成本。当低技能劳动者和用人单位都采取冲突策略时，用人单位一般会招聘新的员工代替消极怠工或者不去上班的低技能劳动者，此时用人单位所付出的成本包括招聘成本和培训新员工适应岗位工作的成本，$C_{CE} > 0$。

$\Delta\Pi_L$ 代表低技能劳动者和用人单位共同采取合作策略时，与低技能劳动者单方面采取冲突策略时相比较，低技能劳动者收益的变化。一方面，用人单位与低技能劳动者合作可以使双方可供分配的收益蛋糕"做大"，从而使低技能劳动者受益；另一方面，低技能劳动者在采取合作策略时，无法通过消极怠工的方式增加自身效用，自身利益有可能受损。因此，$\Delta\Pi_L$ 取值不定。

$\Delta\Pi_E$ 代表低技能劳动者和用人单位共同采取合作策略时，与用人单位单方面采取冲突策略时相比较，用人单位收益的变化。一方面，用人单位与低技能劳动者合作可以使双方可供分配的收益蛋糕"做大"，从而使用人单位受益；另一方面，用人单位在采取合作策略时，无法通过压榨低技能劳动者获得超额利润，其自身利益有可能受损。因此，$\Delta\Pi_E$ 取值不定。

p 代表采取合作策略的低技能劳动者所占的比例，则采取冲突策略的低技能劳动者所占的比率为 $1-p$。$1 \geqslant p \geqslant 0$

q 代表采取合作策略的用人单位所占的比例，则采取冲突策略的用人单位所占的比率为 $1-q$。$1 \geqslant q \geqslant 0$

2. 演化博弈模型的构建

根据上述参数设置，用人单位与低技能劳动者个体之间博弈的支付矩阵如图 3-2 所示。

用人单位

	合作	冲突
合作	$\Pi_L+\Delta\Pi_L,\ \Pi_E+\Delta\Pi_E$	$\Pi_L-C_{OL},\ \Pi_E$
冲突	$\Pi_L,\ \Pi_E-C_{OE}$	$\Pi_L-C_{CL},\ \Pi_E-C_{CE}$

图 3-2 用人单位与低技能劳动者博弈的支付矩阵

由图 3-2 中的支付矩阵可知，低技能劳动者在采用合作策略时的适应度为：

$$E_L(合作) = q(\Pi_L + \Delta\Pi_L) + (1 - q)(\Pi_L - C_{OL}) \tag{3.15}$$

低技能劳动者采取冲突策略时的适应度为：

$$E_L(冲突) = q(\Pi_L) + (1 - q)(\Pi_L - C_{CL}) \tag{3.16}$$

低技能劳动者的平均适应度为：

$$\overline{E}_L = pE_L(合作) + (1 - p)E_L(冲突) \tag{3.17}$$

由此可知，低技能劳动者选择合作策略的复制动态微分方程为：

$$\frac{\mathrm{d}p}{\mathrm{d}t} = [E_L(合作) - \overline{E}_L] \cdot p = p(1 - p)[q(\Delta\Pi_L + C_{OL} - C_{CL}) - (C_{OL} - C_{CL})] = P(p,\ q) \tag{3.18}$$

由图 3-2 的支付矩阵可知，用人单位在采用合作策略时的适应度为：

$$E_E(合作) = p(\Pi_E + \Delta\Pi_E) + (1 - p)(\Pi_E - C_{OE}) \tag{3.19}$$

用人单位在采用冲突策略时的适应度为：

$$E_E(冲突) = p(\Pi_E) + (1 - p)(\Pi_E - C_{CE}) \tag{3.20}$$

用人单位的平均适应度为：

$$\overline{E}_E = qE_E(合作) + (1 - q)E_E(冲突) \tag{3.21}$$

由此可知，用人单位选择合作策略的复制动态微分方程为：

$$\frac{\mathrm{d}q}{\mathrm{d}t} = [E_E(合作) - \overline{E}_E] \cdot q = q(1 - q)[p(\Delta\Pi_E + C_{OE} - C_{CE}) - (C_{OE} - C_{CE})] = Q(p, q)$$

$$\tag{3.22}$$

令：

$$\begin{cases} \dfrac{\mathrm{d}p}{\mathrm{d}t} = [E_L(合作) - \overline{E}_L] \cdot p = 0 \\ \dfrac{\mathrm{d}q}{\mathrm{d}t} = [E_E(合作) - \overline{E}_E] \cdot q = 0 \end{cases}$$

可以得到此方程组的 5 组解，分别为：

$$\begin{cases} p = 0 \\ q = 0 \end{cases}, \begin{cases} p = 0 \\ q = 1 \end{cases}, \begin{cases} p = 1 \\ q = 0 \end{cases}, \begin{cases} p = 1 \\ q = 1 \end{cases}, \begin{cases} p = \dfrac{C_{OE} - C_{CE}}{C_{OE} - C_{CE} + \Delta\Pi_E} \\ q = \dfrac{C_{OL} - C_{CL}}{C_{OL} - C_{CL} + \Delta\Pi_L} \end{cases}$$

（三）演化均衡策略的稳定性分析

根据弗里德曼（Friedman，1991）提出的方法，均衡点的稳定性可由该系统的雅可比（Jacobian）矩阵的局部稳定性分析得到。动态系统式 3.18 和式 3.22 的雅可比矩阵（J_1）为：

$$J_1 = \begin{bmatrix} \dfrac{\partial P}{\partial p} & \dfrac{\partial P}{\partial q} \\ \dfrac{\partial Q}{\partial p} & \dfrac{\partial Q}{\partial q} \end{bmatrix}$$

$$= \begin{bmatrix} [(1 - q)(C_{CL} - C_{OL}) + q\Delta\Pi_L](1 - 2p) & (C_{OL} - C_{CL} + \Delta\Pi_L)p(1 - p) \\ (C_{OE} - C_{CE} + \Delta\Pi_E)q(1 - q) & [(1 - p)(C_{CE} - C_{OE}) + p\Delta\Pi_E](1 - 2q) \end{bmatrix}$$

将 E_1（0，0）代入雅可比矩阵 J_1 可得：

$$S_1 = \begin{bmatrix} C_{CL} - C_{OL} & 0 \\ 0 & C_{CE} - C_{OE} \end{bmatrix}$$

将 E_2（0，1）代入雅可比矩阵 J_1 可得：

$$S_2 = \begin{bmatrix} \Delta\Pi_L & 0 \\ 0 & C_{OE} - C_{CE} \end{bmatrix}$$

将 E_3（1，0）代入雅可以矩阵 J_1 可得：

$$S_3 = \begin{bmatrix} C_{OL} - C_{CL} & 0 \\ 0 & \Delta\Pi_E \end{bmatrix}$$

将 E_4（1，1）代入雅可以矩阵 J_1 可得：

$$S_4 = \begin{bmatrix} -\Delta\Pi_L & 0 \\ 0 & -\Delta\Pi_E \end{bmatrix}$$

将 E_5（$\dfrac{C_{OE} - C_{CE}}{C_{OE} - C_{CE} + \Delta\Pi_E}$，$\dfrac{C_{OL} - C_{CL}}{C_{OL} - C_{CL} + \Delta\Pi_L}$）代入雅可以矩阵 J_1 可得：

$$S_5 = \begin{bmatrix} 0 & \dfrac{(C_{OE} - C_{CE})(C_{OL} - C_{CL} + \Delta\Pi_L)\Delta\Pi_E}{(C_{OE} - C_{CE} + \Delta\Pi_E)^2} \\ \dfrac{(C_{OL} - C_{CL})(C_{OE} - C_{CE} + \Delta\Pi_E)\Delta\Pi_L}{(C_{OL} - C_{CL} + \Delta\Pi_L)^2} & 0 \end{bmatrix}$$

本书分以下四种情况，对低技能劳动者个体与用人单位在工资决定过程中合作与冲突的策略选择进行分析。

第一种情况：$\Delta\Pi_L > 0$，$\Delta\Pi_E > 0$，意味着低技能劳动者和用人单位共同采取合作策略时，与低技能劳动者单方面采取冲突策略相比，低技能劳动者收益有所增加，用人单位一方亦是如此，在这种情况下：

第一，若 $C_{CL} > C_{OL}$ 时，意味着低技能劳动者作为单独的个体，如果在劳动力市场中处于弱势地位，即使是用人单位将工资压到一个很低的水平，劳动者会为了保住现在的工作，对用人单位所提供的低工资采取接受的态度，此时：

（1）若 $C_{CE} > C_{OE}$，意味着为招募低技能劳动者或使他们适应岗位，用人单位所付出的招聘和培训成本高于用人单位接受低技能劳动者消极怠工的成本时，用人单位对低技能劳动者的冲突行为采取容忍的态度，在这种情况下，对 E_1，E_2，E_3，E_4，E_5 五个平衡点的具体判别如下：

①对于 $E_1(0, 0)$ 来说，矩阵 S_1 的行列式 $\det S_1 = (C_{CL} - C_{OL})(C_{CE} - C_{OE}) > 0$，$S_1$ 的迹 $tr S_1 = (C_{CL} - C_{OL}) + (C_{CE} - C_{OE}) > 0$，该点是不稳定节点；

②对于 $E_2(0, 1)$ 来说，矩阵 S_2 的行列式 $\det S_2 = \Delta\Pi_L(C_{OE} - C_{CE}) < 0$，该点是不稳定节点；

③对于 $E_3(1, 0)$ 来说，矩阵 S_3 的行列式 $\det S_3 = (C_{OL} - C_{CL})\Delta\Pi_E < 0$，该点是不稳定节点；

④对于 $E_4(1, 1)$ 来说，矩阵 S_4 的行列式 $\det S_4 = (-\Delta\Pi_L)(-\Delta\Pi_E) > 0$，$S_4$ 的迹 $tr S_4 = (-\Delta\Pi_L) + (-\Delta\Pi_E) < 0$，该点是稳定节点；

⑤对于 E_5 （ $\dfrac{C_{OE} - C_{CE}}{C_{OE} - C_{CE} + \Delta\varPi_E}$ ， $\dfrac{C_{OL} - C_{CL}}{C_{OL} - C_{CL} + \Delta\varPi_L}$ ）来说，采用李雅普诺夫直接法对其渐进稳定性进行判断可知，该点不是渐进稳定节点。

（2）若 $C_{CE} < C_{OE}$ ，意味着用人单位很容易从劳动力市场招聘到低技能劳动者，且新招聘的低技能劳动者适应岗位的培训成本也很低，此时用人单位会解雇那些采取冲突策略的低技能劳动者，而用新员工代替他们，在这种情况下，对 E_1 ， E_2 ， E_3 ， E_4 ， E_5 五个平衡点的具体判别如下：

①对于 E_1 （0，0）来说，矩阵 $\boldsymbol{S}_1$ 的行列式 $\det\boldsymbol{S}_1$ = （ $C_{CL} - C_{OL}$ ）（ $C_{CE} - C_{OE}$ ）<0，该点是不稳定节点；

②对于 E_2 （0，1）来说，矩阵 $\boldsymbol{S}_2$ 的行列式 $\det\boldsymbol{S}_2$ = $\Delta\varPi_L$ （ $C_{OE} - C_{CE}$ ）>0， $\boldsymbol{S}_2$ 的迹 $tr\boldsymbol{S}_2$ = $\Delta\varPi_L$ + （ $C_{OE} - C_{CE}$ ）>0，该点是不稳定节点；

③对于 E_3 （1，0）来说，矩阵 $\boldsymbol{S}_3$ 的行列式 $\det\boldsymbol{S}_3$ = （ $C_{OL} - C_{CL}$ ） $\Delta\varPi_E$ <0，该点是不稳定节点；

④对于 E_4 （1，1）来说，矩阵 $\boldsymbol{S}_4$ 的行列式 $\det\boldsymbol{S}_4$ = （ $-\Delta\varPi_L$ ）（ $-\Delta\varPi_E$ ）>0， $tr\boldsymbol{S}_4$ = （ $-\Delta\varPi_L$ ）+ （ $-\Delta\varPi_E$ ）<0，该点是稳定节点；

⑤对于 E_5 （ $\dfrac{C_{OE} - C_{CE}}{C_{OE} - C_{CE} + \Delta\varPi_E}$ ， $\dfrac{C_{OL} - C_{CL}}{C_{OL} - C_{CL} + \Delta\varPi_L}$ ）来说，采用李雅普诺夫直接法对其渐进稳定性进行判断可知，该点不是渐进稳定节点。

第二，若 $C_{CL} < C_{OL}$ 时，意味着低技能劳动者即使面对罚款、开除等惩罚，也不愿接受用人单位的苛刻待遇，此时：

（1）若 $C_{CE} > C_{OE}$ ，对 E_1 ， E_2 ， E_3 ， E_4 ， E_5 五个平衡点的具体判别如下：

①对于 E_1 （0，0）来说，矩阵 $\boldsymbol{S}_1$ 的行列式 $\det\boldsymbol{S}_1$ = （ $C_{CL} - C_{OL}$ ）（ $C_{CE} - C_{OE}$ ）<0，该点是不稳定节点；

②对于 E_2 （0，1）来说，矩阵 $\boldsymbol{S}_2$ 的行列式 $\det\boldsymbol{S}_2$ = $\Delta\varPi_L$ （ $C_{OE} - C_{CE}$ ）<0，该点是不稳定节点；

③对于 E_3 （1，0）来说，矩阵 $\boldsymbol{S}_3$ 的行列式 $\det\boldsymbol{S}_3$ = （ $C_{OL} - C_{CL}$ ） $\Delta\varPi_E$ >0， $\boldsymbol{S}_3$ 的迹 $tr\boldsymbol{S}_3$ = （ $C_{OL} - C_{CL}$ ）+ $\Delta\varPi_E$ >0，该点是不稳定节点；

④对于 E_4 （1，1）来说，矩阵 $\boldsymbol{S}_4$ 的行列式 $\det\boldsymbol{S}_4$ = （ $-\Delta\varPi_L$ ）（ $-\Delta\varPi_E$ ）>0， $\boldsymbol{S}_4$ 的迹 $tr\boldsymbol{S}_4$ = （ $-\Delta\varPi_L$ ）+ （ $-\Delta\varPi_E$ ）<0，该点是稳定节点；

⑤对于 E_5 （ $\dfrac{C_{OE} - C_{CE}}{C_{OE} - C_{CE} + \Delta\varPi_E}$ ， $\dfrac{C_{OL} - C_{CL}}{C_{OL} - C_{CL} + \Delta\varPi_L}$ ）来说，采用李雅普诺夫直接法对其渐进稳定性进行判断可知，该点不是渐进稳定节点。

（2）若 $C_{CE} < C_{OE}$ ，对 E_1 ， E_2 ， E_3 ， E_4 ， E_5 五个平衡点的具体判别如下：

①对于 E_1（0，0）来说，矩阵 S_1 的行列式 $\det S_1 = （C_{CL} - C_{OL}）（C_{CE} - C_{OE}）>0$，$S_1$ 的迹 $tr S_1 = （C_{CL} - C_{OL}）+（C_{CE} - C_{OE}）>0$，该点是稳定节点；

②对于 E_2（0，1）来说，矩阵 S_2 的行列式 $\det S_2 = \Delta\Pi_L（C_{OE} - C_{CE}）>0$，$S_2$ 的迹 $tr S_2 = \Delta\Pi_L +（C_{OE} - C_{CE}）>0$，该点是不稳定节点；

③对于 E_3（1，0）来说，矩阵 S_3 的行列式 $\det S_3 = （C_{OL} - C_{CL}）\Delta\Pi_E >0$，$S_3$ 的迹 $tr S_3 = （C_{OL} - C_{CL}）+ \Delta\Pi_E >0$，该点是不稳定节点；

④对于 E_4（1，1）来说，矩阵 S_4 的行列式 $\det S_4 = （-\Delta\Pi_L）（-\Delta\Pi_E）>0$，$S_4$ 的迹 $tr S_4 = （-\Delta\Pi_L）+（-\Delta\Pi_E）<0$，该点是稳定节点；

⑤对于 E_5 $\left（\dfrac{C_{OE} - C_{CE}}{C_{OE} - C_{CE} + \Delta\Pi_E}，\dfrac{C_{OL} - C_{CL}}{C_{OL} - C_{CL} + \Delta\Pi_L}\right）$ 来说，采用李雅普诺夫直接法对其渐进稳定性进行判断可知，该点不是渐进稳定节点。

综上所述，当 $\Delta\Pi_L >0$，$\Delta\Pi_E >0$ 时，若 $C_{CL} > C_{OL}$，则只有 E_4（1，1）是稳定节点；若 $C_{CL} < C_{OL}$，则当 $C_{CE} < C_{OE}$ 时，E_1（0，0）和 E_4（1，1）都是稳定节点。

第二种情况：当 $\Delta\Pi_L >0$，$\Delta\Pi_E <0$ 时，意味着与单方面采取冲突策略时相比，低技能劳动者和用人单位共同采取合作策略时，其收益有所增加；而对于用人单位来说，与其单方面采取冲突策略相比，其同低技能劳动者共同采取合作策略时的收益有所减少，在这种情况下：

第一，若 $C_{CL} > C_{OL}$，此时：

（1）若 $C_{CE} > C_{OE}$，对 E_1，E_2，E_3，E_4，E_5 五个平衡点的具体判别如下：

①对于 E_1（0，0）来说，矩阵 S_1 的行列式 $\det S_1 = （C_{CL} - C_{OL}）（C_{CE} - C_{OE}）>0$，$S_1$ 的迹 $tr S_1 = （C_{CL} - C_{OL}）+（C_{CE} - C_{OE}）>0$，该点是不稳定节点；

②对于 E_2（0，1）来说，矩阵 S_2 的行列式 $\det S_2 = \Delta\Pi_L（C_{OE} - C_{CE}）<0$，该点是不稳定节点；

③对于 E_3（1，0）来说，矩阵 S_3 的行列式 $\det S_3 = （C_{OL} - C_{CL}）\Delta\Pi_E >0$，$S_3$ 的迹 $tr S_3 = （C_{OL} - C_{CL}）+ \Delta\Pi_E <0$，该点是稳定节点；

④对于 E_4（1，1）来说，矩阵 S_4 的行列式 $\det S_4 = （-\Delta\Pi_L）（-\Delta\Pi_E）<0$，该点是不稳定节点；

⑤对于 E_5 $\left（\dfrac{C_{OE} - C_{CE}}{C_{OE} - C_{CE} + \Delta\Pi_E}，\dfrac{C_{OL} - C_{CL}}{C_{OL} - C_{CL} + \Delta\Pi_L}\right）$ 来说，采用李雅普诺夫直接法对其渐进稳定性进行判断可知，该点不是渐进稳定节点。

（2）若 $C_{CE} < C_{OE}$，对 E_1，E_2，E_3，E_4，E_5 五个平衡点的具体判别如下：

①对于 E_1（0，0）来说，矩阵 S_1 的行列式 $\det S_1 = （C_{CL} - C_{OL}）（C_{CE} - $

C_{OE}）<0，该点是不稳定节点；

②对于 E_2（0，1）来说，矩阵 S_2 的行列式 $\det S_2 = \Delta \Pi_L$（$C_{OE} - C_{CE}$）>0，S_2 的迹 $tr S_2 = \Delta \Pi_L +$（$C_{OE} - C_{CE}$）>0，该点是不稳定节点；

③对于 E_3（1，0）来说，矩阵 S_3 的行列式 $\det S_3 =$（$C_{OL} - C_{CL}$）$\Delta \Pi_E$ >0，S_3 的迹 $tr S_3 =$（$C_{OL} - C_{CL}$）$+ \Delta \Pi_E$ <0，该点是稳定节点；

④对于 E_4（1，1）来说，矩阵 S_4 的行列式 $\det S_4 =$（$- \Delta \Pi_L$）（$- \Delta \Pi_E$）< 0，该点是不稳定节点；

⑤对于 E_5（$\dfrac{C_{OE} - C_{CE}}{C_{OE} - C_{CE} + \Delta \Pi_E}$，$\dfrac{C_{OL} - C_{CL}}{C_{OL} - C_{CL} + \Delta \Pi_L}$）来说，采用李雅普诺夫直接法对其渐进稳定性进行判断可知，该点不是渐进稳定节点。

第二，若 $C_{CL} < C_{OL}$，此时：

（1）若 $C_{CE} > C_{OE}$，对 E_1，E_2，E_3，E_4，E_5 五个平衡点的具体判别如下：

①对于 E_1（0，0）来说，矩阵 S_1 的行列式 $\det S_1 =$（$C_{CL} - C_{OL}$）（$C_{CE} - C_{OE}$）<0，该点是不稳定节点；

②对于 E_2（0，1）来说，矩阵 S_2 的行列式 $\det S_2 = \Delta \Pi_L$（$C_{OE} - C_{CE}$）<0，该点是不稳定节点；

③对于 E_3（1，0）来说，矩阵 S_3 的行列式 $\det S_3 =$（$C_{OL} - C_{CL}$）$\Delta \Pi_E$ <0，该点是不稳定节点；

④对于 E_4（1，1）来说，矩阵 S_4 的行列式 $\det S_4 =$（$- \Delta \Pi_L$）（$- \Delta \Pi_E$）< 0，该点是不稳定节点；

⑤对于 E_5（$\dfrac{C_{OE} - C_{CE}}{C_{OE} - C_{CE} + \Delta \Pi_E}$，$\dfrac{C_{OL} - C_{CL}}{C_{OL} - C_{CL} + \Delta \Pi_L}$）来说，采用李雅普诺夫直接法对其渐进稳定性进行判断可知，该点不是渐进稳定节点。

（2）若 $C_{CE} < C_{OE}$，对 E_1，E_2，E_3，E_4，E_5 五个平衡点的具体判别如下：

①对于 E_1（0，0）来说，矩阵 S_1 的行列式 $\det S_1 =$（$C_{CL} - C_{OL}$）（$C_{CE} - C_{OE}$）>0，$tr S_1 =$（$C_{CL} - C_{OL}$）$+$（$C_{CE} - C_{OE}$）<0，该点是稳定节点；

②对于 E_2（0，1）来说，矩阵 S_2 的行列式 $\det S_2 = \Delta \Pi_L$（$C_{OE} - C_{CE}$）>0，$tr S_2 = \Delta \Pi_L +$（$C_{OE} - C_{CE}$）>0，该点是不稳定节点；

③对于 E_3（1，0）来说，矩阵 S_3 的行列式 $\det S_3 =$（$C_{OL} - C_{CL}$）$\Delta \Pi_E$ <0，该点是不稳定节点；

④对于 E_4（1，1）来说，矩阵 S_4 的行列式 $\det S_4 =$（$- \Delta \Pi_L$）（$- \Delta \Pi_E$）< 0，该点是不稳定节点；

⑤对于 E_5 ($\dfrac{C_{OE} - C_{CE}}{C_{OE} - C_{CE} + \Delta\Pi_E}$, $\dfrac{C_{OL} - C_{CL}}{C_{OL} - C_{CL} + \Delta\Pi_L}$) 来说，采用李雅普诺夫直接法对其渐进稳定性进行判断可知，该点不是渐进稳定节点。

综上所述，当 $\Delta\Pi_L > 0$，$\Delta\Pi_E < 0$ 时，若 $C_{CL} > C_{OL}$，则只有 E_3 (1，0) 是稳定节点，即低技能劳动者采取合作策略，用人单位则会采取冲突策略；若 $C_{CL} < C_{OL}$，当 $C_{CE} > C_{OE}$ 时，无稳定节点；若 $C_{CL} < C_{OL}$，当 $C_{CE} < C_{OE}$ 时，E_1 (0，0) 是稳定节点，即劳资双方都会采取冲突策略。

第三种情况：当 $\Delta\Pi_L < 0$，$\Delta\Pi_E > 0$ 时，意味着与单方面采取冲突策略时相比，低技能劳动者和用人单位共同采取合作策略时，其收益减少；而对于用人单位来说，与其单方面采取冲突策略相比，其同低技能劳动者共同采取合作策略时的收益有所增加，在这种情况下：

第一，若 $C_{CL} > C_{OL}$，此时：

（1）若 $C_{CE} > C_{OE}$，对 E_1，E_2，E_3，E_4，E_5 五个平衡点的具体判别如下：

①对于 E_1 (0，0) 来说，矩阵 S_1 的行列式 $\det S_1 = (C_{CL} - C_{OL})(C_{CE} - C_{OE}) > 0$，$S_1$ 的迹 $tr S_1 = (C_{CL} - C_{OL}) + (C_{CE} - C_{OE}) > 0$，该点是不稳定节点；

②对于 E_2 (0，1) 来说，矩阵 S_2 的行列式 $\det S_2 = \Delta\Pi_L (C_{OE} - C_{CE}) > 0$，$S_2$ 的迹 $tr S_2 = \Delta\Pi_L + (C_{OE} - C_{CE}) < 0$，该点是稳定节点；

③对于 E_3 (1，0) 来说，矩阵 S_3 的行列式 $\det S_3 = (C_{OL} - C_{CL}) \Delta\Pi_E > 0$，$S_3$ 的迹 $tr S_3 = (C_{OL} - C_{CL}) + \Delta\Pi_E > 0$，该点是不稳定节点；

④对于 E_4 (1，1) 来说，矩阵 S_4 的行列式 $\det S_4 = (- \Delta\Pi_L)(- \Delta\Pi_E) < 0$，该点是不稳定节点；

⑤对于 E_5 ($\dfrac{C_{OE} - C_{CE}}{C_{OE} - C_{CE} + \Delta\Pi_E}$, $\dfrac{C_{OL} - C_{CL}}{C_{OL} - C_{CL} + \Delta\Pi_L}$) 来说，采用李雅普诺夫直接法对其渐进稳定性进行判断可知，该点不是渐进稳定节点。

（2）若 $C_{CE} < C_{OE}$，对 E_1，E_2，E_3，E_4，E_5 五个平衡点的具体判别如下：

①对于 E_1 (0，0) 来说，矩阵 S_1 的行列式 $\det S_1 = (C_{CL} - C_{OL})(C_{CE} - C_{OE}) < 0$，该点是不稳定节点；

②对于 E_2 (0，1) 来说，矩阵 S_2 的行列式 $\det S_2 = \Delta\Pi_L (C_{OE} - C_{CE}) < 0$，该点是不稳定节点；

③对于 E_3 (1，0) 来说，矩阵 S_3 的行列式 $\det S_3 = (C_{OL} - C_{CL}) \Delta\Pi_E > 0$，$S_3$ 的迹 $tr S_3 = (C_{OL} - C_{CL}) + \Delta\Pi_E > 0$，该点是不稳定节点；

④对于 E_4 (1，1) 来说，矩阵 S_4 的行列式 $\det S_4 = (- \Delta\Pi_L)(- \Delta\Pi_E) < 0$，该点是不稳定节点；

⑤对于 E_5 ($\dfrac{C_{OE} - C_{CE}}{C_{OE} - C_{CE} + \Delta\Pi_E}$, $\dfrac{C_{OL} - C_{CL}}{C_{OL} - C_{CL} + \Delta\Pi_L}$) 来说，采用李雅普诺夫直接法对其渐进稳定性进行判断可知，该点不是渐进稳定节点。

第二，若 $C_{CL} < C_{OL}$ ，此时：

（1）若 $C_{CE} > C_{OE}$ ，对 E_1 , E_2 , E_3 , E_4 , E_5 五个平衡点的具体判别如下：

①对于 E_1 （0，0）来说，矩阵 S_1 的行列式 $\det S_1$ = （ $C_{CL} - C_{OL}$ ）（ $C_{CE} - C_{OE}$ ）<0，该点是不稳定节点；

②对于 E_2 （0，1）来说，矩阵 S_2 的行列式 $\det S_2$ = $\Delta\Pi_L$ （ $C_{OE} - C_{CE}$ ）>0， S_2 的迹 $tr S_2$ = $\Delta\Pi_L$ + （ $C_{OE} - C_{CE}$ ）<0，该点是稳定节点；

③对于 E_3 （1，0）来说，矩阵 S_3 的行列式 $\det S_3$ = （ $C_{OL} - C_{CL}$ ） $\Delta\Pi_E$ <0，该点是不稳定节点；

④对于 E_4 （1，1）来说，矩阵 S_4 的行列式 $\det S_4$ = （ $-\Delta\Pi_L$ ）（ $-\Delta\Pi_E$ ）< 0，该点是不稳定节点；

⑤对于 E_5 ($\dfrac{C_{OE} - C_{CE}}{C_{OE} - C_{CE} + \Delta\Pi_E}$, $\dfrac{C_{OL} - C_{CL}}{C_{OL} - C_{CL} + \Delta\Pi_L}$) 来说，采用李雅普诺夫直接法对其渐进稳定性进行判断可知，该点不是渐进稳定节点。

（2）若 $C_{CE} < C_{OE}$ ，对 E_1 , E_2 , E_3 , E_4 , E_5 五个平衡点的具体判别如下：

①对于 E_1 （0，0）来说，矩阵 S_1 的行列式 $\det S_1$ = （ $C_{CL} - C_{OL}$ ）（ $C_{CE} - C_{OE}$ ）>0， S_1 的迹 $tr S_1$ = （ $C_{CL} - C_{OL}$ ）+ （ $C_{CE} - C_{OE}$ ）<0，该点是稳定节点；

②对于 E_2 （0，1）来说，矩阵 S_2 的行列式 $\det S_2$ = $\Delta\Pi_L$ （ $C_{OE} - C_{CE}$ ）<0，该点是不稳定节点；

③对于 E_3 （1，0）来说，矩阵 S_3 的行列式 $\det S_3$ = （ $C_{OL} - C_{CL}$ ） $\Delta\Pi_E$ >0， S_3 的迹 $tr S_3$ = （ $C_{OL} - C_{CL}$ ）+ $\Delta\Pi_E$ >0，该点是不稳定节点；

④对于 E_4 （1，1）来说，矩阵 S_4 的行列式 $\det S_4$ = （ $-\Delta\Pi_L$ ）（ $-\Delta\Pi_E$ ）< 0，该点是不稳定节点；

⑤对于 E_5 ($\dfrac{C_{OE} - C_{CE}}{C_{OE} - C_{CE} + \Delta\Pi_E}$, $\dfrac{C_{OL} - C_{CL}}{C_{OL} - C_{CL} + \Delta\Pi_L}$) 来说，采用李雅普诺夫直接法对其渐进稳定性进行判断可知，该点不是渐进稳定节点。

综上所述，当 $\Delta\Pi_L$ <0， $\Delta\Pi_E$ >0 时，若 $C_{CL} > C_{OL}$ ， $C_{CE} > C_{OE}$ ，则只有 E_2 （0，1）是稳定节点，即低技能劳动者采取冲突策略，用人单位采取合作策略；若 $C_{CL} > C_{OL}$ ， $C_{CE} < C_{OE}$ ，无稳定节点；若 $C_{CL} < C_{OL}$ ， $C_{CE} > C_{OE}$ ，则只有 E_2 （0，1）是稳定节点；当 $C_{CL} < C_{OL}$ ， $C_{CE} < C_{OE}$ 时， E_1 （0，0）是稳定节点，即低技能劳动者与用人单位双方都会采取冲突策略。

第四种情况： 当 $\Delta\Pi_L$ <0，$\Delta\Pi_E$ <0 时，意味着低技能劳动者和用人单位共同采取合作策略时，与低技能劳动者单方面采取冲突策略相比，低技能劳动者收益有所减少，用人单位一方亦是如此，在这种情况下：

第一，若 $C_{CL} > C_{OL}$，此时：

（1）若 $C_{CE} > C_{OE}$，对 E_1，E_2，E_3，E_4，E_5 五个平衡点的具体判别如下：

①对于 E_1（0，0）来说，矩阵 S_1 的行列式 $\det S_1$ =（$C_{CL} - C_{OL}$）（$C_{CE} - C_{OE}$）>0，S_1 的迹 trS_1 =（$C_{CL} - C_{OL}$）+（$C_{CE} - C_{OE}$）>0，该点是不稳定节点；

②对于 E_2（0，1）来说，矩阵 S_2 的行列式 $\det S_2$ = $\Delta\Pi_L$（$C_{OE} - C_{CE}$）>0，S_2 的迹 trS_2 = $\Delta\Pi_L$ +（$C_{OE} - C_{CE}$）<0，该点是稳定节点；

③对于 E_3（1，0）来说，矩阵 S_3 的行列式 $\det S_3$ =（$C_{OL} - C_{CL}$）$\Delta\Pi_E$ >0，S_3 的迹 trS_3 =（$C_{OL} - C_{CL}$）+ $\Delta\Pi_E$ <0，该点是稳定节点；

④对于 E_4（1，1）来说，矩阵 S_4 的行列式 $\det S_4$ =（$-\Delta\Pi_L$）（$-\Delta\Pi_E$）> 0，S_4 的迹 trS_4 =（$-\Delta\Pi_L$）（$-\Delta\Pi_E$）>0，该点是不稳定节点；

⑤对于 E_5（$\dfrac{C_{OE} - C_{CE}}{C_{OE} - C_{CE} + \Delta\Pi_E}$，$\dfrac{C_{OL} - C_{CL}}{C_{OL} - C_{CL} + \Delta\Pi_L}$）来说，采用李雅普诺夫直接法对其渐进稳定性进行判断可知，该点不是渐进稳定节点。

（2）若 $C_{CE} < C_{OE}$，对 E_1，E_2，E_3，E_4，E_5 五个平衡点的具体判别如下：

①对于 E_1（0，0）来说，矩阵 S_1 的行列式 $\det S_1$ =（$C_{CL} - C_{OL}$）（$C_{CE} - C_{OE}$）<0，该点是不稳定节点；

②对于 E_2（0，1）来说，矩阵 S_2 的行列式 $\det S_2$ = $\Delta\Pi_L$（$C_{OE} - C_{CE}$）<0，该点是不稳定节点；

③对于 E_3（1，0）来说，矩阵 S_3 的行列式 $\det S_3$ =（$C_{OL} - C_{CL}$）$\Delta\Pi_E$ >0，S_3 的迹 trS_3 =（$C_{OL} - C_{CL}$）+ $\Delta\Pi_E$ <0，该点是稳定节点；

④对于 E_4（1，1）来说，矩阵 S_4 的行列式 $\det S_4$ =（$-\Delta\Pi_L$）（$-\Delta\Pi_E$）> 0，S_4 的迹 trS_4 =（$-\Delta\Pi_L$）（$-\Delta\Pi_E$）>0，该点是不稳定节点；

⑤对于 E_5（$\dfrac{C_{OE} - C_{CE}}{C_{OE} - C_{CE} + \Delta\Pi_E}$，$\dfrac{C_{OL} - C_{CL}}{C_{OL} - C_{CL} + \Delta\Pi_L}$）来说，采用李雅普诺夫直接法对其渐进稳定性进行判断可知，该点不是渐进稳定节点。

第二，若 $C_{CL} < C_{OL}$，此时：

（1）若 $C_{CE} > C_{OE}$，对 E_1，E_2，E_3，E_4，E_5 五个平衡点的具体判别如下：

①对于 E_1（0，0）来说，矩阵 S_1 的行列式 $\det S_1$ =（$C_{CL} - C_{OL}$）（$C_{CE} - C_{OE}$）<0，该点是不稳定节点；

②对于 E_2（0，1）来说，矩阵 S_2 的行列式 $\det S_2$ = $\Delta\Pi_L$（$C_{OE} - C_{CE}$）>0，S_2

的迹 $trS_2 = \Delta\Pi_L + (C_{OE} - C_{CE}) < 0$，该点是稳定节点；

③对于 E_3（1，0）来说，矩阵 S_3 的行列式 $\det S_3 = (C_{OL} - C_{CL})\Delta\Pi_E < 0$，该点是不稳定节点；

④对于 E_4（1，1）来说，矩阵 S_4 的行列式 $\det S_4 = (-\Delta\Pi_L)(-\Delta\Pi_E) > 0$，$S_4$ 的迹 $trS_4 = (-\Delta\Pi_L)(-\Delta\Pi_E) > 0$，该点是不稳定节点；

⑤对于 E_5 $\left(\dfrac{C_{OE} - C_{CE}}{C_{OE} - C_{CE} + \Delta\Pi_E}, \dfrac{C_{OL} - C_{CL}}{C_{OL} - C_{CL} + \Delta\Pi_L} \right)$ 来说，采用李雅普诺夫直接法对其渐进稳定性进行判断可知，该点不是渐进稳定节点。

（2）若 $C_{CE} < C_{OE}$，对 E_1，E_2，E_3，E_4，E_5 五个平衡点的具体判别如下：

①对于 E_1（0，0）来说，矩阵 S_1 的行列式 $\det S_1 = (C_{CL} - C_{OL})(C_{CE} - C_{OE}) > 0$，$S_1$ 的迹 $trS_1 = (C_{CL} - C_{OL}) + (C_{CE} - C_{OE}) < 0$，该点是稳定节点；

②对于 E_2（0，1）来说，矩阵 S_2 的行列式 $\det S_2 = \Delta\Pi_L(C_{OE} - C_{CE}) < 0$，该点是不稳定节点；

③对于 E_3（1，0）来说，矩阵 S_3 的行列式 $\det S_3 = (C_{OL} - C_{CL})\Delta\Pi_E < 0$，该点是不稳定节点；

④对于 E_4（1，1）来说，矩阵 S_4 的行列式 $\det S_4 = (-\Delta\Pi_L)(-\Delta\Pi_E) > 0$，$S_4$ 的迹 $trS_4 = (-\Delta\Pi_L)(-\Delta\Pi_E) > 0$，该点是不稳定节点；

⑤对于 E_5 $\left(\dfrac{C_{OE} - C_{CE}}{C_{OE} - C_{CE} + \Delta\Pi_E}, \dfrac{C_{OL} - C_{CL}}{C_{OL} - C_{CL} + \Delta\Pi_L} \right)$ 来说，采用李雅普诺夫直接法对其渐进稳定性进行判断可知，该点不是渐进稳定节点。

综上所述，当 $\Delta\Pi_L < 0$，$\Delta\Pi_E < 0$ 时，若 $C_{CL} > C_{OL}$，$C_{CE} > C_{OE}$，则 E_2（0，1）和 E_3（1，0）是稳定节点；若 $C_{CL} > C_{OL}$，$C_{CE} < C_{OE}$，E_3（1，0）是稳定节点；若 $C_{CL} < C_{OL}$，$C_{CE} > C_{OE}$，E_2（0，1）是稳定节点；当 $C_{CL} < C_{OL}$，$C_{CE} < C_{OE}$ 时，E_1（0，0）是稳定节点，即低技能劳动者与用人单位双方都会采取冲突策略。

（四）结论与启示

由上述讨论，分析低技能劳动者个体与用人单位在工资决定过程中合作与冲突策略选择，得出如下结论与启示。

结论与启示 1： E_4（1，1）在下列条件下是唯一稳定节点，即低技能劳动者与用人单位双方都会采取合作策略以获得共赢。

（1）$\Delta\Pi_L > 0$，$\Delta\Pi_E > 0$，$C_{CL} > C_{OL}$；

（2）$\Delta\Pi_L > 0$，$\Delta\Pi_E > 0$，$C_{CL} < C_{OL}$，$C_{CE} > C_{OE}$。

在此种情况下，用人单位没有刻意压低低技能劳动者的工资，低技能劳动者对用人单位所支付的工资水平也是满意的。此时劳资之间可以实现合作，没有实施最低工资制度的必要。即便政府部门颁布了最低工资标准，只要不影响上述条件，对劳资之间最终实现合作也不存在影响。

结论与启示 2：当 $\Delta\Pi_L > 0$，$\Delta\Pi_E > 0$，$C_{CL} < C_{OL}$，$C_{CE} < C_{OE}$ 时，E_1（0，0）和 E_4（1，1）都是稳定节点，最终趋向 E_1（0，0），E_4（1，1）取决于初始状态所处区域。

图 3-3 反映了结论与启示 2 中低技能劳动者与用人单位双方在工资决定过程中合作与冲突策略选择的动态演化过程。除了系统初始状态为双方均选择合作或均选择冲突策略外，系统需要经过一段时间的动态演化方能达到稳定的状态，系统最终所实现的稳定状态取决于劳资双方初始的策略选择。如图 3-3 所示，由两个不稳定点 E_2（0，1），E_3（1，0）和鞍点 E_5（$\dfrac{C_{OE} - C_{CE}}{C_{OE} - C_{CE} + \Delta\Pi_E}$，$\dfrac{C_{OL} - C_{CL}}{C_{OL} - C_{CL} + \Delta\Pi_L}$）连成的折线为系统收敛于不同状态的临界线。当低技能劳动者与用人单位初始策略选择在 $E_2E_5E_3E_4$ 区域时，则系统将收敛于合作状态；而当低技能劳动者与用人单位初始策略选择在 $E_2E_5E_3E_1$ 区域时，系统将收敛于冲突状态。

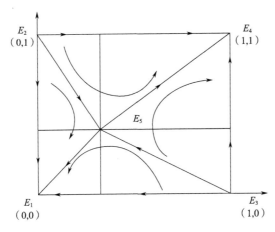

图 3-3　低技能劳动者与用人单位合作与冲突策略选择的系统演化过程

在此种情况下，劳资双方策略选择的稳定状态可能为冲突，也可能为合作，具体的选择取决于系统的初始状态。从图 3-3 看，为了构建和谐稳定的劳资关系，政府部门有必要通过实施最低工资制度、科学调整最低工资标准，使折线左下方 $E_2E_5E_3E_1$ 部分的面积尽量小，从而降低劳资双方最终选择冲突策略的可能。$\Delta\Pi_E$ 代表低技能劳动者和用人单位共同采取合作策略时，与用人单位单方面采取冲突策略相比，用人单位收益的变化。在实施最低工资制度的情况下，如果用人单位采取冲突策略，即发放给低技能劳动者的工资低于法定最低工资标准，此时用人单位将面临罚款，这意味着 $\Delta\Pi_E$ 的数值增大。最低工资制度的实施不会影响 $C_{OE} - C_{CE}$ 的值；而当 $\Delta\Pi_E$ 的数值增大时，$\dfrac{C_{OE} - C_{CE}}{C_{OE} - C_{CE} + \Delta\Pi_E}$ 的值会变小；而最低工资保障的实施，对 $\dfrac{C_{OL} - C_{CL}}{C_{OL} - C_{CL} + \Delta\Pi_L}$ 没有影响。在这种情况下，折线左下方 $E_2 E_5 E_3 E_1$ 部分的面积会减小，即劳资双方合作的可能性提高，冲突的可能性降低，最低工资制度的实施起到了促进劳动关系和谐的作用。

结论与启示 3：E_3（1，0）在下列条件下是唯一稳定节点，即低技能劳动者采取合作策略，用人单位则会采取冲突策略。

（1）$\Delta\Pi_L > 0$，$\Delta\Pi_E < 0$，$C_{CL} > C_{OL}$

（2）$\Delta\Pi_L < 0$，$\Delta\Pi_E < 0$，$C_{CL} > C_{OL}$，$C_{CE} < C_{OE}$

在此种情况下，用人单位倾向于恶意压低低技能劳动者的工资水平，而低技能劳动者在劳动力市场中处于弱势地位。此时，实施最低工资制度、科学调整最低工资标准，有助于保障低技能劳动者的基本权益，维持低技能劳动者劳动力生产与再生产的必要。

结论与启示 4：E_1（0，0）在下列条件下是唯一稳定节点，即低技能劳动者与用人单位均采取冲突策略。

（1）$\Delta\Pi_L > 0$，$\Delta\Pi_E < 0$，$C_{CL} < C_{OL}$，$C_{CE} < C_{OE}$；

（2）$\Delta\Pi_L < 0$，$\Delta\Pi_E > 0$，$C_{CL} < C_{OL}$，$C_{CE} < C_{OE}$；

（3）$\Delta\Pi_L < 0$，$\Delta\Pi_E < 0$，$C_{CL} < C_{OL}$，$C_{CE} < C_{OE}$。

在此种情况下，如果实施最低工资制度，当用人单位支付给低技能劳动者的工资水平低于法定最低工资标准时，用人单位会被罚款，从而使 $\Delta\Pi_E > 0$，避免（1）与（3）情况的发生。且当罚款高于一定数额时，用人单位发现其恶意压低支付给低技能劳动者的工资水平会导致 $C_{CE} > C_{OE}$，则（2）中所描述情况也不会发生，从而避免了劳资双方均采取冲突策略的局面，促进劳资和谐。

结论与启示 5：E_2（0，1）在下列条件下是唯一稳定节点，即低技能劳动者采取冲突策略，用人单位则采取合作策略。

（1）$\Delta\Pi_L < 0$，$\Delta\Pi_E > 0$，$C_{CL} > C_{OL}$，$C_{CE} > C_{OE}$；

（2）$\Delta\Pi_L < 0$，$\Delta\Pi_E < 0$，$C_{CL} < C_{OL}$，$C_{CE} > C_{OE}$；

在此种情况下，实施最低工资制度，如果最低工资标准定得过高，会对低技能劳动者形成过度保护，对用人单位，特别是劳动密集型用人单位造成成本压力。

结论与启示 6：当 $\Delta\Pi_L < 0$，$\Delta\Pi_E < 0$，$C_{CL} > C_{OL}$，$C_{CE} > C_{OE}$ 时，E_2（0，1）和

E_3（1，0）都是稳定节点，最终趋向 E_2（0，1），E_3（1，0）取决于初始状态所处区域。

图 3-4 反映了结论与启示 6 中低技能劳动者与用人单位在工资决定过程中，合作与冲突策略选择的动态演化过程。除了系统初始状态为一方选择合作、一方选择冲突策略外，系统需要经过一段时间的动态演化方能达到稳定状态，系统最终所实现的稳定状态取决于低技能劳动者与用人单位初始策略的选择。如图 3-4 所示，由两个不稳定点 E_1（0，0），E_4（1，1）和鞍点 E_5（$\dfrac{C_{OE} - C_{CE}}{C_{OE} - C_{CE} + \Delta\Pi_E}$，$\dfrac{C_{OL} - C_{CL}}{C_{OL} - C_{CL} + \Delta\Pi_L}$）连成的折线，为系统收敛于不同状态的临界线。当低技能劳动者与用人单位初始策略选择在 $E_1E_5E_4E_2$ 区域时，则系统将收敛于 E_2（0，1），即低技能劳动者选择冲突策略，而用人单位选择合作策略；当低技能劳动者与用人单位初始策略选择在 $E_1E_5E_4E_3$ 区域时，则系统将收敛于 E_3（1，0），即低技能劳动者选择合作策略，而用人单位选择冲突策略。

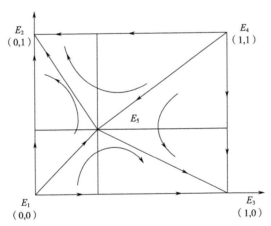

图 3-4 低技能劳动者与用人单位合作与冲突策略选择的系统演化过程

劳资之间最终的策略选择是一方选择冲突，显然不利于劳资关系的和谐稳定发展。如果实施最低工资制度，当用人单位支付给低技能劳动者的工资水平低于法定最低工资标准时，用人单位会被罚款，从而使 $\Delta\Pi_E > 0$，避免结论与启示 6 中所描述情况的发生。

三、工资水平调整中低技能劳动者群体与用人单位的演化博弈

三人以上有着共同目的，采取同一行为的劳资冲突归为群体性劳资冲突，或者称为"集体争议"。由于群体性劳资冲突是劳动者个体冲突的集合，因此个体

冲突与群体冲突的初始原因相类似，主要是经济利益上的冲突。在与用人单位就工资问题进行博弈的过程中，单个劳动者，特别是低技能劳动者由于力量太弱，往往处于劣势地位。但当低技能劳动者个体结成群体采取统一行动的时候，就可以获得组织力来弥补经济力的不足，从而使劳资双方的力量相对均衡。近年来，中国群体性劳资冲突层出不穷，且有规模和影响不断加大的趋势，已经成为影响中国和谐社会建设的一个突出矛盾。在群体性劳资冲突中，一定数量的劳动者通常采取集体罢工、集体辞职、上访、集会游行等方式，向用人单位施加压力以实现利益诉求，其中也出现了一些恶性事件。在群体性劳资冲突中，劳动者一方往往有着很强的从众心理，他们往往根据同伴的策略选择做出自身的决策。

（一）前提假设

以下是本书对于工资水平决定中，低技能劳动者群体与用人单位博弈分析的几个前提假设。

假设1： 低技能劳动者（博弈参与方）是一个群体，群体中的个体数量众多，群体内的个体具有同质性。

假设2： 低技能劳动者进行博弈策略选择时，存在两个纯策略选择：合作或是冲突。

假设3： 任意两个低技能劳动者之间随机配对博弈，低技能劳动者行为相似，具有相同的策略空间和收益矩阵。

假设4： 低技能劳动者具有一定的统计分析能力和对不同策略效果的事后判断能力，但没有事先的预见和预测能力。这就意味着，由于有限理性，博弈参与方一般会通过比较和模仿的方式确定自身的策略选择。

假设5： 产生更高期望收益的策略所具有的增长率会更高。复制动态反应为：选择某一策略的个体在群体所占比例的增长情况与选择该策略所得收益与群体平均收益之差成正比。

上述假设从理论上满足了对大群体中的群体策略选择进行演化博弈分析的要求，也符合经济转型过程中低技能劳动者群体与用人单位在工资决定过程中的实际情况。

（二）低技能劳动者群体与用人单位合作与冲突的演化博弈模型

1. 参数设置

Π 代表低技能劳动者与用人单位采取合作态度时的收益。当低技能劳动者选择合作策略时，意味着接受用人单位所提供的报酬和工作条件等方面的标准，$\Pi > 0$。

C 代表低技能劳动者采取冲突策略时所需要支付的成本。当低技能劳动者采取冲突策略时，可能选择不服从用人单位安排，也可能选择离职。如前文所述，如果低技能劳动者因不满意现在的工资水平选择离职，其离职后会面对其他用人单位所提供的相同的工资水平，收益并不会增加，而离职会造成低技能劳动者原来的工资级别和社会资本方面的损失，因此离职并非低技能劳动者的明智之选。因此，低技能劳动者会通过不服从用人单位安排的方式争取其自身的权益，$C > 0$。

I 代表低技能劳动者采取冲突策略时所获得的收益。当低技能劳动者集体不服从用人单位安排时，用人单位往往会迫于压力而满足低技能劳动者的利益诉求，一般表现为工资水平的提高、福利的增加和工作条件的改善等，$I > 0$。

m 代表低技能劳动者中采取合作策略的劳动者所占的比重，则 n 为采取冲突策略的低技能劳动者所占的比例，$1 \geqslant m \geqslant 0$，$1 \geqslant n \geqslant 0$，$m + n = 1$。

2. 演化博弈模型的构建

根据上述参数设置，低技能劳动者之间博弈的支付矩阵如图 3-5 所示。

低技能劳动者

		合作	冲突
低技能劳动者	合作	Π, Π	Π, 0
	冲突	0, Π	$\Pi-C+I$, $\Pi-C-I$

图 3-5　低技能劳动者之间博弈的支付矩阵

当一个用人单位中的全部低技能劳动者都选择与用人单位合作时，他们的收益均为 Π；但当部分低技能劳动者与用人单位发生冲突后，这部分选择不服从用人单位安排的低技能劳动者的收益会降为 0，而继续选择与用人单位合作的劳动者的收益仍为 Π；低技能劳动者对于不服从用人单位安排策略的选择会有一定的从众心理，当越来越多的低技能劳动者选择不服从用人单位安排时，用人单位的生产经营会受到严重的负面影响，此时用人单位会选择与劳动者妥协，同意低技能劳动者的利益诉求，低技能劳动者的收益增加至 $\Pi - C + I$，显然 $\Pi - C + I > \Pi$。

由图 3-5 中的支付矩阵可知，低技能劳动者在采用合作策略时的适应度为：

$$E(\text{合作}) = m\Pi + n\Pi = \Pi \tag{3.23}$$

低技能劳动者采取冲突策略时的适应度为：

$$E(\text{冲突}) = m \times 0 + n(\Pi - C + I) = n(\Pi - C + I) \tag{3.24}$$

低技能劳动者平均的适应度为：

$$\overline{E} = mE(\text{合作}) + nE(\text{冲突}) = m\Pi + n^2(\Pi - C + I) \tag{3.25}$$

低技能劳动者选择合作策略的复制动态微分方程为：

$$\frac{\mathrm{d}m}{\mathrm{d}t} = [E(\text{合作}) - \overline{E}] \cdot m = m[(1-m)\Pi - n^2(\Pi - C + I)] = P(m) \tag{3.26}$$

低技能劳动者选择冲突策略的复制动态微分方程为：

$$\frac{\mathrm{d}n}{\mathrm{d}t} = [E(\text{冲突}) - \overline{E}] \cdot n = n[n(\Pi - C + I) - m\Pi - n^2(\Pi - C + I)] = P(n) \tag{3.27}$$

令：

$$\begin{cases} \dfrac{\mathrm{d}m}{\mathrm{d}t} = [E(\text{合作}) - \overline{E}] \cdot m = 0 \\[2mm] \dfrac{\mathrm{d}n}{\mathrm{d}t} = [E(\text{冲突}) - \overline{E}] \cdot n = 0 \end{cases}$$

由此可以得到该方程组的 3 组解，分别为：

$$\begin{cases} m = 0 \\ n = 1 \end{cases}, \begin{cases} m = 1 \\ n = 0 \end{cases}, \begin{cases} m = \dfrac{I - C}{\Pi - C + I} \\[2mm] n = \dfrac{\Pi}{\Pi - C + I} \end{cases}$$

3. 演化均衡策略的稳定性分析

动态系统式（3.26）和式（3.27）的雅可比矩阵 $\boldsymbol{J}_2$ 为：

$$\boldsymbol{J}_2 = \begin{bmatrix} \dfrac{\partial P}{\partial m} & \dfrac{\partial P}{\partial n} \\[2mm] \dfrac{\partial Q}{\partial m} & \dfrac{\partial Q}{\partial n} \end{bmatrix} = \begin{bmatrix} \Pi - 2m\Pi - n^2(\Pi - C + I) & -2mn(\Pi - C + I) \\ -n\Pi & 2n(\Pi - C + I) - m\Pi - 3n^2(\Pi - C + I) \end{bmatrix}$$

将 $D_1(0, 1)$ 代入雅可比矩阵 $\boldsymbol{J}_2$ 可得：

$$\boldsymbol{R}_1 = \begin{bmatrix} -(I - C) & 0 \\ -\Pi & -(\Pi - C + I) \end{bmatrix}$$

将 $D_2(1, 0)$ 代入雅可比矩阵 $\boldsymbol{J}_2$ 可得：

$$\boldsymbol{R}_2 = \begin{bmatrix} -\Pi & 0 \\ 0 & -\Pi \end{bmatrix}$$

将 $D_3\left(\dfrac{I - C}{\Pi - C + I}, \dfrac{\Pi}{\Pi - C + I}\right)$ 代入雅可比矩阵 $\boldsymbol{J}_2$ 可得：

$$\boldsymbol{R}_3 = \begin{bmatrix} -\dfrac{(\varPi-2)(I-C)}{\varPi-C+I} & -\dfrac{2\varPi(I-C)}{\varPi-C+I} \\[3mm] -\dfrac{\varPi^2}{\varPi-C+I} & -\dfrac{\varPi(\varPi-I+C)}{\varPi-C+I} \end{bmatrix}$$

对于 D_1（0，1）来说，矩阵 $\boldsymbol{R}_1$ 的行列式 $\det\boldsymbol{R}_1>0$，且 $\boldsymbol{R}_1$ 的迹 $tr\boldsymbol{R}_1<0$，该点是稳定节点；

对于 D_2（1，0）来说，矩阵 $\boldsymbol{R}_2$ 的行列式 $\det\boldsymbol{R}_2>0$，且 $\boldsymbol{R}_2$ 的迹 $tr\boldsymbol{R}_2<0$，该点是稳定节点；

对于 D_3（$\dfrac{I-C}{\varPi-C+I}$，$\dfrac{\varPi}{\varPi-C+I}$）来说，矩阵 $\boldsymbol{R}_3$ 的行列式 $\det\boldsymbol{J}_3<0$，该点是不稳定节点。

4. 结论与启示

综上所述，D_1（0，1）和 D_2（1，0）两个点是该系统的全局渐进稳定均衡点，而 D_3 点是一个不稳定的混合策略纳什均衡点。图 3-6 反映了低技能劳动者群体与用人单位因工资决定问题所产生的群体性劳资合作与冲突的动态演化过程。除了系统初始状态为所有低技能劳动者选择合作策略或所有低技能劳动者选择冲突策略外，系统需要经过一段时间的动态演化方能达到稳定的状态，系统最终所实现的稳定状态取决于低技能劳动者初始策略的选择。

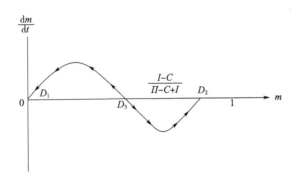

图 3-6　低技能劳动者与用人单位群体性劳资合作与冲突的动态演化

图 3-6 中，如果初始选择合作策略的低技能劳动者比例为 $0 < m < \dfrac{I-C}{\varPi-C+I}$，即在 D_1D_3 段，系统会沿着 D_3D_1 曲线箭头所示方向演化，越来越多的低技能劳动者将选择冲突策略，从而最终陷入集体不服从用人单位安排的状态。如果初始选择合作策略的低技能劳动者比例为 $\dfrac{I-C}{\varPi-C+I} < m < 1$，即在 D_3

D_2 段，系统会沿着 D_3D_2 曲线箭头所示方向演化，会有越来越多的低技能劳动者选择与企业合作，从而劳资双方最终达成一致的意见。Π，C，I 的数值不同，D_3 点的位置会存在差异。

（1）低技能劳动者从目前岗位工作中所获得的收益水平高，则他们采取一致行动与用人单位进行对抗的可能性减小。

由图 3-6 可知，Π 的值越大，D_3 点越靠近 D_1 点，则低技能劳动者采取一致行动与用人单位进行对抗的可能性减小。Π 代表低技能劳动者与用人单位采取合作态度时的收益，工资收入是其中的一项重要内容。

低技能劳动者在岗位工作中所获得的重要的收益之一是用人单位支付的工资，低技能劳动者对工资的满意度影响其与用人单位合作或冲突的决策。工资作为联系用人单位与雇员之间的重要纽带，对提高雇员的满意度具有重要的作用。工资水平直接影响着雇员的生活水平，当工资水平太低，使低技能劳动者难以满足其自身和所赡养家属基本生存的需要时，低技能劳动者对用人单位的满意度必然很低。在这种情况下，低技能劳动者往往会通过某种途径主张自身的权益。当企业中的低技能劳动者普遍处于此种状态时，他们采取一致行动与用人单位进行对抗的可能性就会加大。而当低技能劳动者工资水平普遍较高时，他们采取一致行动与用人单位进行对抗的可能性会减小。因此，实施最低工资制度，科学调整最低工资标准，使低技能劳动者获得的收入可以满足其自身和所赡养家属基本生存的需要，可以提高低技能劳动者的满意度，从而降低群体性劳资冲突发生的可能。

另外，美国管理心理学家约翰·亚当斯（John Adams）所提出的公平理论指出，除了绝对报酬外，相对报酬也会影响雇员的满意度（李江海，2012）。当雇员发现自己投入与收益的比例与别人的投入收益比例相等时，便认为是应该的、正常的，因而心情舒畅，工作努力；反之，就会产生不公平感，劳动者往往会采取一些对工作不利但有助于自己恢复公平感的行动，比如，减少个人投入、要求加薪、缺勤率上升、辞职甚至罢工等。因此，在最低工资标准调整的过程中，也要注意低收入劳动者与其他劳动者收入变化的同步，如根据平均工资调整最低工资标准，可以提高低收入劳动者的公平感，提高低技能劳动者的满意度，从而在一定程度上降低群体性劳资冲突发生的可能。

（2）低技能劳动者采取冲突策略时所需要付出的成本高，则他们采取一致行动与用人单位进行对抗的可能性减小。

由图 3-6 可知，C 值越大，D_3 点越靠近 D_1 点，表明低技能劳动者采取一致行动与用人单位进行对抗的可能性减小。C 代表了低技能劳动者采取冲突策略时所需要付出的成本，包括采取冲突行为有可能受到企业的处罚（如罚款、工资损失等），还包括低技能劳动者之间为达成共识所付出的沟通成本，以下几个方面的因素会影响到 C 的取值。

　　首先，冲突起因的相关程度和正当性。群体性劳资冲突一般都是为了解决某个具体的问题，实现一个明确的目标，上述构成了群体性劳资冲突的起因。当用人单位中的单个雇员因为工资水平太低而无法维持劳动力生产与再生产时，就会很自然地产生联合别人共同维权的意向。低技能劳动者的文化水平不高，法律意识不强，且缺少大工业化生产中工人阶级的组织意识，他们往往会从自身效用最大化的角度出发做出决策。在这种情况下，如果仅是某个低技能劳动者收入过低，那么他很难说服其他的低技能劳动者帮助他伸张权益，低技能劳动者联合起来所需要的沟通成本比较高。但如果是有很多低技能劳动者面临类似的情况，那么他们就容易联合起来，以实现彼此共同的目标。此时，低技能劳动者达成共识所需要的沟通成本就会变小。冲突起因的正当性也影响着低技能劳动者采取冲突策略时所需要付出的成本。当低技能劳动者认为用人单位恶意压低工资，自身的权利诉求是合理、合法的时候，他们会更加认同通过集体行动的方式维权。此时，低技能劳动者之间的沟通成本会降低，参与的人数也会增加，群体性劳资冲突发生的可能性会增加。

　　其次，低技能劳动者之间联系的密切程度。当低技能劳动者之间联系非常密切的时候，他们彼此之间沟通的成本会降低，更为容易达成共识。对群体性劳资冲突的案例进行分析显示，群体性冲突多发生在规模比较大、同籍雇员人数多而且集中的大中型企业。这是因为当数量众多的雇员，特别是同籍雇员集中在较小的地理空间时，他们之间信息沟通的成本很低，从而通过经常性的联络形成一种非正式组织。当权益受到损害时，非正式组织会通过集体行动主张权益。另外，在近几年发生的群体性劳资冲突案例中，很多劳动者经常性地通过各类聊天工具进行沟通，从而形成另外一类非正式组织。这类组织的稳定性和牢固性虽然比同籍雇员所形成的非正式组织弱一些，但其内部成员也较容易达成共识，做出集体行动的决策。

　　再次，低技能劳动者群体中领头者作用的发挥。在群体性劳资冲突中，一般会有领头者将雇员组织起来，为了共同的利益与用人单位进行博弈。遗憾的是，在中国企业中，由于工会职能发挥的有限性，在群体性劳资争议中，鲜见有工会成员作为低技能劳动者群体的领头者。在群体性劳资冲突中，领头者一般需要具有较强的沟通能力、号召能力、领导能力、协调能力和应变能力，能够将形如一盘散沙的低技能劳动者联合起来，通过集体的力量主张权益。如果领头者的作用能够得到充分的发挥，低技能劳动者彼此之间的沟通成本会降低，使低技能劳动者采取一致行动与用人单位进行对抗的可能性增加。近年来，在中国各地劳动者的集体维权行动中，特别是农民工的集体维权事件中，"工头"作为领头者组织雇员与用人单位抗争的实例频现。农民工"工头"往往是将农民工介绍到某一企业工作的人，"工头"与农民工存在着一定的亲缘或地缘关系，他们外出打工时间较长，能力较强，且经验较为丰富。"工头"可以将雇员们组织起来，带领他们与用人单位进行谈判以主张自身的利益。"工头"的存在，降低了雇员之间沟通的成本，增加了集体行动的可能性。

最后，保护劳动者权益的法律法规的完善程度。如果劳动法律法规可以对用人单位的不当劳动行为进行规范，则低技能劳动者在维护自身权益时就拥有了有力的武器，其采取冲突策略时的成本就会降低。很多低技能劳动者担心与用人单位的对抗会导致自己被解雇，即使是合理的权益也不敢主张。完善的法律法规可以有效地保障低技能劳动者的权益，使低技能劳动者在主张权益时免去后顾之忧，从而使低技能劳动者采取冲突策略时所需要付出的成本降低，低技能劳动者采取一致行动的可能性增加。

因此，实施最低工资制度，可以帮助低技能劳动者利用法律武器维护自身正当权益，并促进低技能劳动者就自身权益被侵犯的事项达成共识，有助于低技能劳动者权益的保障。

（3）低技能劳动者采取冲突策略时所获得的预期收益越高，则他们采取一致行动与用人单位进行对抗的可能性越大。

由图3-6可知，I值越大，D_3点越靠近D_2点，表明低技能劳动者采取一致行动与用人单位进行对抗的可能性增加。I代表低技能劳动者采取冲突策略时所获得的收益，收益与劳资双方在博弈中力量的对比有着密切的关系，同时又受到宏观环境的直接影响。

其一，当低技能劳动者预期可以联合更多的人与用人单位进行利益谈判时，其对采取冲突策略的收益预期会提高，低技能劳动者采取一致行动与用人单位进行对抗的可能性会增加。单个低技能劳动者与用人单位进行博弈容易陷入劣势的境地，但当组织中越来越多的劳动者选择冲突策略时，低技能劳动者群体的劣势地位就会发生转变，在与用人单位的谈判中掌握主动权。近年来，在劳动者最终实现了自身利益诉求的集体劳动争议中，所涉及的劳动者人数一般较多。在大量低技能劳动者选择冲突策略时，用人单位往往考虑停工给企业造成的巨大损失，而不得不接受低技能劳动者的条件。因此，用人单位中如果存在强有力的，可以将低技能劳动者组织起来的，代表低技能劳动者权益的组织，低技能劳动者采取冲突策略的收益预期会提高。

其二，劳动力市场的情况也会影响到低技能劳动者采取冲突策略时的预期收益。当劳动力市场发育不是很成熟时，低技能劳动者的工作搜寻成本会比较高。低技能劳动者知识水平比较低，获取劳动力市场职位空缺信息的途径有限，工作搜寻过程中所付出的成本会比较高，因此会比较珍惜自己已有的工作而不愿流动。当一个用人单位中的大多数低技能劳动者都面临类似情况时，他们采取冲突策略的预期收益就会降低，面对雇佣关系中自身权益的受损，很多低技能劳动者会加以容忍，而被迫选择合作。相反，如果劳动力市场发育很成熟，低技能劳动者可以较为充分地获得劳动力市场中的各类信息，工作转换过程中的成本就会降低，采取冲突策略的预期收益就会提高，低技能劳动者在权益受损时选择冲突策略的可能性就会提高。劳动力市场的供求状况也会影响到劳动者策略的选择。当劳动力市场供大于求，很多劳动力处于失业状态时，在职低技能劳动者担心与用人单位的不合作行为会使自己丢掉饭碗，此时低技能劳动者采取一致行动与用人单位进行对抗的可能性就会减少。

从中国劳动力市场的现实情况出发，低技能劳动者在与用人单位的力量对比中，往往处于弱势地位，为了保障他们的劳动报酬权，实施最低工资制度、科学调整最低工资标准非常必要。

第四章 北京市最低工资标准变动及对劳资双方的影响分析

第一节 最低工资制度的发展概况

从全球范围看，最低工资制度的历史已逾一个世纪。国外在最低工资领域的实践和国际劳工标准，对于中国最低工资制度的发展和完善具有重要的影响。

一、国外最低工资保障制度发展概况

在资本主义迅速发展的过程中，雇主为了攫取更多的利润，竞相压低工人的工资，使工人的工资无法满足个人及家庭生活的需要，"血汗工资"制度压榨下的工人日益贫困。19世纪90年代，新西兰工会和劳工组织不断发展，工人罢工浪潮不断，使新西兰国内社会生产力的发展受到了严重的阻碍。1894年，新西兰颁布了《劳资协调与仲裁法》（*The Industrial Conciliation and Arbitration Act*），依据该法案，最低工资制度在新西兰开始施行。随后，最低工资制度迅速传入澳大利亚所辖部分地区，此后其他国家也纷纷效仿新、澳两国的做法，开始实施最低工资制度。一个多世纪以来，越来越多的国家开始建立最低工资制度，目前已有超过90%的国家通过最低工资制度保障劳动者及其所赡养的家庭成员的基本生活需要（罗小兰，2018）。

1919年，国际劳工组织（International Labor Organization，ILO）制定的第一部《国际劳工组织章程》将"支付工人足以维护适当生活标准的工资"作为最低工资的标准。1928年6月16日，国际劳工组织第十一届会议通过了《制定最低工资确定办法公约》（Convention Concerning the Creation of Minimum Wage - Fixing Machinery），该公约为国际劳工组织的第26号公约，于1930年6月14日正式生效。截至2019年底，有104个国家加入了该公约[①]。国际劳工组织考虑到

[①] 国际劳工组织网站 https://www.ilo.org/dyn/normley/en/f? p = 1000；11300；0：；NO；1130；P11300_ INSTRUMENT_ ID：312171f.

各国国情的不同，规定了确定最低工资标准的一般原理和方法，指出最低工资标准的确定与调整应考虑两个方面的内容：一是一般工资水平、生活费用、社会保障福利和其他阶层人员的相对生活标准，最低工资标准应可以满足劳动者及其家庭成员的生活需要；二是相关的经济因素，包括经济发展水平、劳动生产率水平等，同时还要考虑保持较高的就业水平。

二、中国最低工资保障制度发展概况

中国最低工资保障制度可以追溯到 1922 年，当时中国共产党领导的中国劳动组合书记部制定了《劳动法大纲》，其中明确提出应当制定保障劳动者最低工资的保障法。1930 年，国民党政府批准了国际劳工组织第 26 号公约，并于 1936 年 12 月 23 日颁布了包括 23 条内容的《最低工资法》，其中规定成年工最低工资率"以维持其本身及足以供给无工作能力亲属二人之必要生活为准"。第二次国内革命战争时期，中华苏维埃政府制定的《中华苏维埃共和国劳动法》明确规定要保障劳动者最低限度的工资。但由于战争原因，上述有关最低工资的规定并未在现实中得到施行。

1948 年，全国第六次劳动大会通过的决议规定，职工的最低工资连本人在内，要能够维持两个人的生活，即对最低工资计算的赡养系数做了规定。1949 年 9 月，中国人民政治协商会议通过的《共同纲领》也明确规定，人民政府应按照各地企业情况规定最低工资。然而由于各种各样的原因，上述规定一直未能以法律的形式贯彻落实。1984 年，中国政府宣布重新认定国际劳工组织第 26 号公约。1989 年，广东省珠海市率先颁布了最低工资相关规定，成为中国最低工资制度的第一个试点地区。1992 年，广东省深圳市开始实行最低工资制度。

1993 年 11 月，劳动部颁布了《企业最低工资规定》，要求在中国境内各种经济类型的企业中实施最低工资制度，以维护劳动者的劳动报酬权，保障劳动者个人及其家庭成员的基本生活。《企业最低工资规定》是中国最低工资保障制度方面的第一个规章，确定了中国最低工资标准调整的基本法律框架，即由地方政府根据当地的社会经济条件，在中央政府的指导和监督下，设定适应本地的最低工资标准，同时规定最低工资的调整频率每年不超过一次。《企业最低工资规定》虽然要求中国境内的所有企业均应遵守，但各省、自治区、直辖市人民政府可以自行决定当地的乡镇企业是否适用最低工资标准，而政府机关、事业单位、社会团体和个体工商户则不在《企业最低工资规定》的覆盖范围之内。

1994 年 7 月，最低工资制度被正式写入《中华人民共和国劳动法》。《劳动法》第五章第四十八条规定：国家实行最低工资保障制度。最低工资的具体标准由省、自治区、直辖市人民政府规定，报国务院备案。用人单位支付劳动者的工资不得低于当地最低工资标准。同时《劳动法》第五章第四十九条对确定和调整最低工资标准应当综合参考的因素进行了阐述。《劳动法》的规定确立了国家建立最低工资保障制度的法律依据。1994 年 10 月，依据劳动法的规定，原劳动部颁布《关于实施最低工资保障制度的通知》，并要求在 1995 年 1 月之前，各地要拟订最低工资标准。

2004 年 1 月 20 日，劳动和社会保障部颁布《最低工资规定》，原《企业最低工资规定》同时废止。《最低工资规定》明确了最低工资标准的确定和调整方案，由各省、自治区、直辖市人民政府劳动保障行政部门会同同级工会、企业联合会以及企业家协会研究拟订，并报经劳动和社会保障部同意。2011 年修订的《最低工资规定》扩大了最低工资标准的适用范围，明确所有的"用人单位"均在最低工资标准的覆盖范围内。这意味着除了企业外，民办非企业、个体工商户、国家机关、事业单位和社会团体也要执行最低工资标准。同时，小时最低工资标准将临时工作者纳入覆盖范围。

第二节　北京市最低工资标准变动概况

《北京市最低工资规定》于 1994 年 12 月 1 日开始实施，规定在北京市行政区域内的企业、雇工的个体工商户和其他有用工行为的经济组织（统称为企业）中工作的劳动者，在法定工作时间内为企业工作，企业支付给劳动者的工资不得低于北京市规定的最低工资标准。北京市自 1994 年实施最低工资制度以来，最低工资标准不断调整，保持了增长的趋势。1994—2022 年北京市最低工资标准变动情况如表 4-1 所示。

表 4-1　1994—2022 年北京市最低工资标准变化表

年份	月最低工资			小时最低工资		
	数额（元）	增幅（元）	增长率（%）	数额（元）	增幅（元）	增长率（%）
1994	210	——	——	1.1	——	——
1995	240	30	14.29	1.4	0.3	27.27

续表

年份	月最低工资			小时最低工资		
	数额（元）	增幅（元）	增长率（%）	数额（元）	增幅（元）	增长率（%）
1996	270	30	12.50	1.6	0.20	14.29
1997	290	20	7.41	1.7	0.10	6.25
1998	310	20	6.90	1.8	0.10	5.88
1999	400	90	29.03	2.3	0.50	27.78
2000	412	12	3.00	2.46	0.16	6.96
2001	435	23	5.58	2.6	0.14	5.69
2002	465	30	6.90	2.78	0.18	6.92
2003	495	30	6.45	2.96	0.18	6.47
2004	545	50	10.10	3.26	0.30	10.14
2005	580	35	6.42	3.47	0.21	6.44
2006	640	60	10.34	3.82	0.35	10.09
2007	730	90	14.06	4.36	0.54	14.14
2008	800	70	9.59	4.60	0.24	5.50
2009	800	0	0	4.6	0	0
2010	960	160	20.00	5.50	0.90	19.57
2011	1 160	200	20.83	6.70	1.20	21.82
2012	1 260	100	8.62	7.20	0.50	7.46
2013	1 400	140	11.11	8.05	0.85	11.81
2014	1 560	160	11.43	8.97	0.92	11.43
2015	1 720	160	10.26	9.89	0.92	10.26
2016	1 890	170	9.88	10.86	0.97	9.81
2017	2 000	110	5.82	11.49	0.63	5.80
2018	2 120	120	6.00	12.18	0.69	6.01
2019	2 200	80	3.77	12.64	0.46	3.78

续表

年份	月最低工资			小时最低工资		
	数额（元）	增幅（元）	增长率（%）	数额（元）	增幅（元）	增长率（%）
2020	2 200	0	0.00	12.64	0	0.00
2021	2 320	120	5.45	13.33	0.69	5.46
2022	2 320	0	0	13.33	0	0

数据来源：北京市人力资源和社会保障局官网。

从表4-1中的数据可知，从1994年的210元到2022年的2 320元，北京市最低工资标准调整了24次，年平均增长率达到了8.96%。对历年北京市最低工资标准进行统计分析可知，1999年最低工资的增长率最高，达到了29.03%；2016年最低工资的增幅最大，达到了170元；1999年小时最低工资的增长率最高，达到了27.78%；2011年小时最低工资的增幅最大，达到了1.2元。2020年新冠疫情期间，北京市最低工资标准未进行调整，维持了2019年的2 200元。2022年7月14日，北京市人力资源和社会保障局宣布，考虑到新冠疫情对经济社会的影响，经北京市劳动关系三方共同研究，2022年北京市最低工资标准不做调整，沿用2021年北京市最低工资标准。

本书搜集了自1994年《企业最低工资规定》施行以来，截至2022年4月中国各省、市、自治区的最低工资标准的变化情况（见附录1），以与北京市最低工资标准的变动进行横向比较分析。一般而言，最低工资可以采取小时最低工资标准，也可以采用日、周、月最低工资标准。中国最早颁布的最低工资标准都是按月计算的，近年来尤其是在《最低工资规定》颁布后，一些省、自治区和直辖市同时颁布了小时最低工资标准，小时最低工资标准与月最低工资标准可通过公式换算。本书中所采用的均为月最低工资标准。1994—2022年，与其他省、自治区和直辖市相比[①]，北京市最低工资标准调整最为频繁，共计调整了24次，调整次数与上海同为最高。除了2009年、2020年和2022年外，北京市最低工资标准均有调整，且不断提高，比国家规定的两年至少调整一次频繁，说明北京市在调整最低工资标准方面一直较为努力。北京市最低工资标准的绝对值也相对较高，仅有上海市的最低工资标准始终高于北京，深圳市最低工资标准的高位值在绝大多数年份高于北京，仅在2019年和2020年与北京持平，同为2 200元。同时，浙江省和天津市最低工资标准的高位值在个别年份也高于北京。以2022年

---

① 重庆市自1999年开始颁布最低工资标准，西藏自2004年开始颁布最低工资标准。

的数据为例，北京市月最低工资标准为 2 320 元，仅低于上海（2 590 元）。但需要注意的一点是，北京市与上海市的最低工资标准不包含职工承担的社保、公积金个人部分，而其他省、自治区和直辖市的最低工资标准大多包含职工承担的社保、公积金个人部分。从 1994—2022 年最低工资标准的年均增长率看，北京市排名第 16 位，在 31 个省、自治区和直辖市中处于中游。重庆市最低工资标准的年均增长率最高，达到了 9.97%，上海市最低工资标准的年均增长率为 9.21%，也要高于北京市，北京市的最低工资标准的年均增长率比同为直辖市的天津市高出 0.24 个百分点。

第三节　北京市最低工资标准调整对低收入劳动者影响的分析

　　根据北京市统计局公布的数据，2018 年底，北京市各行业从业人员达到了 1 361 万人，是一个非常庞大的劳动者群体。而从低收入居民的收入情况看，2018 年北京市 20% 的低收入户居民人均可支配收入为 23 926 元，2019 年北京市 20% 的低收入户居民人均可支配收入为 25 723 元。2019 年 5—6 月，课题组浏览了 58 同城和赶集网两个网站的招聘信息，根据月薪区间对全职低收入职位进行搜索，1 000 元以下未搜索到相关职位，2 000～3 000 元区间的职位主要包括：保安、保洁、杂工和售货员。这些劳动者的收入水平与 2018 年和 2019 年北京市 20% 的低收入户居民人均可支配收入水平大体相当，可以将这些劳动者视为低收入劳动者。

　　2019 年 7 月 1 日，北京市最低工资标准上调至每月 2 200 元。2019 年 8—10 月，课题组以北京市 16 个区低收入保安、保洁、杂工和售货员为调查对象，重点调查最低工资标准调整对低收入劳动者的影响，同时也涉及低收入劳动者对最低工资制度的了解情况，对用人单位最低工资执行情况的评价，加班情况、家庭每月收入与支出的生活状况，以及对最低工资标准调整的看法和建议等问题。考虑到被调查低收入劳动者大多文化程度不高，对调查内容的理解有些困难，为了提高调查质量，本次问卷调查采用采访法，即调查人员与低收入劳动者当面交谈，并由调查人员代其填写问卷。本次调查共计获取有效问卷 1 022 份，调查问卷详见附录 3。参与问卷调查的低收入劳动者的社会人口学特征如表 4-2 所示。同时，调查人员与 67 位低收入劳动者进行了深度访谈，访谈提纲详见附录 4。

2022年9月，调查人员与曾参与深度访谈的12位低收入劳动者再次取得联系，通过电话访谈了解新冠疫情期间他们的就业、收入状况和最低工资标准调整对他们的影响。

表4-2　被调查低收入劳动者社会人口学特征（$n=1\,022$）

样本信息		样本数	占比（%）	样本信息		样本数	占比（%）
性别	男	489	47.85	年龄（岁）	16~19	9	0.88
	女	533	52.15		20~24	2	0.20
婚姻状况	未婚	14	52.15		25~29	2	0.20
	已婚	894	87.48		30~34	3	0.29
	其他（离异、丧偶）	114	11.15		35~39	14	1.37
户籍	北京	21	2.05		40~49	143	13.99
	京外	1 001	97.95		50及以上	849	83.07
	农村	972	52.15	学历	初中及以下	896	87.67
	城镇	50	4.89		高中、中专	124	12.13
职业	保安	342	33.46		大专及以上	2	0.20
	保洁	381	37.28	工作单位	私营	781	76.42
	杂工	174	17.03		非私营	241	23.58
	售货员	125	12.23				

一、最低工资标准提高对低收入劳动者工资水平的影响

在问及2019年7月最低工资标准的调整是否对自己的工资水平有影响时，有4.79%的被调查低收入劳动者表示自己的工资水平提高了，也有67.32%的被调查低收入劳动者表示没有影响，另有27.89%的被调查低收入劳动者表示不确定，如图4-1所示。从总体看，最低工资标准的提高对低收入劳动者工资水平有一定的正向积极影响，但作用不是很明显。对参与本次调查的低收入劳动者每月实际工资水平进行统计分析可知，仅有3人每月实际领取的工资（扣除五险一金、个人所得税）低于2 200元；另有12人每月实际领取的工资（扣除五险一金、个人所得税）高于2 200元，但扣除加班费后低于2 200元[①]；有27人每月

---

① 课题组对低收入劳动者实际收入和加班情况进行了调查，在此基础之上计算了每月实际领取的工资（扣除五险一金、个人所得税）扣除加班费后的数额。

实际领取的工资（扣除五险一金、个人所得税）扣除加班费后在 2 200~2 500 元区间；有 79 人每月实际领取的工资（扣除五险一金、个人所得税）扣除加班费后在 2 501~3 000 元区间；而每月实际领取的工资（扣除五险一金、个人所得税）扣除加班费后在 3 001~3 500 元区间的为 721 人，占比最高，如图 4-2 所示。由此可知，有 88.16% 的低收入劳动者每月实际领取的工资（扣除五险一金、个人所得税）扣除加班费后不低于 3 000 元，远高于目前每月 2 200 元的北京市最低工资标准，所以最低工资标准的小幅度提高对于他们的工资水平影响有限。

北京市在2019年7月1日将月最低工资标准调整为
2 200元，那次调整对您的工资收入有影响吗？

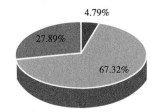

4.79%

27.89%

67.32%

■有，我的工资提高了　■没有　■不确定

图4-1　最低工资标准提高对低收入劳动者收入的影响

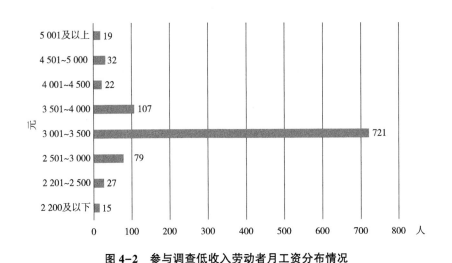

图4-2　参与调查低收入劳动者月工资分布情况

另外，课题组在问卷调查中发现，在被调查的 125 名售货员中，有 119 人的工资构成为固定底薪+提成，底薪分布情况如图 4-3 所示，其中底薪为 2 200 元的有 39 人，访谈中有部分售货员表示用人单位会参照北京市最低工资标准确定自己的底薪，最低工资标准的调整可以提高自己的工资水平。

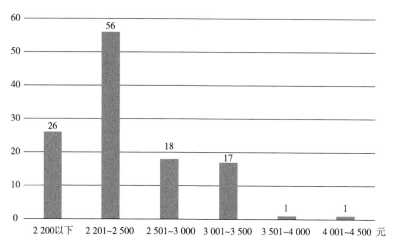

图4-3 参与调查售货员底薪分布情况

［L-CY-9］李女士（小区保洁）

56岁的李女士来自河北省保定市的农村，2019年3月入职北京市某劳务公司，目前劳务派遣到朝阳区某小区做保洁。李女士表示入职时每月工资为1 800元（试用期），第二个月转正为2 000元，6月份的时候长到了2 200元。李女士不了解最低工资制度，也不知道北京市最低工资标准的具体数额，但曾听在北京打工的女儿提起过最低工资标准，而且说她原来每月的工资2 000元是低于最低工资标准的。在课题组提及北京市最低工资标准在2019年7月1日调整为2 200元后，李女士估计自己工资的增长与此次最低工资标准调整有关。在2022年9月的电话访谈中，李女士表示自己还在原来的小区做保洁，2020年初自己的工资长到了2 300元，2021年初长到了2 400元，但是2022年到目前为止还没有什么变化。

［L-HD-4］孙女士（食堂杂工）

47岁的孙女士来自湖南省长沙市的农村，2016年开始在北京市海淀区一家污水处理公司做食堂后厨的杂工。孙女士表示自己最近每年工资都会长一点，记得2016年刚来北京时是2 000元，现在每月有2 500元，一般调整是在每年的1月份。周围的同事和她一样，每年1月会长工资。孙女士没有听说过最低工资标准，也不认为北京市最低工资标准的调整对自己的工资水平有什么影响。

［L-FT-2］陈女士（服装销售员）

45 岁的陈女士来自福建省泉州市的农村，2017 年开始在北京市丰台区一家商场做服装销售员。陈女士表示自己的工资是底薪+提成，其中底薪是老板根据北京市最低工资标准确定的。陈女士告诉调查员，老板明确告诉她，只要北京市最低工资标准提高，就会给她增加底薪，这样保障她的工资不低于法定要求，做到不违法。陈女士每月的提成收入较为稳定，一般在 2 000 元左右。陈女士表示自己很关注北京市最低工资标准，希望最低工资标准能够调得高一些，因为在她看来，最低工资标准的提高可以增加她的底薪，虽然没多少，但长了总比不长要好。

［L-XC-1］吴先生（保安）

61 岁的吴先生来自吉林省延边朝鲜族自治州的农村，2016 年内退后在北京市西城区一家物业公司做保安，主要负责某小区大门的出入管理。吴先生表示自己的工资目前是 2 000 元，比上年长了 100 元，物业公司提供免费吃住。吴先生不了解最低工资制度，不知道目前北京市最低工资标准是多少，也不认为最低工资标准提高对自己的收入有什么影响。当调查员告诉他北京市最低工资标准在2019 年 7 月 1 日后已经调整为 2 200 元，他现在的工资低于最低工资标准，用人单位的行为涉嫌违法时，吴先生表示自己不关心这个，现在每个月能挣这些钱就行了。吴先生内退前在某林业企业工作，手部受过工伤，找工作非常不容易。他觉得自己能每个月挣些钱，再加上自己的退休金，基本能满足日常生活所需。

从课题组深入访谈的情况看，最低工资标准的调整对绝大多数参与深入访谈的低收入劳动者的工资水平并无影响，其中一个主要原因是北京市最低工资标准比较低，而低收入劳动者的工资水平高于甚至远高于北京市最低工资标准。同时，绝大多数低收入劳动者不是很关注最低工资标准的调整，甚至不知道最低工资标准的存在，使得他们感受不到最低工资标准调整对他们工资水平的影响。另外，个别用人单位并未严格按照相关规定执行最低工资标准，导致个别低收入劳动者的工资水平低于最低工资标准，其工资水平并未因北京市最低工资标准的调整而提高。

二、最低工资标准提高对低收入劳动者生活水平的影响

在问及 2019 年 7 月最低工资标准的调整是否对自己生活水平提高有影响时，

仅有 1.66% 的被调查低收入劳动者表示自己的生活水平提高了，96.77% 的被调查低收入劳动者表示没有影响，另有 1.57% 的被调查低收入劳动者表示不确定，如图 4-4 所示。从总体看，最低工资标准的提高对低收入劳动者生活水平有一定的正向积极影响，但作用不明显。

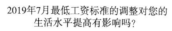

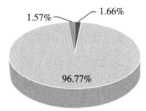

■ 有，我的生活水平提高了　■ 没有　■ 不确定

图 4-4　最低工资标准提高对低收入劳动者生活水平的影响

［L-DC-3］李女士（服装销售员）

47 岁的李女士来自河北省张家口市，买断工龄后来北京打工，2018 年 5 月开始在东城区一家服装店做销售，目前的工资是底薪+提成，她认为自己的底薪是老板参照北京市最低工资标准确定的，2018 年刚入职的时候是 2 100 元，2019 年 5 月长到 2 200 元。目前，李女士每月的提成收入有 3 000 元左右，她了解最低工资制度，也清楚北京市最低工资标准在 2019 年 7 月份调整为 2 200 元，觉得最低工资标准提高对自己底薪增加有一定作用，但并不认为最低工资标准的提高可以改善自己的生活。李女士的女儿在北京工作，每月工资有 5 000 多元，母女合租通州区的一个一居室，每月房租近 3 000 元。李女士坦言现在物价很高，北京房租尤其高，母女每月省吃俭用，能够存下来 2 000 元左右，最低工资标准长的那点钱，都不够房租涨价的，所以最低工资标准提高起不到改善自己生活的作用。

［L-MTG-2］杨先生（保安）

58 岁的杨先生来自河南省郑州市的农村，2018 年开始在门头沟区一家建筑工地当保安，刚入职时每月工资 3 000 元，2019 年 2 月调整为 3 200 元，工地老板提供吃住。杨先生不了解最低工资制度，也不清楚北京市目前的最低工资标准。但当调查员提及北京市最低工资标准在 2019 年 7 月份调整为 2 200 元时，他表示这个数额太低了，根本不够花，现在物价涨得这么厉害，从 2 120 元长到 2 200 元，一年才长 80 元，对于生活水平的提高根本没什么作用。在 2022 年 9 月的电话访谈中，杨先生表示自己已经换了工作，现在一家餐馆做服务员，老板提供吃住，但是工资只有 3 000 元。杨先生坦言疫情期间能有一份工作就不错了，自己有些原来在北京打工的老乡已经回老家了。当调查员提及北京市最低工资标准在 2021 年调整为 2 320 元时，杨先生表示疫情这两年什么东西都涨价，自己这点工资也就是勉强够花，要是自己工资是 2 320 元，他就直接回老家种菜了。

［L-YQ-1］薛女士（杂工）

56 岁的薛女士来自河北省张家口市的农村，2017 年开始在延庆一家餐厅做杂工，主要负责洗碗和洗菜。薛女士刚入职时每月工资为 2 800 元，之后每年长 100 元，现在是 3 000 元，餐厅提供免费的三餐，与同事一起合租老板给联系的房子，4 人住 1 居室，每人每月 600 元。薛女士不了解最低工资制度，也不清楚北京市目前的最低工资标准。但当调查员提及北京市最低工资标准在 2019 年 7 月份调整为 2 200 元时，薛女士觉得自己工资增长的幅度和最低工资标准的涨幅差不多，但长得实在是不多，北京的物价太高了，今年自己每月的房租就涨了 100 元，这 80 元对于提高生活水平根本没什么作用。

［L-HD-2］陈女士（杂工）

52 岁的陈女士来自辽宁省锦州市的农村，2018 年开始在海淀区一家教育机构当杂工，主要负责在学校门口发放海报，收入为底薪+提成，2018 年底薪为 2 300 元，2019 年初长到 2 500 元。陈女士每月的提成浮动较大，高的时候有 1 000 元，低的时候仅几百元。她了解最低工资制度，但并不知道北京市目前的最低工资标准为 2 200 元。在了解了此次最低工资标准的涨幅后，陈女士觉得 80 元的涨幅太少了，现在物价涨得很厉害，对于自己的生活水平起不到太大作用，但长了总比没长强。

从课题组深入访谈的情况看，几乎所有参与深入访谈的低收入劳动者都认为最低工资标准的调整对自己生活水平的提高没有什么影响。一方面如本章之前所述，北京市最低工资标准的水平较低，绝大多数低收入劳动者的工资水平都高于或远高于该标准，最低工资标准的提高没有直接影响到他们的工资水平，也就谈不上提高他们的生活水平。另一方面，北京市作为一线城市，较高的物价水平导致生活成本比较高，在很多低收入劳动者看来，80 元的涨幅太小，考虑到物价的增长，最低工资标准的提高对生活水平的影响有限。

三、最低工资标准提高对低收入劳动者就业机会的影响

在问及 2019 年 7 月最低工资标准的调整是否对就业机会有影响时，没有低收入劳动者认为最低工资标准的提高会使自己的就业机会增加或者减少，仅有 5.77% 的低收入劳动者对此表示不确定，如图 4-5 所示。从被调查者的反馈看，最低工资标准的提高对低收入劳动者就业不存在正向或者负向影响。

2019年7月最低工资标准的调整对您的就业机会有影响吗？

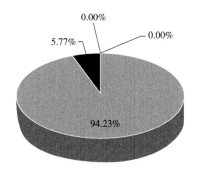

0.00%

0.00%

5.77%

94.23%

■ 有，就业机会少了　■ 有，就业机会多了　■ 没有　■ 不确定

图 4-5　最低工资标准提高对低收入劳动者就业机会的影响

［L-HD-3］刘女士（保洁）

45 岁的刘女士来自黑龙江省佳木斯市的农村，2019 年 7 月入职北京一家劳务公司，目前劳务派遣到海淀区某写字楼做保洁，月薪 2 800 元，每天工作 8 小时，公司提供住宿。刘女士不了解最低工资保障制度，也不知道北京市目前的最低工资标准。在谈及自己在北京找工作的经历时，她说是亲戚介绍她来北京做保洁工作的，挺好找工作的，和经理见个面，体检后就上工了。目前这份工作挣得不多，但很清闲，据说类似的保洁工作有比现在挣得多的，自己可能先熟悉一下北京的环境，等过完年考虑换个挣得多一点的工作。刘女士不认为最低工资标准的提高会影响自己找工作，她觉得每月 2 200 元太低了，按照这个标准老板应该很难招到人。

［L-HD-7］赵女士（杂工）

52 岁的赵女士来自安徽省蚌埠市的农村，2019 年 8 月入职海淀区某餐馆做

杂工,每月工资3 000元,之前一直在延庆区某餐馆做杂工,每月工资2 800元。在谈及自己换工作的经历时,赵女士说换工作主要是因为自己的先生从老家退休后来海淀区一家物业公司做维修工,自己搬过来和他一起住,比较省钱。赵女士不了解最低工资制度,也不知道北京市目前的最低工资标准,认为北京市最低工资标准的提高对于自己找工作没有什么影响,毕竟每月只长了80元,自己的工资本来就高于最低工资标准。

［L-TZ-1］王女士（杂工）

46岁的王女士来自河北省保定市的农村,五年前来北京打工,一直在通州区某高校的食堂做杂工,目前每月工资2 900元,单位包吃住。王女士了解最低工资制度,也知道北京市的最低工资标准是2 200元,但认为最低工资标准的提高对自己收入水平和就业机会没有什么影响。王女士认为自己的收入很低,如果不是包吃住,根本没有办法在北京生活,每年最低工资长那么一点,都不够物价涨的,老板不会因为长这么一点工资就把人辞退了。在2022年9月的电话访谈中,王女士已经换了工作,现在一家餐馆做服务员,老板提供吃住,工资3 200元。当调查员提及北京市最低工资标准在2021年调整为2 320元,会不会影响就业时,王女士表示老板不会因为长一点工资就辞退工人,但疫情对工作影响太大了。王女士详述了自己最近几年工作的变化,2020年高校食堂因为疫情关了好久,老板把他们都辞退了。2020年12月王女士在海淀区找了一家餐馆做杂工,每月工资2 800元,结果那家餐馆在2022年春节后也倒闭了,于是又到了现在这家餐馆做服务员。

［L-CP-1］卢先生（保安）

61岁的卢先生来自河北省廊坊市的农村,已经在北京做保安10多年了,其间换过几家物业公司,目前就职于昌平区某两限房小区,每月工资3 200元,单位包吃住。卢先生不了解最低工资制度,也不知道北京市目前的最低工资标准。但当课题组成员提及北京市2019年7月将最低工资标准调至2 200元时,卢先生表示这个标准太低了,从他所从事的保安行业来说,3年前的工资水平就比这个要高,自己有很多老乡在北京打工,没听说谁挣得这么少,用人单位如果只出这么少的钱,估计在北京招不到人吧。卢先生认为,最低工资标准的提高不会影响到就业机会,毕竟只长了那么一点,就算物业公司需要多花钱招保安,可以提高物业费,不会少招保安的。小区保安主要负责看门,总不能没人看门吧。而且现在什么都涨价，自己所服务的小区去年就提高过一次物业费，物业公司不会亏钱的。

从课题组深入访谈的情况看，所有参与深入访谈的低收入劳动者都认为最低工资标准的调整对于就业机会没有什么影响。而低收入劳动者做出这一判断的依据是目前北京市最低工资标准太低，自身的工资水平高于或远高于该标准，在目前北京市的劳动力市场中，按照最低工资标准很难招到人。

四、最低工资标准提高对低收入劳动者工作时间的影响

在问及 2019 年 7 月最低工资标准的调整是否对工作时间有影响时，没有低收入劳动者认为最低工资标准的提高会使自己的工作时间增加或者减少，仅有 3.91% 的低收入劳动者对此表示不确定，如图 4-6 所示。从被调查低收入劳动者的反馈看，最低工资标准的提高对低收入劳动者工作时间不存在正向或负向影响。

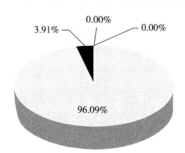

2019年7月最低工资标准的调整对您的工作时间有影响吗？

0.00% 3.91% 0.00% 96.09%

■ 有，工作时间延长了　■ 有，工作时间缩短了　　没有　■ 不确定

图 4-6　最低工资标准提高对低收入劳动者工作时间的影响

［L-DX-1］孙先生（保安）

62 岁的孙先生来自辽宁省瓦房店市的农村，2016 年 3 月入职北京一家保安公司，目前在大兴区某小区做保安。孙先生主要负责停车场的管理，2019 年 1 月工资提高至 2 800 元，之前为 2 600 元。孙先生每天工作 12 小时，为两班倒。孙先生不了解最低工资制度，也不知道北京市目前的最低工资标准。当课题组成员提及北京市 2019 年 7 月最低工资标准调至 2 200 元时，孙先生表示这个调整对自己没什么影响，之前每天工作 12 小时，现在依然是 12 小时。

［L-HR-1］张先生（保安）

58 岁的张先生来自山东省菏泽市的农村，2019 年 2 月入职怀柔区一家物业公司做保安，主要负责看守大门和院内夜间巡逻，工资为 3 000 元。张先生每天工作 12 小时，为两班倒。张先生听说过最低工资制度，但不知道北京市目前的最低工资标准。当课题组成员提及北京市 2019 年 7 月最低工资标准调至 2 200 元时，张先生表示此次调整对自己的工资没什么影响，对工作时间也没有什么影响。

［L-DX-2］黄女士（杂工）

61 岁的黄女士来自山东省德州市的农村，2018 年 7 月开始在大兴区一家企业的食堂做杂工，工作包括择菜、洗菜、清洁地面、清洗餐具等，工资为 2 800 元。黄女士每天早上 6 点上班，晚上 8 点下班，早午餐中间可以休息 1 个小时，午晚餐中间可以休息 2 个小时，每天工作时间为 11 个小时左右。黄女士不了解最低工资制度，也不知道北京市目前的最低工资标准。当课题组成员提及北京市 2019 年 7 月最低工资标准调至 2 200 元时，黄女士表示此次调整对自己的工资没什么影响，对工作时间也没什么影响。

［L-FT-2］陈女士（服装销售员）

在商场做销售员的陈女士工资是底薪+提成，其中底薪是老板根据北京市最低工资标准确定的。北京市 2019 年 7 月最低工资标准调至 2 200 元时，陈女士的底薪也提高至 2 200 元，但工作时间没有什么变化。

从课题组深入访谈的情况看，所有参与深入访谈的低收入劳动者都认为最低工资标准的调整对自身的工作时间没有什么影响。一方面是因为目前北京市最低工资标准太低，另一方面也与这些低收入劳动者的劳动报酬计算方式有关，他们大多是按月计酬，而非按小时，用人单位很难通过劳动时间的调整节约人工成本，更何况这些低技能劳动者收入不高，对于人工成本的影响非常有限。

第四节　北京市最低工资标准调整
对用人单位影响的分析

最低工资除了要保障劳动者的劳动和生存权益外，也要考虑到用人单位的承受能力。最低工资标准太高，用人单位的用工成本会加大，进而影响用人单位的生产经营。最低工资标准对用人单位经营的影响一直是最低工资标准研究中的一个重要课题，也是决策者非常关心的问题。根据第四次经济普查数据，2018 年北京市法人单位情况如表 4-3 所示。2018 年北京市法人单位共计 988 619 个，分布在国民经济各个行业，其中第一产业法人单位最少，第三产业最多，与各产业所贡献的 GDP 是一致的。结合各行业职工平均工资、从业人数和低收入劳动者的职业情况，课题组重点选择了建筑业，批发和零售业，住宿和餐饮业，房地产业，居民服务、修理和其他服务业以及水利、环境与公共设施管理业 6 个行业的企业进行重点调查，其中房地产业的调查主要围绕物业服务企业展开。

表 4-3   第四次经济普查法人单位基本情况（2018 年）

项目	法人单位数（个）	资产总计（亿元）	收入总计（亿元）	企业利润（亿元）	年末从业人员（万人）	从业人员平均工资（元）
合　计	988 619.0	2 119 561.6	199 152.1	24 842.9	1 361.0	127 107.0
按登记注册类型分						
内　资	973 887.0	1 985 481.9	162 106.2	19 658.5	1 199.4	119 311.0
国　有	17 953.0	828 238.3	24 528.0	4 161.7	178.8	162 118.0
集　体	15 366.0	5 463.1	677.1	-19.4	16.7	66 211.0
股份合作	6 005.0	1 359.5	322.6	7.8	5.9	57 572.0
联　营	350.0	62.6	14.7	0.3	0.5	79 695.0
有限责任公司	76 162.0	432 145.1	81 395.9	9 953.8	343.2	123 239.0
股份有限公司	4 475.0	585 069.2	20 911.1	5 682.8	92.1	164 780.0
私　营	835 891	130 690.4	33 206.9	-139.9	537.5	76 908.0
其　他	17 685.0	2 453.5	1 049.8	11.4	24.5	84 465.0
港澳台商投资	5 511.0	38 758.3	15 675.8	910.8	73.6	171 261.0
外商投资	9 221.0	56 531.1	20 542.2	3 915.5	79.7	188 538.0
按隶属关系分						
中　央	8 732.0	1 551 884.8	72 168.2	16 544.0	185.4	—
地　方	979 887.0	528 886.5	126 156.0	7 940.8	1 167.2	—

续表

项目	法人单位数 （个）	资产总计 （亿元）	收入总计 （亿元）	企业利润 （亿元）	年末从业人员 （万人）	从业人员平均 工资（元）
按行业分						
农、林、牧、渔业	413.0	28.0	5.6	-0.4	0.2	55 138.0
采矿业	78.0	3 983.7	553.3	-69.9	3.6	123 098.0
制造业	25 684.0	26 713.7	17 012.0	1 095.6	96.8	110 484.0
电力、热力、燃气 及水生产和供应业	1 193.0	21 867.4	5 759.3	535.5	10.8	154 436.0
建筑业	35 130.0	35 232.6	15 415.5	498.0	96.5	95 651.0
批发和零售业	273 395.0	62 339.8	66 771.0	1 456.0	161.4	98 102.0
交通运输、仓储 和邮政业	19 176.0	54 752.4	6 396.0	776.3	71.5	102 919.0
住宿和餐饮业	34 458.0	2 559.2	1 412.3	20.2	56.3	56 100.0
信息传输、软件和 信息技术服务业	77 152.0	55 834.3	13 749.1	2 998.0	138.9	187 334.0
金融业	12 796.0	1 486 292.5	24 901.7	12 027.4	80.6	261 214.0
房地产业	26 885.0	96 972.5	6 526.8	899.4	73.0	98 569.0
租赁和商务服务业	184 764.0	194 326.7	12 313.4	4 318.9	187.2	102 350.0
科学研究和技术服务业	154 187.0	43 862.1	11 717.8	291.6	140.4	143 023.0
水利、环境和 公共设施管理业	7 346.0	5 839.4	1 093.7	9.0	18.4	86 796.0
居民服务、修理 和其他服务业	36 756.0	1 075.3	535.0	-22.0	30.6	51 520.0
教　育	21 236.0	6 591.7	2 913.4	-26.1	67.1	154 924.0
卫生和社会工作	6 607.0	2 513.1	2 526.6	-35.3	36.4	180 343.0
文化、体育和娱乐业	53 885.0	9 011.1	2 653.1	70.6	37.5	149 144.0
公共管理、社会保障 和社会组织	17 478.0	9 765.9	6 896.5		54.1	140 310.0

资料来源：北京市统计局官网。

2019 年 7—10 月，课题组以北京市 16 个区上述六个行业中的用人单位为调查对象，随机选择了 200 家进行电话访问，访问对象主要为用人单位负责人或人力资源管理负责人。在说明了访问目的后，有 152 家用人单位的负责人或人力资源管理负责人表示愿意接受问卷调查，其中有 34 家用人单位的负责人或人力资源管理负责人表示愿意接受深入访谈。在随后的调研中，课题组重点调查了最低工资标准调整对用人单位的影响，同时也涉及最低工资标准的宣传与执行情况，用人单位员工最低工资数额，低收入职位和人数所占比重，最低工资标准与用人单位经营的关系，用人单位经营状况，最低工资调整空间，对最低工资标准的看法与建议，等等。152 家参与调查用人单位的基本情况如表 4-4 所示。

表 4-4　参与调查用人单位基本情况（n = 152）

样本信息		样本数	占比（%）	样本信息		样本数	占比（%）
用人单位所属行业	建筑业	2	1.32	用人单位经济类型	国有	7	4.61
	批发和零售业	27	17.76		集体	8	5.26
	住宿和餐饮业	38	25.00		民营	113	74.34
	房地产业	61	40.13		个体	21	13.82
	水利、环境和公共设施管理业	6	3.95		外商投资	1	0.66
	居民服务、修理和其他服务业	18	11.84		港澳台投资	2	1.32
用人单位的性质	劳动密集型	149	98.03		其他	0	0.00
	资金密集型	1	0.66				
	技术密集型	2	1.32				

一、用人单位对最低工资标准调整的认知情况

调查问卷统计分析表明，被调查的大多数用人单位负责人或人力资源管理负责人对最低工资制度有着正确的认知。在问及"您是否了解北京市最低工资保障制度"时，有 59.87% 的被调查者表示"很清楚"，仅有 5.26% 的被调查者表示"不知道"，如图 4-7 所示。在问及"您是否知道北京市目前的最低工资标准"时，有 74.34% 的被调查者明确表示"知道"，如图 4-8 所示。而当问及"您认为是否有必要实施最低工资保障制度"时，有 51.32% 的被调查者表示"有必

要",但有41.45%的被调查者表示"无所谓",如图4-9所示。

您是否了解最低工资保障制度?

■ 很清楚 ■ 知道,但不是很了解具体规定 ■ 听说过 ■ 不知道

图4-7 用人单位对最低工资保障制度的了解情况

您是否知道北京市目前的最低工资标准?

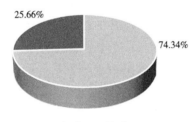

■ 知道 ■ 不知道

图4-8 用人单位对北京市最低工资标准的了解情况

您认为是否有必要实施最低工资保障制度?

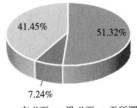

■ 有必要 ■ 没必要 ■ 无所谓

图4-9 最低工资保障制度实施的必要性

［Y-HD-1］杜先生（物业公司人力资源经理）

杜先生是海淀区某物业公司的人力资源经理,在访谈中杜先生明确表示自己

对北京市最低工资规定很清楚，而且很准确地说出了目前北京市最低工资标准是2 200元。他提及物业服务企业属于劳动密集型企业，像保安、保洁的收入都不高，所以自己会关注最低工资标准的调整，避免出现员工工资低于最低工资标准的现象发生。目前企业保洁的工资最低，为2 800元，但还是高于最低工资标准2 200元一大截。杜先生认为有必要实施最低工资保障制度，但目前北京市的最低工资标准太低了，用这个标准去招人，即便是保洁这种低工资职位，在包吃住的情况下也很难招到人。

［Y-MY-2］孙先生（餐馆老板）

孙先生是密云区一家餐馆的老板，他表示自己不知道最低工资制度，也不了解北京市目前的最低工资标准是多少。目前餐馆的雇员中，工资最低的是2名杂工，工资为2 000元。这两名杂工是自己东北老家邻居家的孩子，都是没考上高中出来打工的，餐馆为他们提供免费食宿。孙先生认为，没必要规定最低工资标准，打工的愿意干，老板能招到人，就行了，老板给的工资太低，肯定是招不到人的。当调查员告诉孙先生目前北京市的最低工资标准是2 200元时，孙先生说自己是给员工提供免费食宿的，如果加上这个钱，杂工的工资肯定超过2 200元。

［Y-CP-1］武先生（超市老板）

武先生是昌平区一家超市的老板，他表示自己知道最低工资制度，但不太清楚北京市目前的最低工资标准是多少，印象是2 000多元。目前超市的雇员中，工资最低的是3名负责择菜和保洁的员工，每月是3 000元。武先生告诉调查员，自己为雇员提供的工资远高于北京市最低工资标准，所以不是很关注最低工资标准目前是多少。武先生坦言，2 200元的最低工资标准太低了，这个数根本招不到人，所以最低工资制度的意义不大。他同时表示，由于超市不提供免费食宿，现在每月3 000元都很难招人。

［Y-CP-2］杨女士（餐馆老板）

杨女士目前在昌平区经营一家饭馆，单位给员工提供免费吃住，有两名杂工的工资是2 500元。杨女士表示自己没听说过最低工资保障制度，也不了解最低工资标准。两名低收入杂工正常每月能拿到2 500元，如果请假的话，会扣钱。两名低收入杂工是她从内蒙古老家招的，都是周围的邻居。杨女士坦言他们的工资不高，可能用这些钱在北京很难招到人，但这两名杂工初中毕业没考上高中，在老家干过几年杂工，后来想来北京打工，但又怕被骗，所以自己给他们的工资虽然不高，但他们感觉在她这里打工比较踏实。在课题组成员给杨女士解释了什么是最低工资保障制度后，她认为该制度没有实施的必要，因为老板给的钱少肯定是招不到人的，现在每月 2 200 元的标准，在北京很难招到人。她给课题组成员算了一笔账，现在的两名杂工，每个人吃住的花销肯定是要超过 1 000 元的，年轻人都特别能吃，所以一个月自己相当于要花 3 500 元，已经高于每月 2 200 元的标准了。即便这样，她还担心两位杂工熟悉了北京的环境后，会去别处找工资更高的工作。

从课题组深入访谈的情况看，大部分参与调查的用人单位负责人或人力资源管理负责人对最低工资保障制度和北京市最低工资标准有正确的认识，但也有一小部分用人单位负责人不了解北京市最低工资标准的具体数额，或者对最低工资制度的具体实施细则不清楚（如将提供给员工的免费食宿算为工资收入），甚至不知道最低工资保障制度。而从一些用人单位现实的工资发放情况看，确实存在劳动者月工资低于最低工资标准的情况，反映出用人单位不了解包括最低工资规定在内的各类劳动法律法规，也反映出劳动监察方面存在的漏洞。

二、提高最低工资标准对用人单位人工成本的影响

调查问卷统计分析表明，最低工资标准的调整对被调查用人单位人工成本的影响很有限，如图 4-10 所示。没有用人单位认为最低工资标准的调整会给企业人工成本带来很大的影响，仅有 2.63% 的被调查用人单位认为影响较大，19.74% 的被调查用人单位认为影响较小，77.63% 的被调查用人单位认为没有什么影响。调查结果表明，即使我们抽样选取的大多是行业收入较低而且职工工资在同行业中较低的劳动密集型用人单位，在影响人工成本的诸多因素中，最低工资标准的影响也甚微。一方面因为用人单位中按最低工资标准领取工资的低收入劳动者非常少，即便是最低工资标准提高了，大多数用人单位也只是增加了很少一部分的人工成本支出。另一方面因为目前 2 200 元的最低工资标准很低，很多用人单位中即便收入最低的低技能劳动者，月收入也高于这一标准。对用人单位调查问卷进行统计分析，如图 4-11 所示，在被调查的 152 家用人单位中，仅有 1 家用人单位员工的月最低工资（扣除加班费后）低于 2 200 元。同时，仅有 1 家用人单位员工的月最低工资在 2 200~2 500 元区间，为 2 400 元，而此类员工占比仅为 1.06%。另外，有 93 家用人单位员工的月最低工资在 3 001~3 500 元

区间。而在问及最低工资标准调整至 2 200 元是否对企业员工的工资收入有影响时，有两家用人单位表示有影响，占比仅为 1.32%，如图 4-12 所示。对用人单位是否会参考北京市最低工资标准确定职工工资水平进行调查时发现，有 92 家被调查用人单位主要以市场价位为基准确定员工工资水平，但会保证所有员工的工资都高于最低工资标准，如图 4-13 所示。另有 31 家被调查用人单位主要以市场价位为基准而不考虑最低工资标准，但对这 31 家用人单位员工工资水平进行分析可知，最低月工资均高于 2 200 元，且均高于 2 500 元。有部分用人单位会以最低工资标准作为企业最低层级员工的工资，或以最低工资标准作为部分员工的底薪，抑或是以最低工资标准作为部分/全部员工社会保险、加班费的计算基数。

图 4-10 最低工资标准的调整对用人单位人工成本的影响

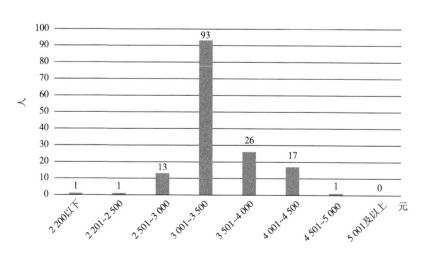

图 4-11 用人单位员工最低月收入情况

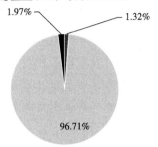

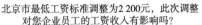

图 4-12　最低工资标准的调整对用人单位员工工资的影响情况

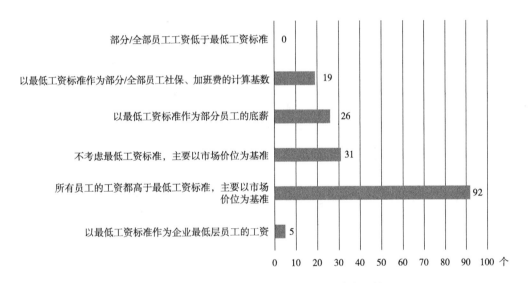

图 4-13　企业参考最低工资标准确定工资水平情况

　　由上述分析可知，绝大多数用人单位在工资水平调整时会考虑到最低工资标准，但由于绝大多数用人单位中低收入员工的工资显著高于最低工资标准，最低工资标准调整对低收入员工工资的影响有限。同时收入在 2 200~2 500 元区间的低收入员工在用人单位全体员工中所占比重非常小，最低工资标准的变动对用人单位工资成本支出的影响也很小。但由于少数用人单位会按照最低工资标准给员工缴纳社会保险或计算加班费，最低工资标准的提高对用人单位的人工成本会有影响。

［Y-HD-2］文女士（污水处理公司总经理）

文女士是海淀区一家污水处理公司的总经理，在访谈中文女士表示自己对最低工资制度和北京市最低工资标准都很清楚，但自己不是很关注最低工资标准的调整，因为目前企业里只有食堂的两名杂工每月工资低于 3 000 元，为 2 500 元，而且单位包吃住，这个水平高于北京市最低工资标准。北京市在 2019 年 7 月调整最低工资标准后，企业并没有调整两名杂工的工资，也不涉及影响人工成本的问题。同时文女士表示，公司按照一定标准给不同层次的员工缴纳社会保险，标准高于北京市目前最低工资标准，所以此次最低工资标准调整不会增加社保缴费成本。

［Y-DC-1］朱女士（物业公司人力资源部经理）

朱女士在东城区一家物业公司做人力资源部经理，她表示自己很清楚北京市最低工资保障制度，每年都会关注最低工资标准的调整。目前公司保洁人员的工资在 2 501~3 000 元区间，包吃住，高于北京市最低工资标准。公司调薪一般是在年初，因此 2019 年 7 月最低工资标准提高后，对保洁人员的工资没有什么影响。但在 2020 年调整工资时，预计这部分低收入保洁人员的工资会上长一些，毕竟今年的最低工资每月都涨了 80 元。朱女士认为有必要实施最低工资保障制度，但目前 2 200 元的标准偏低，如果按照这个标准基本上是招不到人的，从目前看，最低工资标准的上调不会影响企业给工人发放的工资。但朱女士也坦言，目前公司按照最低工资标准给员工上社会保险，最低工资标准调整会增加这部分成本，因此她认为最低工资调整会带来人工成本的增加。

［Y-SJS-2］王先生（餐厅老板）

王先生在石景山区经营一家餐厅，单位给员工提供免费吃住，后厨有 5 位杂工工资在 2 500~2 999 元区间。王先生表示自己很清楚最低工资保障制度，知道发给员工的工资不能低于最低工资标准，但自己不是很关注最低工资标准的调整，因为自己给员工的工资高出最低工资标准不少。王先生告诉课题组成员，员工可以免费吃住，然后每月拿到的工资在 3 000 元左右。王先生坦言不会因为最低工资标准的提高调整员工的工资。同时这家餐厅仅需要给少部分员工缴纳社保，而缴纳所依据的工资水平高于北京市最低工资标准，所以此次北京市最低工资的调整不会影响到人工成本。

［Y-FT-2］曹女士（服装店老板）

曹女士在丰台区一家商场经营服装，店面有 4 位雇员，雇员的薪酬结构是底薪+提成，其中底薪是根据最低工资标准制定的。曹女士表示自己很清楚最低工资保障制度，很清楚北京市的最低工资标准目前为 2 200 元。曹女士说之所以根据最低工资标准给店员制定底薪，是因为自己不想养懒人，同时又不想违法。7 月北京市最低工资标准调整后，自己也调高了店员的底薪，同时调高了给雇员缴纳的社保费用，所以这次调整对人工成本是有影响的。但店员每月的提成大多在 3 000 元左右，和雇佣店员总体的人工成本相比，每月增加的成本有限。

从课题组深入访谈的情况看，所有参与调查的用人单位负责人或人力资源管理负责人都认为，北京市目前最低工资标准较低，单位员工按照最低工资标准领取工资的几乎没有，但会以最低工资标准作为部分/全部员工社会保险、加班费的计算基数，使得北京市最低工资标准的调整对用人单位人工成本的影响非常有限。

三、最低工资标准提高对用人单位产品/服务竞争力的影响

调查问卷统计分析表明，最低工资标准的调整对被调查用人单位产品/服务竞争力的影响很有限，如图 4-14 所示。仅有 0.66% 的用人单位认为最低工资标准的调整会给产品/服务竞争力带来很大的影响，3.29% 的用人单位认为影响较大，61.18% 的用人单位认为没有什么影响，另有 34.87% 的用人单位认为影响较小。由于北京市目前最低工资标准较低，最低工资标准的调高对人工成本的影响有限，进而对用人单位产品/服务竞争力的影响也很小。

最低工资标准的调整对产品/服务竞争力有影响吗？

0.66%　3.29%　34.87%　61.18%

■影响很大　■影响较大　■影响较小　没有什么影响

图 4-14　最低工资标准的调整对用人单位产品/服务竞争力的影响

［Y-MTG-1］李女士（餐厅老板）

李女士在门头沟区经营一家商场美食城的三个档口，有12名店员，底薪为2 600元，这些店员在北京无社保。李女士表示自己不是很了解北京市最低工资保障制度，也不知道现在北京市最低工资标准是多少，但自己店里员工每月的工资加上奖金，最低也能拿到3 000元左右。2019年1月，李女士为所有的雇员都增加了底薪，7月最低工资标准调整后不会再增加底薪了。李女士认为最低工资标准的调整对自己店的人工成本没有什么影响，自己也不会考虑增加食品的价格，因此对产品的竞争力没有什么影响。

［Y-FT-4］崔先生（劳务派遣公司副总经理）

崔先生是丰台区一家劳务派遣公司的副总经理，公司主要做物业保洁的劳务派遣业务，目前多数保洁员的工资在区间2 500~2 999元。崔先生表示自己很清楚北京市最低工资保障制度，每年都会关注最低工资标准的调整。崔先生认为，人工成本的上长对企业竞争力影响很大，但最低工资调整对人工成本的影响微乎其微，人工成本的上长主要受生活成本的影响，因此最低工资标准的上调对企业竞争力基本没有什么影响。

从课题组深入访谈的情况看，所有参与调查的用人单位负责人或人力资源管理负责人都认为，目前，北京市最低工资标准较低，最低工资标准的调整对用人单位人工成本没有什么影响或影响非常有限，使得用人单位产品/服务竞争力受到的影响较小。

四、最低工资标准提高对用人单位生产经营的影响

最低工资标准的提高是否会对企业的生产经营产生影响，一直是政府部门制定最低工资标准时考虑的一个重要因素。本书的问卷调查和深入访谈表明，北京市最低工资标准的调整对用人单位生产经营的影响微乎其微。

从本章的前述分析可知，最低工资标准的调整对用人单位人工成本、产品/服务竞争力影响都非常小。同时，在最低工资标准对投资者投资意向影响的调查中，仅有1.32%的用人单位认为，最低工资标准对投资者投资意向影响较大，有13.82%的用人单位认为，最低工资标准对投资者投资意向影响较小，有84.87%的用人单位认为，最低工资标准对投资者投资意向没有影响，如图4-15所示。企业投资者在投资时，首先会根据自身实际条件，是否有广泛的社会关系，当地

的投资环境，以及行业发展前景，自身的能力特长，资金状况综合考虑投资地点。即便某地最低工资标准相对较低，企业投资者也会考虑投资的现实可能性，而不会仅以最低工资作为取舍的标准。一些用人单位负责人也认为，最低工资标准提高不是企业搬迁的主要因素。在最低工资标准提高与企业搬迁关系的调查中，很多用人单位负责人毫不犹豫地答复，即便最低工资有所提高，单位也不会搬迁。由于低收入劳动者很多从事的是服务业，即便最低工资提高使得企业人工成本有所上升，用人单位会选择提高服务的价格应对，而不会选择搬迁。对于其他行业的用人单位，低收入劳动者所占比重较少，最低工资标准提高对人工成本影响有限，不会导致企业搬迁。

图4-15　北京市最低工资标准对用人单位投资意向的影响

总体看，目前，北京市最低工资标准并不影响企业的生产经营。调查显示，有82位用人单位负责人或人力资源管理负责人认为当前北京市的最低工资标准偏低，占比达53.95%，如图4-16所示。很多用人单位负责人和人力资源部经理表示，真正按照2 200元工资水平很难招到人，用人单位员工的工资水平要高于

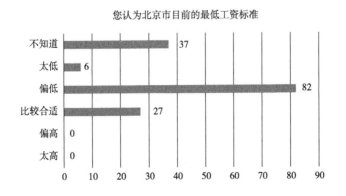

图4-16　用人单位对目前北京市最低工资标准水平的看法

这个数额，因此目前的最低工资标准不会影响本单位的生产经营。但是，北京市最低工资标准调高到多少时，会影响本企业的生产经营，在这一问题上被调查用人单位的看法分歧较大，如图4-17所示。但总体看有接近90%的用人单位认为目前每月最低工资如超过3 000元会影响到生产经营。

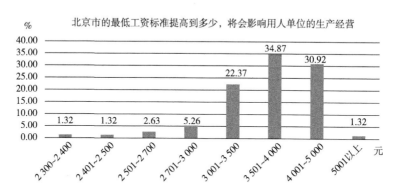

图4-17　用人单位对影响企业经营生产的最低工资标准的看法

对于应对最低工资标准提高的措施，调查问卷统计分析表明，63.82%的用人单位选择不采取对策，执行最低工资标准，如图4-18所示。同时，有19.08%的被调查者表示将采取加强管理、提高劳动效率的措施。另外，因为很多用人单位为低收入劳动者提供食宿，所以有13.82%的被调查者表示将降低员工食宿标准。

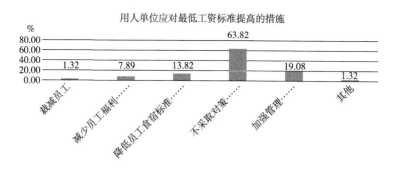

图4-18　用人单位应对最低工资标准提高措施的占比

［Y-XC-1］张先生（餐厅老板）

张先生在西城经营一家餐厅，有35名员工，其中5名杂工的工资最低，为每月3 000元。张先生为员工提供免费的一日三餐，员工住在自己为他们联系的餐厅附近的平房里，每人每月大概500元左右。张先生表示自己对北京市最低工资保障制度有一定了解，前几年自己了解过最低工资标准，餐厅员工的工资是高于当时北京市最低工资标准的，所以这两年没有特别关注现在北京市最低工资标准是多少。当课题组成员提及北京市最低工资标准在2019年7月由每月2 120元上涨到2 200元时，张先生表示这个涨幅对自己餐厅的经营不会产生什么影响，因为杂工每月的工资高于这个标准。张先生同时表示，目前餐饮企业的成本压力很大，特别是房租和人工成本的压力，但人工成本的压力主要来自劳动力市场，钱少了很难招到人，而不是来自最低工资标准的提高。

［Y-FS-1］杨先生（物业公司人力资源经理）

杨先生是房山区一家物业公司人力资源经理，公司目前工资最低的保安，每月2 800元，包吃住。杨先生表示自己很清楚北京市最低工资保障制度，每年都会关注最低工资标准的调整。杨先生表示公司经营非常正规，不想承担法律风险，所以在每年调薪时会考虑北京市最低工资标准，一定会保证最低一档员工的工资高于最低工资标准。从现实看，公司最低一档工资高于北京市最低工资标准。杨先生认为，目前，北京市最低工资标准的上涨对企业生产经营没有什么影响，但自己会进一步关注北京市最低工资标准。

从课题组深入访谈的情况看，所有参与调查的用人单位负责人或人力资源管理负责人认为，目前，北京市最低工资标准较低，最低工资标准的调整对用人单位生产经营没有什么影响，用人单位目前不需要采取特别的措施应对北京市最低工资标准的上涨。

第五章　北京市最低工资标准调整的
适度性评价

　　最低工资标准调整是一个复杂的系统工程，对最低工资标准调整的适度性研究有着重要意义。如前所述，理论界围绕最低工资标准调整经济效应的争论由来已久，迄今并未达成一致。目前，对于最低工资标准的适度性还没有一个明确的界定。本书以习近平新时代中国特色社会主义思想为指导，从促进共同富裕的视角，对北京市最低工资标准调整的功能进行探讨，在此基础上对北京市最低工资标准调整的适度性进行评价。

第一节　北京市最低工资标准调整的功能

一、北京市最低工资标准调整的功能是保基本

　　中国最低工资保障制度的雏形可以追溯至 1922 年。那时中国共产党领导的中国劳动组合书记部组织拟订了《劳动法大纲》，在其后的相关法律法规中，保障劳动者及其家庭成员的基本生活成为最低工资标准调整需要实现的最为基础的功能。

　　新中国成立前，中国处于半殖民地半封建社会，劳动者不仅受资本主义的剥削，还要受半封建性的超经济剥削，无法得到最低工资保障。在劳资纠纷中，工人处于弱势地位，工人的工资由资本家任意规定，毫无标准，而且资本家还寻找各种理由克扣工人工资。中国共产党从成立之初便致力于推动劳动立法以保障劳动者的基本权益，其中很多内容均涉及最低工资。如 1922 年中国劳动组合书记部拟订的《劳动法大纲》第十三条明确提出"为保障劳动者之最低工资计，国家应制定保障法"。中华苏维埃共和国成立之后，于 1931 年 12 月 1 日颁布了《中华苏维埃共和国劳动法》，明确规定要保障劳动者最低限度的工资。《中华苏维埃共和国劳动法》第二十五条规定："任何工人之工资不得少于由劳动部所规定的真实的最低工资额，各种工业部门的最低工资额，至少每三个月由劳动部审定一次。"《中华苏维埃共和国劳动法》对于最低工资的规定保障了劳动者的工

资收入，改善了当时苏区工人阶级的社会地位和生活状况。1940 年，为了保护陕甘宁边区工人利益，提高工人的生活水平，并贯彻劳资两利的政策，陕甘宁边区政府颁布了《陕甘宁边区劳动保护条例（草案）》，其中涉及最低工资标准的内容。《陕甘宁边区劳动保护条例（草案）》第九条规定："工人工资不得低于最低工资率，最低工资率以所在地之生活状况为标准，由工会用人单位工人共同商定之。"规定明确了最低工资标准确定的依据，即"以所在地之生活状况为标准"，虽然并未对如何根据生活状况确定最低工资标准进行详述，但为最低工资标准数额的确定提供了重要的参考。1944 年，陕甘宁边区政府对公营工人最低工资标准确定的依据进行了更详细的规定："工人工资标准的高低以各厂所在地之最低生活水准及每一工人平日产量、质量的高低为基础，并规定最低工资以维持工人本人最低生活（不低于当地党政机关普通工作人员的标准）为原则。"

新中国成立后，开始了社会主义计划经济体制建设。受意识形态的影响，理论界把最低工资归属于资本主义范畴，不承认社会主义国家存在最低工资。因此，最低工资保障制度在中国的发展一度陷入停滞状态。但从这一时期所实施的工资制度看，规定了工人的起点工资，可以将其看作是最低工资标准。有了起点工资的保护，政府无需再通过最低工资标准保护劳动者的劳动报酬权。1952 年，中国各大行政区域分别进行了第一次全国性工资改革。在这次改革中废除了各种不同的工资计算单位，规定全国统一以"工资分"为工资的计算单位，并统一规定了工资分所含实物的种类和数量①。工资分是以一定种类和数量的实物为计算基础，用货币支付的工资计算单位，即从一般工人的实际需要出发，折合为粮、布、油、盐、煤五种定量的实物。全国统一的工资分是吸收根据地的经验，根据北京、天津、太原、张家口、宣化、武汉、济南、上海及东北等地区的工人家计调查取得的材料拟订的。具体做法是：按照工人生活的实际需要，求出各地区每两口之家 26 种消费品的每月平均消费量，然后，根据工农业产品的性质，并考虑工农业产品的适当比例，将 26 种实物归并为 5 种主要生活用品，即粮、布、油、盐、煤五种主要生活消费品，再以 5 种实物的总消费量为 100，取其中的 1% 作为一个工资分，每个工资分所含实物种类和数量如表 5-1 所示。各地区工资分单价是按照国营

---

① 新中国成立前后中国各地相继实行了以实物为计算基础的工资支付形式，但计算单位并不统一。如上海、西安、南京、重庆等城市和地区借用人民银行的"折实储蓄单位（简称折实单位）"计算工资，每个"折实单位"包含的实物有：白粳米 1.56 斤，12 磅龙头细布 1 尺，生油 1 两，普通煤球 12 两。北京市一般公营单位则用"小米"作为工资计算单位，天津市则用"玉米"作为工资计算单位。东北地区用"工资分"作为工资计算单位，每个工资分所包含的实物有：二等高粱米 1.6 斤，解放布 0.6 尺，豆油 0.25 斤，精盐 0.25 斤，中等煤 3.4 斤。

零售公司每月 10 日、25 日的平均单价, 于每月 28 日前公布一次。

表 5-1　工资分所含实物种类和数量

粮食	白布	植物油	食盐	煤
0.8 斤	0.2 尺	0.05 斤	0.02 斤	2 斤

资料来源: 袁伦渠. 中国劳动经济史 [M]. 北京: 北京经济学院出版社, 1990: 137.

在全国范围内如果以相同工资分单价的地区作为一个工资分区, 根据 1954 年 12 月的统计资料, 全国分为 288 个工资分区。在此基础上, 根据按劳分配的原则, 初步建立起新的工资等级制度, 中国多数企业实行了八级工资制度, 少数实行了七级或六级工资制。各产业或企业结合本部门本单位的实际情况, 制定了工人的技术等级标准, 工人根据技术高低和劳动好坏, 按照技术标准考工或评议的办法确定技术等级和工资等级。工资等级制度中的一级工资可以视作工人的起点工资, 也可以将其看作是最低工资标准。表 5-2 为改革后的石景山钢铁公司铁道运输部、总机械师、总动力室中的机修部分, 及其他车间的修理工段的工资等级表。这一阶段政府部门并未出台统一的最低工资标准, 而是根据各企业或产业的具体情况分别确定。从石景山钢铁公司的实例看, 搬运工、车间杂工等低技能劳动者的工资等级是从一级开始的, 他们的最低工资为 138 工资分, 根据前述工资分计算方式, 其工资可以满足 2.76 个人每月主要生活用品的平均消费需要, 138 个工资分作为最低工资标准, 其确定的依据主要是平均生活水平及赡养需要。

表 5-2　石景山钢铁公司工资等级表 (部分)

工资等级	一	二	三	四	五	六	七	八
等级系数	1.00	1.181	1.377	1.594	1.820	2.072	2.340	2.630
级差百分比	—	18.10	16.59	15.79	14.55	13.49	11.46	12.38
月工资标准 (工资分)	138	163	190	220	252	286	323	368
部分工种等级线	—	—	模型工、电焊、铆、气焊工					
	—	—	熔铁工、熔钢工				—	
	—	—	翻砂工、金属锻工、划线钳工、金属铣工、机器钳工					
	搬运工		—	—	—	—	—	—
	车间杂工		—	—	—	—	—	—

资料来源: 袁伦渠. 中国劳动经济史 [M]. 北京: 北京经济学院出版社, 1990: 137.

随着中国计划经济向社会主义市场经济的转型，特别是劳动力市场的快速发展，计划经济体制下旧有等级工资制度的弊端也逐渐呈现出来。一方面，非公有制经济的蓬勃发展，使得等级工资制度的覆盖范围日益缩小，许多个体、私营企业的劳动者的收入无法得到保障；另一方面，等级工资调整的速度无法跟上人民生活水平提高的速度。1985 年再次进行全国性工资改革时，国家为国有大中型企业工人规定的起点工资六类地区为 35～38 元，与 1956 年相比，货币工资水平仅仅提高了 17%，大大低于同期城镇职工的生活费用价格的上涨幅度。许多企业为新工人定级时，已经直接是三级、四级甚至五级。

为适应中国社会主义市场经济要求，推动劳动力市场建设与工资分配法制化，充分保障劳动者合法权益，1993 年 11 月 24 日印发的《企业最低工资规定》明确指出，最低工资率应参考政府统计部门提供的当地就业者，及其赡养人口的最低生活费用、职工的平均工资、劳动生产率、城镇就业状况和经济发展水平等因素确定，高于当地的社会救济金和待业保险金标准，低于平均工资。该规定所附的最低工资标准测算方法，即比重法和恩格尔系数法，反映了最低工资标准应满足劳动者及其赡养人口最低生活需要。

2004 年 1 月 20 日，劳动和社会保障部颁布的《最低工资规定》，扩大了最低工资的适用范围，将境内企业、民办非企业单位、有雇工的个体工商户和与之形成劳动关系的劳动者，国家机关、事业单位、社会团体和与之建立劳动合同关系的劳动者全部纳入最低工资制度的适用范围，并明确规定了小时最低工资标准。与原《企业最低工资规定》相比，《最低工资规定》对最低工资标准的决定机制进行了完善，规定"确定和调整月最低工资标准，应参考当地就业者及其赡养人口的最低生活费用、城镇居民消费价格指数、职工个人缴纳的社会保险费和住房公积金、职工平均工资、经济发展水平、就业状况等因素"，即将城镇居民消费价格指数、职工个人缴纳的社会保险费和住房公积金也作为最低工资标准的考虑因素。《最低工资规定》明确指出，制定最低工资标准的目的是为了维护劳动者取得劳动报酬的合法权益，保障劳动者及其家庭成员的基本生活。

从上述中国最低工资保障制度发展的历史沿革看，保障劳动者及其家庭成员的基本生活是这一制度实施的初衷，也是最低工资标准调整需要实现的最为基础的功能，有学者将最低工资标准调整总结为"保基本"（胡宗万，2016）。最低工资标准的调整是否实现了这一基础的保障性功能，是北京市最低工资标准调整适度性评价的一个重要方面。

二、北京市最低工资标准调整的功能是促发展

改革开放以来，中国经济社会发展取得了举世瞩目的历史性成就。在收入分配领域，按照"初次分配强调效率，再分配强调公平"的主导原则，中国逐步建立起以按劳分配为主体、多种分配方式并存的中国特色社会主义收入分配制度。在中国特色社会主义市场经济体制建设过程中，这一制度设计极大地激发了广大劳动者和生产要素所有者的积极性，推动了中国经济高速增长，改善了社会民生和公共服务。与此同时，随着中国经济飞速发展，收入分配矛盾逐渐凸显。宏观层面，主要表现为劳动者报酬、社会保障、民生和公共服务水平、公平正义的社会环境，在整体上与经济和社会财富增长不相匹配。中观和微观层面，城乡之间、区域之间、行业部门之间以及居民个体之间的收入差距较为明显。

进入21世纪后，随着社会主义市场经济体制的日趋完善，按劳分配与按生产要素分配相结合的分配政策逐步完善，明确了生产要素参与分配的原则，更加重视收入分配差距问题，逐步强调公平问题。党的十六届五中全会要求注重社会公平，特别要关注就业机会和分配过程的公平；党的十七大首次提出在初次分配过程中也要处理好效率和公平的关系。党的十八大以后，在注重提高居民收入的同时，将重视公平放在更加突出的位置，着力让人民共享发展成果。党的十八大指出，"实现发展成果由人民共享，必须深化收入分配制度改革"，提出了"两个同步"和"两个提高"的目标，即"努力实现居民收入增长和经济发展同步、劳动报酬增长和劳动生产率提高同步，提高居民收入在国民收入分配中的比重，提高劳动报酬在初次分配中的比重"。在效率与公平的关系方面，较之以前将公平放在了更加重要的位置，要求"初次分配和再分配都要兼顾效率和公平，再分配更加注重公平"。并且进一步提出"完善劳动、资本、技术、管理等要素按贡献参与分配的初次分配机制，加快健全以税收、社会保障、转移支付为主要手段的再分配调节机制"。党的十八届三中全会明确提出"健全资本、知识、技术、管理等由要素市场决定的报酬机制"，并进一步要求"清理规范隐性收入，取缔非法收入，增加低收入者收入，扩大中等收入者比重，努力缩小城乡、区域、行业收入分配差距，逐步形成橄榄型分配格局"。党的十八届五中全会通过的《中共中央关于制定国民经济和社会发展第十三个五年规划的建议》，提出了共享发展的理念，并要求"坚持共享发展，着力增进人民福祉"，专门就"缩小收入差距"做出了战略部署。

党的十九大报告再次对收入分配问题进行了深入阐述，是以习近平同志为核

心的党中央，坚持"以人民为中心的发展思想"是新时代收入分配改革的主基调，从提高劳动者收入水平、共享发展成果、保障和改善民生、基本公共服务均等、缩小收入分配差距、促进社会公平正义等视角，为收入分配改革赋予了新的时代内涵，提出了新的目标要求。十九大报告指出，坚持在经济增长的同时实现居民收入同步增长、在劳动生产率提高的同时实现劳动报酬同步提高。

党的十九届五中全会审议通过的《中共中央关于制定国民经济和社会发展第十四个五年规划和二〇三五年远景目标的建议》（以下简称《建议》）将"人民生活更加美好，人的全面发展、全体人民共同富裕取得更为明显的实质性进展"，作为到2035年基本实现社会主义现代化远景目标之一。《建议》明确提出，坚持把实现好、维护好、发展好最广大人民根本利益作为发展的出发点和落脚点，尽力而为、量力而行，健全基本公共服务体系，完善共建共治共享的社会治理制度，扎实推动共同富裕，不断增强人民群众获得感、幸福感、安全感，促进人的全面发展和社会全面进步。《中共北京市委关于制定北京市国民经济和社会发展第十四个五年规划和二〇三五年远景目标的建议》提出，未来更加重视以人民为中心的发展，即坚持共同富裕方向，紧紧围绕"七有"目标和市民需求"五性"特点，更好满足人民日益增长的美好生活需要，让发展成果更多更公平地惠及广大人民群众，促进人的全面发展和社会全面进步。为了明显提升民生福祉，重要的措施就是实现更加充分更高质量的就业，居民收入增长和经济增长基本同步，分配结构明显改善，中等收入群体持续扩大。

习近平在建党100周年讲话中明确指出，我们已经"实现了第一个百年奋斗目标，在中华大地上全面建成了小康社会，历史性地解决了绝对贫困问题"，并将"着力解决发展不平衡不充分问题和人民群众急难愁盼问题，推动人的全面发展、全体人民共同富裕取得更为明显的实质性进展"作为努力的目标。

党的二十大报告将人的全面发展提到了前所未有的高度。报告明确指出，中国式现代化是物质文明和精神文明相协调的现代化，要不断厚植现代化的物质基础，不断夯实人民幸福生活的物质条件，同时大力发展社会主义先进文化，加强理想信念教育，传承中华文明，促进物的全面丰富和人的全面发展。在社会主义现代化建设中，人是最活跃、最具创造性的因素，提高人民综合素质、促进人的全面发展是中国式现代化的重要内容，这决定了中国式现代化必须推动物质文明和精神文明协调发展，"两个文明"都要搞好。

自党的十八大报告提出"初次分配和再分配都要兼顾效率和公平，再分配更加注重公平"的改革思路，到党的十九大报告再次明确"坚持在经济增长的同时实现居民收入同步增长、在劳动生产率提高的同时实现劳动报酬同步提高",到北京市十四个五年规划和 2035 年远景目标进一步明确"居民收入增长和经济增长基本同步",到习近平建党 100 周年讲话中提出的"推动人的全面发展、全体人民共同富裕",到党的二十大报告以人民为中心、以实现人的全面发展作为中国式现代化道路的价值导向,提高低收入人群收入,促进居民收入增长和经济增长基本同步,推动人的全面发展,已经成为目前中国收入分配改革的核心之一。对于"首善之区"的北京市来说,在经济水平发展到一定高度后,通过科学提高最低工资标准"促发展",即推动人的全面发展,应成为最低工资标准"保基本"之上的另一功能。

第二节　北京市最低工资标准"保基本"功能评估

"保基本"功能意味着最低工资标准应保障劳动者及其赡养人口的基本生活。本书首先将北京市最低工资标准与城市低保标准进行比较,在此基础上,将北京市最低工资标准与低收入群体的基本消费进行比较分析。

一、北京市最低工资标准与低收入劳动者基本生活保障

最早的贫困问题研究专家西伯姆·朗特里(Seebohm Rowntree)在 1901 年出版的专著《贫困:城市生活研究》中指出,绝对贫困是个人或者家庭缺少维持最低生活水准的收入,在一定的社会经济条件和生活方式下,收入不能满足最基本生存需求的一种生活状态。彼特·阿尔柯克(Pete Alcock)在 1993 年出版的《认识贫困》一书中指出,绝对贫困建立在维持基本生存的基础上,当收入低于可满足维持基本生存的需要时就处于绝对贫困状态。为了妥善解决北京市绝对贫困人口的生活困难问题,1996 年,北京市建立并开始实施城镇居民最低生活保障制度。1996 年 7 月 1 日,根据当时北京市物价水平和居民实际生活水平,按照保障群众基本生活需要的原则,北京市的城镇居民最低生活保障线被确定为家庭月人均收入 170 元。1997 年 9 月 2 日,国务院下发了《关于在全国建立城市居民最低生活保障制度的通知》,决定在全国建立城市居民最低生活保障制度。在社会保障体系中,最低生活保障制度作为最后的一道安全网,在满足贫困人口的生活需求上发挥了基础性作用。作为一个收入维持项目,城市居民最低生活保障待遇给付形式以现金津贴为主,以专项救助为辅。最低生活保障待遇津贴标准,简

称低保标准或者低保线，是以现金津贴的形式，由地方政府根据一定的方法确定的、给予保障对象的理论待遇水平，它的高低直接影响到保障对象的生活水准。包括北京市在内，中国各地低保标准的确定是从满足保障对象的基本生活需要出发，以维护城市贫困居民的生存权为首要目标，维持他们生活所必需的商品和服务的最低支出。正如一些学者通过研究指出的，在绝对贫困的维度上，北京城市低保标准能较好满足保障对象的基本生活需求，体现了生存性的原则（胡杰容等，2018）。

为了实现"保基本"的功能，最低工资标准除了保障劳动者个人外，还需保障其赡养人口基本生活需求。在绝对贫困维度上，北京城市低保标准可以作为保障基本生活的一个判断标准，将北京市最低工资标准与其进行比较，用以判断最低工资标准对劳动者个人及其所赡养人口基本生活的保障情况，具有一定合理性。本书对2004—2021年北京市最低工资标准与城镇居民最低生活保障标准进行比较，如表5-3所示。就业者及其赡养人口的最低生活费用决定了最低工资标准调整的底线，只有达到了这个底线，劳动者的基本生活才能有最低限度的保障。由表5-3的数据可知，2004—2021年，就增长情况看，北京市最低工资标准由2004年的545元调整为2021年的2 320元，年均增长8.89%；同期北京市月最低生活保障标准由2004年的290元增长到2021年的1 245元，年均增长8.95%，最低工资标准年均增长率略低于最低生活保障标准。就绝对水平看，考虑到20%低收入户平均每个就业者负担人数，2004—2019年，北京市最低生活保障标准与20%低收入户平均每个就业者负担人数的乘积，即低收入劳动者及其赡养人口的最低生活费用，是不高于北京市最低工资标准的。但在2020年，按照最低生活保障标准计算的北京市低收入劳动者及其赡养人口的最低生活费用，低于北京市最低工资标准23元，2021年进一步扩大为45.5元。这意味着，2004—2019年，基于北京城市低保标准进行评价，按北京市最低工资标准领取劳动报酬的低技能劳动者是可以保障自身及其赡养人口的最低生活费用的。但在2020和2021年，这一情况发生了变化，按北京市最低工资标准领取劳动报酬的低技能劳动者是无法保障自身及其赡养人口的最低生活费用的。

表5-3　北京市最低工资标准和城镇居民最低生活保障的比较

年份	最低工资标准（MW）（元/月）	平均每一就业者负担人数（K_0）	20%低收入户平均每一就业者负担人数（K）	最低生活保障标准（LG）（元/月）	$K \cdot LG$（元/月）	$MV-K \cdot LG$（元/月）
2004	545	1.4	1.8	290	522	23

续表

年份	最低工资标准（MW）（元/月）	平均每一就业者负担人数（K_0）	20%低收入户平均每一就业者负担人数（K）	最低生活保障标准（LG）（元/月）	K·LG（元/月）	MV-K·LG（元/月）
2005	580	1.4	1.7	300	510	70
2006	640	1.4	1.7	310	527	113
2007	730	1.4	1.8	330	594	136
2008	800	1.4	2.0	390	780	20
2009	800	1.4	1.9	410	779	21
2010	960	1.4	1.8	430	774	186
2011	1 160	1.5	2.0	480	960	200
2012	1 260	1.4	2.0	520	1 040	220
2013	1 400	1.5	1.9	580	1 102	298
2014	1 560	1.5	1.9	650	1 235	325
2015	1 720	1.6	1.9	710	1 349	371
2016	1 890	1.6	1.9	800	1 520	290
2017	2 000	1.6	1.9*	900	1 710	200
2018	2 120	1.6	1.9*	1 000	1 900	120
2019	2 200	1.7	1.9*	1 100	2 090	110
2020	2 200	1.7	1.9*	1 170	2 223	−23
2021	2 320	—	1.9*	1 245	2 365.5	−45.5

资料来源：北京市人力资源和社会保障局官网、北京市民政局官网、历年《北京统计年鉴》。

说明：自 2017 年开始，《北京统计年鉴》不再公布 20%低收入户平均每一就业者负担人数，课题组在查阅历年"北京市平均每一就业者负担人数"和"20%低收入户平均每一就业者负担人数"两项数据后发现，"20%低收入户平均每一就业者负担人数"始终高于"北京市平均每一就业者负担人数"，2015 年后"北京市平均每一就业者负担人数"变化不大，故本书中 2017、2018、2019、2020、2021 年"20%低收入户平均每一就业者负担人数"沿用了 2016 年的数据。

　　课题组还就工资收入保障低收入劳动者家庭基本生活的情况进行了问卷调查和深入访谈，参与调查的 1 022 位低收入劳动者家庭基本情况如表 5-4 所示。由数据统计计算可知，70%以上的低收入劳动者家庭人口数为 4 人及以上，每个家庭平均人口数为 3.72 人；80%以上的低收入劳动者家庭有收入人口数为 2 人及以下，平均每个家庭有收入人口数为 2.09 人；一半以上的低收入劳动者家庭不需要抚养未成年子女，平均每个家庭需要抚养的未成年子女为 0.38 人；一半以上的低收入劳动者家庭需要赡养 1 名无收入老人或不需要赡养无收入老人，平均每个家庭需要赡养的无收入老人为 0.99 人；参与调查的低收入劳动者家庭平均每一就业者负担人数为 1.89 人，这与北京市官方统计数据大体一致。另外，有一半左右的低收入劳动者在家庭收入中扮演着重要角色，48.34% 的低收入劳动者的个人劳动收入占家庭总劳动收入的比重在 40% 以上，而劳动收入是这些低收入劳动者家庭的主要收入来源，劳动收入占家庭总收入 80% 以上的占比达到了72.50%。这表明对于大多数低收入劳动者来说，家庭总体收入水平也不是很高，其收入会在很大程度上影响到家庭整体的生活水平。

表 5-4　参与调查的低收入劳动者家庭基本情况

家庭信息		样本数	占比（%）	家庭信息		样本数	占比（%）
家庭人口数	1	34	3.33	家庭中需要赡养的无收入老人	0	323	31.60
	2	71	6.95		1	489	47.85
	3	181	17.71		2	127	12.43
	4	654	63.99		3	72	7.05
	5	75	7.34		4 人及以上	11	1.08
	6 人及以上	7	0.68	个人劳动收入占家庭总劳动收入的比重（%）	20 以下	94	9.20
家庭中有收入人口数	1	125	12.23		20~39	434	42.47
	2	741	72.50		40~59	392	38.36
	3	104	10.18		60~79	61	5.97
	4	41	4.01		80 及以上	41	4.01
	5 人及以上	11	1.08	家庭的劳动收入占家庭总收入（%）	20 以下	7	0.68
家庭中需要抚养的未成年子女人数	0	672	65.75		20~39	41	4.01
	1	337	32.97		40~59	81	7.93
	2	13	1.27		60~79	152	14.87
	3 人及以上	6	0.59		80~99	350	34.25
享受当地政府发放的最低保障金家庭数		181	17.71		100	391	38.26

对上述北京市统计数据与问卷调查数据进行分析可知，在北京工作的低收入

劳动者，如果按照最低工资标准领取劳动报酬，其收入在理论上基本可以满足其个人及其所赡养人口在北京的基本生活。由于京外绝大多数地区物价水平低于北京，对于实际生活地为京外的绝大多数低收入劳动者来说，其收入在理论上也应该可以满足所赡养人口在京外的基本生活。但在问及"您自己目前的工资收入保障自己和所赡养家庭成员基本生活的情况"时，仅有 17.91% 的低收入劳动者表示自己的工资可以保障自己和所赡养家庭成员的基本生活，有 7.73% 的低收入劳动者表示自己的工资无法保障自己的基本生活，另有 57.83% 的低收入劳动者表示自己的工资可以保障自己的基本生活，但无法保障所赡养家庭成员的基本生活，如图 5-1 所示。这意味着，从低收入劳动者的现实感受来说，即便他们所赡养的家庭成员很多生活在京外，消费水平远低于北京，他们的收入在保障自己基本生活的基础上，想为所赡养家庭成员的基本生活提供保障还是非常困难的。

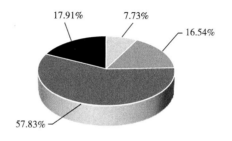

17.91%　　7.73%　　16.54%

57.83%

⬚ 自己的工资不够自己花
▨ 自己的工资可以保障自己的基本生活，没有家庭成员需要赡养
▦ 自己的工资可以保障自己的基本生活，但无法保障所赡养家庭成员的基本生活
■ 自己的工资可以保障自己和所赡养家庭成员的基本生活

图 5-1 低收入劳动者工资收入对于家庭成员生活的保障情况

课题组就北京市最低工资标准保障低收入劳动者及其赡养人口基本生活的情况，与低收入劳动进行了深入的访谈。

［L-SJS-2］吴先生（杂工）

65 岁的吴先生来自河北省张家口市的农村，无养老金。2019 年初入职石景山区某餐饮企业做杂工，工作主要是洗菜、扫地、洗盘子等杂活。目前，吴先生每月工资 2 500 元，包吃住。吴先生表示，自己每个月的电话费大概 40 元，因为自己基本不出去，交通费用不到 50 元，生活用品大概 100 元左右，买烟大概 100元，每月可以攒下 2 000 元。吴先生每月都会把剩下的钱给在老家的老伴，老伴没有收入，且患有哮喘病，每年治疗需要一些钱。自己的女儿也在北京打工，每个月也会给家里 2 000 元左右。吴先生说，如果靠自己的收入，老伴治病的费用是不够的。

［L-SY-1］曹女士（保洁）

52 岁的曹女士来自黑龙江省齐齐哈尔市，城镇户口，初中学历，一个儿子在上大学，老伴和自己年龄差不多，生病无工作能力。曹女士来北京工作已有十余年，从 2019 年初开始在 15 号线顺义北京地铁站区做保洁，日常工作内容是清理地铁站台卫生。曹女士每月固定工资 3 620 元，每天工作时间是 6：30—18：30，每周工作 6 天，每月休息日可以选择工作，工作加班费是 130 元/天，法定节假日上班发 300% 的工资。曹女士目前在顺义区租了一间平房，不到 20 平方米，每月房租 600 元。出行主要靠公交和地铁（地铁可以免费乘坐），每月交通费用100 元左右。通信费每月 50 元，食品支出每月大概 1 200 元，水电费每月 50 元，生活必需品每月大概 100 元，已经有一年多没买过新衣服。曹女士表示自己目前的工资可以保障自己的基本生活，但在扣除各项生活费用后，大概剩余不到1 000 元，而这些钱根本不够老伴治疗病的费用，儿子上学的钱主要靠勤工俭学和奖学金。自己曾尝试利用下班后的时间去做小时工，虽然每小时 30~40 元的收入可以让自己的收入水平提高不少，不过比较累，也就是偶尔去干一点。

［L-MY-2］刘女士（服务员）

22 岁的刘女士来自山东省德州市，农村户口，初中学历，和同乡一起来北京打工，目前在密云区一家餐馆做服务员，每个月工资 3 000 元。由于餐馆包吃但不包住，刘女士与同乡一起租住在密云某小区，每月需要 1 500 元，每月交通费用需要 300 元左右。刘女士表示自己的工资根本不能保障自己的基本生活，每个月家里都会给自己补贴一点。刘女士告诉课题组成员，自己现在穿的所有衣服，是上次回家时父母给买的，自己根本不敢买衣服。刘女士还告诉课题组成员，自己很担心房东长房租，北京的房租实在是太贵了，房东一长房租动不动就几百元，而像自己这样的收入，在北京买房是根本不敢想的事情。

从课题组深入访谈的情况看，尽管接受访谈的低收入劳动者每月工资收入高于北京市最低工资标准，且其中有一部分低收入劳动者还可以享受用人单位免费食宿等福利，他们中的很多人仍感觉自己的收入很难保障自己及所赡养人口的基本生活。

二、北京市最低工资标准与北京市城市居民基本消费

制定最低工资标准的目的是维护劳动者取得劳动报酬的合法权益，保障劳动

者及其家庭成员的基本生活。对于基本生活标准不易界定，本书前文从绝对贫困的角度对基本生活标准进行了定位，分析了最低工资标准的保障功能。在此基础上，本书从相对贫困的角度出发，将一定比例最低收入居民实际支出统计数作为其基本生活的衡量标准，以此为基础评价最低工资标准是否能够满足低收入群体家庭基本消费支出。比如，按照五等分法分组的城镇居民 20%低收入户的平均每人消费支出水平，或以七等分法分组的 10%低收入户的平均每人消费支出水平，具有一定合理性。

考虑到数据的可得性[1]，课题组搜集整理了 2004—2016 年北京市城镇居民20%低收入户可支配收入与消费性支出的情况，如表 5-5 所示。就纵向年度增幅比较看，2004—2016 年 20%低收入户平均每人消费支出的年均增速为 8.86%，此期间最低工资标准的年均增速为 10.92%。这意味着最低工资标准的年均增速超过了 20%低收入户平均每人消费支出的年均增速，两者比较协调。为了就绝对值进行比较，课题组将月最低工资标准乘以 12 个月，得到了按照最低工资标准领取劳动报酬的低收入劳动者的年收入，用此年收入除以平均每个就业者负担人数，再将这个数据（A）与北京市城镇居民 20%低收入户平均每人年消费性支出（C）比较，可知 A 远低于 C。从具体年份的数据看，2004 年，两者之间的差距为 3 762.07 元，2010 年差距扩大为 5 078 元，虽然 2011 年一度下降至 4 348 元，但 2012 年跃升为 6 685 元，2015 年超过了 8 000 元，2016 年达到了 9 136 元。从总体的发展趋势看，两者之间的差距是不断扩大的。这意味着，2004—2016 年，北京市按照最低工资标准领取劳动报酬的低技能劳动者，他们的收入水平不足以使家庭成员的消费性支出达到城镇居民 20%低收入户的平均水平。同时，与城镇居民 20%低收入户的消费情况相比，按照最低工资标准领取劳动报酬的低技能劳动者，消费状况有恶化的趋势。

表 5-5　北京市最低工资标准与城镇居民 20%低收入户基本消费支出　（元）

年份	20%低收入户平均每人年消费性支出（C）	20%低收入户平均每个就业者负担人数（K）	月最低工资标准（MW）	$A = MW \cdot 12/K$	$A - C$
2004	7 395.4	1.8	545	3 633.33	-3 762.07
2005	7 863.5	1.7	580	4 094.12	-3 769.38

①　自 2017 年开始，《北京统计年鉴》不再公布 20%低收入户相关数据。

续表

年份	20%低收入户平均每人年消费性支出（C）	20%低收入户平均每个就业者负担人数（K）	月最低工资标准（MW）	$A = MW \cdot 12/K$	$A-C$
2006	8 911.0	1.7	640	4 517.65	−4 393.35
2007	9 183.0	1.8	730	4 866.67	−4 316.33
2008	8 985.0	2.0	800	4 800.00	−4 185.00
2009	10 009.0	1.9	800	5 052.63	−4 956.37
2010	11 478.0	1.8	960	6 400.00	−5 078.00
2011	11 308.0	2.0	1 160	6 960.00	−4 348.00
2012	14 245.0	2.0	1 260	7 560.00	−6 685.00
2013	15 236.0	1.9	1 400	8 842.11	−6 393.89
2014	16 744.0	1.9	1 560	9 852.63	−6 891.37
2015	19 489.0	1.9	1 720	10 863.16	−8 625.84
2016	20 476.0	1.9	1 890	11 340.00	−9 136.00

资料来源：北京市人力资源和社会保障局官网、历年《北京统计年鉴》。

　　课题组还搜集整理了 2004—2016 年北京市城镇居民 20%低收入户平均每人每年具体各项消费支出的数据，如表 5—6 所示。通过计算可知，A 始终大于 F（食品烟酒支出），这说明北京市最低工资标准可以使低收入劳动者及其所赡养人口在食品方面的满足程度达到 20%低收入户的水平。同时，A 始终大于 F（食品烟酒支出）与 CL（衣着支出）的和，说明北京市最低工资标准可以使低收入劳动者及其所赡养人口在食品和衣着方面的满足程度达到 20%低收入户的水平。进一步计算可知，除少数年份（2011 年、2013 年、2014 年）外，A 均小于 F（食品烟酒支出）、CL（衣着支出）、L（居住支出）的和，意味着北京市最低工资标准无法使低收入劳动者及其所赡养人口在食品、衣着和居住方面的满足程度达到 20%低收入户的水平，更遑论其他方面的支出。课题组通过问卷调查发现，很多低收入劳动者所在的用人单位提供免费的餐食或是住宿，如图 5—2 所示。但即便如此，绝大多数低收入劳动者对目前的工资收入并不满意，如图 5—3 所示。

表5-6 北京市最低工资标准与城镇居民20%低收入户各项基本消费支出

(元)

年份	食品烟酒支出 (F)	衣着支出 (CL)	居住支出 (L)	生活用品及服务支出	交通和通信支出	教育、文化和娱乐支出	医疗保健支出	其他用品及服务支出	平均每一就业者负担人数 (K)	月最低工资标准 (MW)	A= MW×12/K	A-F	A-(F+CL)	A-(F+CL+L)
2004	2 866.9	504.9	639.8	427.9	827.5	1 265.9	668	194.5	1.8	545	3 633.33	766.43	261.53	-378.27
2005	3 218.2	598.4	611.7	382.8	800.7	1 270.7	757.9	223.1	1.7	580	4 094.12	875.92	277.52	-334.18
2006	3 467.0	741.0	678.0	455.0	927.0	1 356.0	1 007.0	280.0	1.7	640	4 517.65	1 050.65	309.65	-368.35
2007	3 726.0	872.0	667.0	543.0	1 043.0	1 295.0	728.0	309.0	1.8	730	4 866.67	1 140.67	268.67	-398.33
2008	3 780.0	810.0	697.0	489.0	867.0	1 086.0	971.0	285.0	2.0	800	4 800	1 020.00	210.00	-487.00
2009	4 048.0	947.0	905.0	599.0	1 016.0	1 299.0	853.0	342.0	1.9	800	5 052.63	1 004.63	57.63	-847.37
2010	4 514.0	1 122.0	1 126.0	738.0	1 318.0	1 542.0	809.0	309.0	1.8	960	6 400.00	1 886.00	764.00	-362
2011	4 609.0	1 084.0	1 100.0	723.0	1 287.0	1 300.0	915.0	290.0	2.0	1 160	6 960.00	2 351.00	1 267.00	167.00
2012	5 405.0	1 484.0	1 267.0	902.0	1 673.0	2 028.0	1 111.0	375.0	2.0	1 260	7 560.00	2 155.00	671.00	-596.000
2013	5 714.0	1 484.0	1 452.0	1 064.0	1 745.0	2 076.0	1 112.0	589.0	1.9	1 400	8 842.11	3 128.11	1 644.11	192.11
2014	6 181.0	1 589.0	1 542.0	1 272.0	2 096.0	2 227.0	1 135.0	702.0	1.9	1 560	9 852.63	3 671.63	2 082.63	540.63
2015	5 479.0	1 457.0	5 224.0	1 157.0	2 415.0	2 118.0	1 245.0	394.0	1.9	1 720	10 863.16	5 384.16	3 927.16	-1 296.84
2016	5 430.0	1 481.0	5 548.0	1 250.0	2 771.0	2 378.0	1 163.0	456.0	1.9	1 890.00	11 340.00	5 910.00	4 429.00	-1 119.00

资料来源:北京市人力资源和社会保障局官网,历年《北京统计年鉴》。

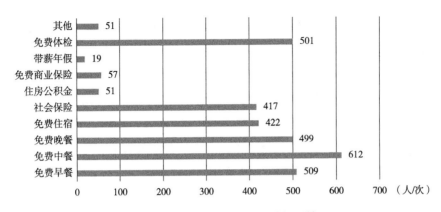

图5-2　低收入劳动者所享受的福利情况

您对自己目前工资收入的满意情况

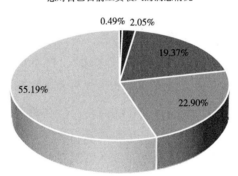

0.49%　2.05%
19.37%
22.90%
55.19%

■ 非常满意　■ 基本满意　■ 满意度一般　■ 不太满意　■ 非常不满意

图5-3　低收入劳动者对收入水平的满意情况

　　课题组在进行低收入劳动者问卷调查和深入访谈中发现，北京城市户籍居民从事保安、保洁和杂工等职业的低收入劳动者较少，在1 022名参与调查的劳动者中仅有13名，其中有3名接受了课题组的深入访谈，详细讲述了自己家庭目前的收入和消费情况。

［L-FS-1］毕女士（玩具销售员）

　　49岁的毕女士来自房山区，城市户口，初中学历，从2018年开始在房山区一家玩具店做销售，工资结构为底薪+提成，每月底薪2 500元，一般提成可以拿到1 500~2 500元。毕女士家中有1位无收入老人需要赡养，儿子正在读大学，先生是出租车司机，每月收入在7 000元左右。毕女士坦言，自己和先生的工资仅够家庭的日常生活所需。如果全家像外地人一样租房子住，估计根本不够。毕女士算了一笔账，每月家庭在吃方面的费用约为 2 000 元，穿大约为 1 000 元（他自己和先生很少买新衣服），出行约为 500 元，水、电、燃气、物业、取暖为500 元，手机、上网费用为 300 元，孩子上学每月 2 000 元，自己和先生都有慢性病，每月医药费用约 1 000 元。毕女士表示，如果老人不生病，家庭收入还够花，而一旦生病，就入不敷出了。毕女士回忆说，2019 年初老人因为着凉感冒 1周，就花了 3 000 多元，所以最担心老人生病。在提及北京市的最低工资标准为2 200 元，数额是否合适时，毕女士认为这个标准太低了，从自己的生活经验看，这个标准也就能让全家饿不着，而从周围人的工资收入看，按照这个标准不可能招到人。

［L-PG-2］吴先生（保安）

47 岁的吴先生来自平谷区，城市户口，初中学历，从 2017 年开始在平谷区一写字楼做保安，目前工资为每月 3 600 元，公司包吃住。吴先生的妻子已经去世，女儿正在读大学。吴先生自嘲是"啃老族"，因为自己每月的工资勉强能够养活自己，女儿上学和家中一些礼尚往来的费用都要靠自己已退休的父母。吴先生告诉课题组成员，2019 年初自己把腰扭了，住院治疗了 1 个多月，医保报销后还花了 1 万多元，治疗期间公司没有给自己发工资，还是父母出钱为自己支付了医药费。吴先生自己没有住房，如果单位休假就和父母同住。在提及北京市最低工资标准为 2 200 元，数额是否合适时，吴先生认为要真是挣这么多钱，也就只够自己一个人吃饭的，别的什么都干不了。

从课题组深入访谈的情况看，对于在低收入劳动者中占比较少的北京城市户口居民来说，尽管他们的收入高于北京市最低工资标准，但依靠个人的工资收入，保障其个人及其赡养人口在北京的基本消费，还是比较困难的。特别是谈及住房支出时，即便有北京城市户口的低收入劳动者大多在北京拥有自己的住房，不需要支出房租或住房贷款，但个人收入仍然很难保障个人及其赡养人口在北京的基本消费。

综上所述，在过去的 20 余年，北京市最低工资标准水平偏低，2020 与 2021年度已无法实现"保基本"的功能。从绝对贫困的角度出发，与北京市最低生活保障标准相比较，按北京市最低工资标准领取劳动报酬的低技能劳动者，在2019 年之前可以获得自身及其赡养人口的最低生活费用，而从 2020 与 2021 年度的数据看，最低工资标准的保障能力在下降，按北京市最低工资标准领取劳动报酬的低技能劳动者已无法保障自身及其赡养人口的最低生活费用。而从相对贫困的角度出发，按北京市最低工资标准领取劳动报酬的低技能劳动者，可以保障其自身及其所赡养人口在食品和衣着方面的消费情况达到20%低收入户的水平，但无法使其自身及其所赡养人口在总体消费方面达到20%低收入户的水平。最低工资标准基本上仅够日常生活所需，无法支付教育费等其他费用。总体看，北京市最低工资标准保障的水平较低，近两年已无法实现"保基本"的功能。同时以课题组调查所掌握的数据看，很多低收入劳动者均由用人单位提供吃住，而此部分费用如果由低收入劳动者自己承担的话，每月的费用大体为1 200~2 000元。如果加上此部分费用，低收入劳动者的实际收入要高于最低工资标准。

第三节　北京市最低工资标准"促发展"功能评估

一、北京市最低工资标准与人力资本投资

如表5-7的数据所示，2004—2016年，北京市城镇居民20%低收入户在教育、文化、娱乐支出和医疗保健支出方面，与北京市平均水平存在一定的差距，20%低收入户在教育、文化和娱乐方面的支出，与全市平均水平的比值为50%左右，而医疗保健支出与全市平均水平的比值为60%左右。本章前述对城镇居民20%低收入户各项基本消费支出进行了讨论，按照最低工资标准领取劳动报酬的低收入劳动者的收入，仅够负担20%低收入户食品烟酒支出和衣着支出，居住支出无法负担。按照马斯洛的需求层次理论，人们只有在基本生存得以保障之后，才有可能满足更高层次的需要。按照最低工资标准领取劳动报酬的低收入劳动者，仅能用微薄的收入满足衣食住行等基本生存需求，在教育和医疗保健方面的高层次需求无法得到满足，即人力资本投资需求无法得到满足。

投资于人，是促进人的全面发展的必要途径，也是实现社会全面进步的必要条件。低工资使得很多低技能劳动者只能勉强维持基本生活，遑论个人和子女的人力资本投资了。这些低技能劳动者会因为劳动力素质一直没有提升，在无法承担繁重的体力劳动时而不得不退出劳动力市场，而他们的子女也会因为人力资本投资不足走上父辈的老路。同时需要注意到，疾病是阻断人力资源健康发展的重要因素，如果没有相应的医疗保障，疾病与贫困将形成相互交替的恶性循环。各项调查显示，贫困人口的医疗需求高于非贫困人口的医疗需求。如1998年全国

卫生服务调查资料显示，城市居民在两周时间内，患病率在岗人员为138.6‰，下岗人员为155.2‰，失业人员为205.8‰；慢性病的患病率在岗人员为175.7‰，下岗人员为195.9‰，失业者为342.9‰，下岗人员和失业人员的医疗需求高于在岗人员（刘苓玲，2006）。看不起病已成为中国城市贫困人口的现实状况，经济困难已成为贫困人口患病就医的最大障碍，更成为阻碍贫困人口人力资本存量积累，人力资本收益增加的最大障碍。

表5-7　北京市20%低收入户与全市平均教育、文化和娱乐支出与医疗保健支出

年份	教育、文化和娱乐支出（元）（E_1）	医疗保健支出（元）（M_1）	教育、文化和娱乐支出（元）（E）	医疗保健支出（元）（M）	E_1/E（%）	M_1/M（%）
	20%低收入户		全市平均			
2004	1 265.9	668	2 115.9	1 182.8	59.83	56.48
2005	1 270.7	757.9	2 186.6	1 295.8	58.11	58.49
2006	1 356.0	1 007.0	2 515.0	1 322.0	53.92	76.17
2007	1 295.0	728.0	2 384.0	1 294.0	54.32	56.26
2008	1 086.0	971.0	2 383.0	1 563.0	45.57	62.12
2009	1 299.0	853.0	2 655.0	1 389.0	48.93	61.41
2010	1 542.0	809.0	2 902.0	1 327.0	53.14	60.96
2011	1 300.0	915.0	3 307.0	1 523.0	39.31	60.08
2012	2 028.0	1 111.0	3 696.0	1 658.0	54.87	67.01
2013	2 076.0	1 112.0	3 985.0	1 718.0	52.10	64.73
2014	2 227.0	1 135.0	4 170.0	1 862.0	53.41	60.96
2015	2 118.0	1 245.0	4 028.0	2 370.0	52.58	52.53
2016	2 378.0	1 163.0	4 055.0	2 630.0	58.64	44.22
平均					52.67	60.11

资料来源：历年《北京统计年鉴》。

课题组在深入访谈中发现，在接受访谈的低收入劳动者中，绝大多数有子女，但子女大多已经工作，且大多数子女的学历并不高，仅有少数几位目前需要供子女读高中或大学。同时，医疗支出成为相当一部分低收入劳动者的沉重负担。

［L-SY-1］曹女士（保洁）

52岁的保洁工曹女士有两个女儿和一个儿子，两个女儿均是初中毕业后就外出打工了，小儿子在上大三，儿子上学的钱主要靠勤工俭学和奖学金。曹女士告诉课题组成员，自己的两个女儿当时的学习成绩也不差，但自己做保洁的工资实在没有办法供她们继续读下去。那个时候自己的老伴得了脑血栓，于是两个女儿在初中毕业后就都工作了。曹女士表示自己每月3000多元的工资根本无法供小儿子上大学，孩子第一次开学时的学费是两个姐姐给凑的，之后孩子就没有向家里要过钱。小儿子的学习成绩很好，在大一时曾有过考研的打算，但感觉父母太辛苦了，特别是父亲治病需要钱，就放弃了考研的打算。由于家庭是贫困户，学校给一些困难补助。现在孩子在学校的图书馆勤工助学，每月有500元，同时在一家辅导机构做数学课的助教，每月也有800元，暑假挣得还能更多一些。孩子学习刻苦，每年都能拿到几千元的奖学金，基本就够孩子上学所用了。曹女士现在担心老伴的脑血栓复发，虽然听说过一些保健品可以营养血管，对老伴的病情可能有帮助，但这些保健品医保不能报销，就没有买。

［L-SJS-1］马女士（杂工）

45岁的马女士来自吉林省白城市，农村户口，初中学历，目前在石景山区一家国有企业的餐厅做杂工，每月工资3000元左右，单位提供免费的午餐和晚餐。马女士的先生在这家企业做保安，属于劳务派遣，每月工资3000元左右，单位提供免费的吃住，但他没有住单位提供的宿舍，而是和马女士一起租住在门头沟区的一个平房里，每月房租500元。马女士家中目前有两个孩子在上学，大女儿上高三，小女儿上初二。马女士告诉课题组成员，大女儿的学习成绩还可以，读高中给学校交的钱不多，但是实在负担不起额外的课外辅导班的费用，有的时候也听周围的亲戚朋友说，谁家的孩子上了什么辅导班，成绩提高得很快，但一个辅导班要上千元，自己实在负担不起。大女儿已经和自己说了，如果能考上二本，学费交的少，自己就上大学，而如果考上那种每年要1万多学费的三本，自己就不读了，不想因为自己上学让家里借钱。小女儿的学习成绩一般，估计初中读完就上班了，自己现在工作的地方总在招人，来这里工作就行，一家人在一起比较放心。马女士觉得现在大学生毕业一个月也没有多少钱，早点出来工作赚钱也挺好。

［L-TZ-3］狄先生（停车管理员）

50 岁的狄先生来自河北省廊坊市，农村户口，小学学历，目前在通州一家商场的停车场做停车管理员，每月工资 2 800 元，单位提供免费吃住。狄先生曾得过脑血栓，左腿行动起来会有一些障碍。狄先生身体不好，每个月都回廊坊的医院拿药（没有北京医保，无法报销）。医生曾推荐他服用一些自费药，说有助于恢复，但考虑到"新农合"不能报，自己就没敢吃。狄先生有一个儿子目前在读高二，成绩一般，估计很难考上大学。狄先生告诉课题组成员，儿子有想重读一年的想法，但自己没有同意。狄先生离婚多年，儿子一直靠自己养，自己实在供不起了。狄先生觉得儿子上不上大学无所谓，只要能工作赚钱就没问题，自己现在有些后悔，当时应该让孩子上个职业技术学校，现在技工挺吃香的。

从课题组深入访谈的情况看，有相当一部分参与访谈的低收入劳动者意识不到子女教育的重要性，或者即便希望子女能多读书，也会因为自身的收入偏低，无法支付人力资本投资的费用。同时，参与访谈的低收入劳动者普遍担心自身或家人的健康状况，有多位低收入劳动者自身患某种疾病，且因为这些疾病影响到自己的劳动能力，他们非常担心健康状况恶化所导致的医疗费用支出和对自己收入的影响。

二、北京市最低工资标准与就业促进

为了避免城市失业居民陷入贫困，政府部门实施了失业保险制度。根据《北京市失业保险规定》（北京市人民政府令第 190 号），北京市目前的失业保险金的给付标准并没有与劳动者在失业之前的工资收入挂钩，是根据失业人员失业前累计缴纳失业保险费的时间确定领取失业保险金的期限和具体标准，而具体标准按照低于北京市最低工资标准、高于城市居民最低生活保障标准的原则，结合北京市经济发展状况及居民生活水平等因素确定。北京市失业人员领取失业保险金的期限见表 5-8。

表 5-8　北京市失业人员领取失业保险金的期限

失业前累计缴费时间	领取失业保险金的期限
1 年以上不满 2 年	3 个月
2 年以上不满 3 年	6 个月
3 年以上不满 4 年	9 个月

续表

失业前累计缴费时间	领取失业保险金的期限
4 年以上不满 5 年	12 个月
5 年以上	按每满一年增发一个月失业保险金的办法计算，确定增发的月数。领取失业保险金的期限最长不得超过 24 个月

本书对 1997—2021 年北京市职工最低工资标准与失业保险金最低标准进行比较，如表 5-9 所示。

表 5-9 北京市最低工资标准与失业保险金　　　　　元/月

年份	最低工资（MW）	失业保险金标准（UE）		差值		比值	
		最低档（UE_{min}）	最高档（UE_{max}）	$MW-UE_{min}$	$MW-UE_{max}$	UE_{min}/MW（%）	UE_{max}/MW（%）
1997	290	203	247	87	43	70.00	85.17
1998	310	217	264	93	46	70.00	85.16
1999	400	224	272	176	128	56.00	68.00
2000	412	300	385	112	27	72.82	93.45
2001	435	305	392	130	43	70.11	90.11
2002	465	326	419	139	46	70.11	90.11
2003	495	326	420	169	75	65.86	84.85
2004	545	347	446	198	99	63.67	81.83
2005	580	382	491	198	89	65.86	84.66
2006	640	392	501	248	139	61.25	78.28
2007	730	422	531	308	199	57.81	72.74
2008	800	502	611	298	189	62.75	76.38
2009	800	562	671	238	129	70.25	83.88
2010	960	632	741	328	219	65.83	77.19
2011	1 160	752	861	408	299	64.83	74.22
2012	1 260	842	951	418	309	66.83	75.48
2013	1 400	892	1 001	508	399	63.71	71.50
2014	1 560	1 012	1 121	548	439	64.87	71.86

续表

年份	最低工资（MW）	失业保险金标准（UE）		差值		比值	
		最低档（UE_{min}）	最高档（UE_{max}）	$MW-UE_{min}$	$MW-UE_{max}$	UE_{min}/MW（%）	UE_{max}/MW（%）
2015	1 720	1 122	1 231	598	489	65.23	71.57
2016	1 890	1 212	1 321	678	569	64.13	69.89
2017	2 000	1 292	1 401	708	599	64.60	70.05
2018	2 120	1 536	1 645	584	475	72.45	77.59
2019	2 200	1 706	1 815	494	385	77.55	82.50
2020	2 200	1 816	1 925	384	275	82.55	87.50
2021	2 320	2 034	2 143	286	177	87.67	92.37

资料来源：北京市人力资源和社会保障局官网。

由表5-9可知，北京市最低工资标准与失业保险金之间的差值并不大，差值最大的年份为2017年，近些年还出现了下降的趋势。2020年因为新冠疫情的影响，北京市最低工资标准并未调整，但北京市失业保险金每档增加了110元，两者之间的最小差额仅为275元。2021年，北京市最低工资标准提高了120元，而北京市失业保险金每档增加了218元，最低工资标准与失业保险金最高档之间的差值缩小为177元。1999年9月14日，北京市人民政府第38号令发布的《北京市失业保险规定》（已失效）第十九条规定，北京市失业保险金发放标准为最低工资标准的70%~90%，2007年，北京市人民政府第190号令对其进行了修订，但从失业保险金与最低工资标准之间的比值看，2006—2017年，该比值明显小于70%~90%，而2018年后，该比值开始上升，2021年则突破了这一区间。

从2021年的数据看，一位按照最低工资标准领取收入的低技能劳动者在付出了正常劳动后，每月仅能获得2 320元的工资，而失业在家每月最高则可获得2 143元的失业保险金，两者之间的差值仅有177元。如果低技能劳动者的失业保险金加上其他家庭成员收入可以满足家庭日常生活所需，那么他的就业动力会降低，因为177元的差额不够弥补他就业所带来的交通和通信等方面增加的支出。失业保险金标准与最低工资标准比值的不断提高，对低技能劳动者失业后的再就业产生一定的负面影响。

另外，由表5-1中北京市最低工资标准和城镇居民最低生活保障的数据可以看到，北京市最低工资标准与最低生活保障标准的差距并不大。2019年北京市最低工资标准为 2 200 元，而最低生活保障线为 1 100 元，以一个有两个劳动力的三口之家为例，假如三人不工作按每人每月 1 100 元领取低保，则每月收入共有 3 300 元，而如果两个劳动力均为低技能劳动者，参加工作但只能按照最低工资标准领取收入，则全家收入才 4 400 元，差距为 1 100 元。而北京市 2021 年的月最低工资标准为 2 320 元，最低生活保障线为 1 245 元，以一个有两个劳动力的三口之家为例，假如三人不工作按每人每月 1 245 元领取低保，则每月收入共有 3 735 元，而如果两个劳动力均为低技能劳动者，参加工作但只能按照最低工资标准领取收入，则全家收入才 4 640 元，差距为 905 元。与 2019 年相比，差距进一步缩小了。在这种情况下，考虑到就业有可能带来的其他支出以及负效用，这个三口之家的两个低技能劳动力就有可能选择不就业而领取低保。

可见，与北京市失业保险金和城镇居民最低生活保障的数据相比，偏低的最低工资水平很可能在一定程度上影响劳动者就业的积极性，会导致劳动力资源的浪费，不利于劳动者的全面发展。课题组尝试就最低工资标准与北京市失业保险金和城镇居民最低生活保障的差距问题与低技能劳动者进行访谈，虽然参与访谈的低技能劳动者绝大多数来自京外农村，且有相当一部分没有社保，但还是有个别低技能劳动者表达了他们的看法。

［L-HD-1］任女士（保洁）

任女士目前就职的企业为她上了社会保险，目前已经有 3 年了，任女士知道如果自己失业了，是可以领取失业保险金的。在谈及失业保险金与最低工资标准之间的差距时，任女士笑称 2 200 元和 1 815 元之间就差了 300 多元，自己要是哪天失业了，没准儿会考虑去领失业保险，等到不能领了再去找工作。

［L-PG-2］吴先生（保安）

吴先生之前在一家国有企业工作，企业被收购后被辞退，当时拿到了一些补偿金，2017 年上半年时还曾领过几个月的失业保险金，他印象中每月 1 400 元左右，后经过街道介绍，在 2017 年下半年入职现在的公司做保安，当时的工资是每月 2 800 元。课题组成员告诉吴先生 2017 年北京市最低工资标准是 2 000 元，他当时的工资已经高出北京市最低工资标准了。吴先生说，要是当时真给自己每月 2 000 元，他肯定不去，还不如在家里什么事情都不做，领失业保险金。

从课题组深入访谈的情况看，一部分低收入劳动者认为，如果自己真的按最低工资标准领工资的话，还不如闲在家里享受失业保险金或最低生活保障。偏低的最低工资标准，可能对低技能劳动者就业产生一定的负面影响。

三、北京市最低工资标准与消费拉动

《最低工资规定》将城镇居民人均生活费用作为最低工资标准调整的重要参考因素。本书搜集整理了1994—2020年北京城市居民消费物价指数和城镇居民人均月度消费性支出数据，与北京市最低工资标准的增长进行比较分析，如表5-10所示。由于城镇居民家庭平均每人消费性支出的数据按年计算，为了方便与最低工资标准比较，本书将其换算为城镇居民家庭平均每人每月消费性支出。

表5-10　北京市最低工资标准与城市居民消费物价指数

年份	最低工资标准 （元）（MW）	城市居民消费物价指数 （以1994年为100）	城镇居民人均月度 消费性支出（元）（c）	差值 （元）（$m-c$）
1994	210	100.00	344.51	134.51
1995	240	117.30	418.32	178.32
1996	270	130.91	477.46	207.46
1997	290	137.84	544.32	254.32
1998	310	141.15	580.90	270.90
1999	400	142.00	624.88	224.88
2000	412	146.97	707.79	295.79
2001	435	151.53	743.56	308.56
2002	465	148.80	857.15	392.15
2003	495	149.10	926.98	431.98
2004	545	150.59	1 016.70	471.70
2005	580	152.85	1 103.68	523.68
2006	640	154.22	1 235.42	595.42
2007	730	157.92	1 277.50	547.50
2008	800	165.98	1 371.67	571.67
2009	800	163.49	1 491.08	691.08
2010	960	167.41	1 661.17	701.17

续表

年份	最低工资标准 （元）（MW）	城市居民消费物价指数 （以1994年为100）	城镇居民人均月度 消费性支出（元）（c）	差值 （元）（m-c）
2011	1 160	176.79	1 832.00	672.00
2012	1 260	182.62	2 003.83	743.83
2013	1 400	188.65	2 189.58	789.58
2014	1 560	191.66	2 334.08	774.08
2015	1 720	195.11	3 053.50	1 333.50
2016	1 890	197.85	3 188.00	1 298.00
2017	2 000	201.61	3 362.17	1 362.17
2018	2 120	206.65	3 577.17	1 457.17
2019	2 200	211.40	3 863.17	1 663.17
2020	2 200	214.99	3 477.17	1 277.17
年均增长率 （%）	9.46	2.99	9.30	—

资料来源：历年《北京统计年鉴》。

由表5-10可知，1994—2020年，北京市最低工资年均增长率高于城市居民消费价格指数的年均增长率，说明扣除物价上涨因素，按照最低工资标准领取收入的低技能劳动者实际工资水平得到提高，有助于消费能力的提高。对最低工资标准与城镇居民家庭平均每人每月消费性支出的绝对值进行比较，从表5-10中的数据可以看出，北京市最低工资标准始终低于其城镇居民家庭平均每人每月消费性支出，且有逐年扩大的趋势。1994—2020年，北京市城镇居民家庭平均每人每月消费性支出的年均增长率达到了9.30%，与北京市最低工资标准的年均增长率基本相当。但如果对1994—2019年最低工资标准与城镇居民家庭平均每人每月消费性支出的增长率相比，最低工资标准的增长率低于城镇居民家庭平均每人每月消费性支出的增长率。这主要是由于受新冠疫情的影响，2020年城镇居民家庭平均每人每月消费性支出出现了下降。同时，对表5-5中的数据综合进行分析可知，北京市按照最低工资标准领取劳动报酬的低技能劳动者的收入水平，不足以使家庭成员的消费性支出达到20%低收入户的平均水平。由表5-6中的数据可知，如果低技能劳动者按照最低工资标准领取劳动报酬，其收入仅能使自己和家庭成员在衣食两个最基础领域的消费水平达到20%低收入户的平均水平，而在居住、生活用品及服务、交通和通信、教育、文化和娱乐、医疗保健等其他方面，很难达到20%低收入户的平均水平。消费行为本质上是一种需求行为，而需求行为又是在一定收入约束之下做出的。最低工资标准偏低不利于提高低技能劳动者的收入，对于消费需求的拉动会产生一定的负面影响。

课题组就家庭的日常消费情况与低收入劳动者进行了深入的访谈。从低收入劳动者的日常消费看，很多低收入劳动者可以从用人单位获得免费吃住的福利，但即便如此，他们的消费支出主要是以生活消费为主，在家庭设备用品、服务和旅游等服务性消费的支出较少，同时他们中的很多人承受着巨大的住房和医疗支出压力。

［L-MY-2］刘女士（服务员）

在餐馆做服务员的刘女士每月工资有3 000元，在餐馆提供了免费午餐和晚餐的情况下，租房费用成为她每月最大的一笔开销，占到每月收入的50%；第二项大的支出是交通费，占比大约有10%；生活用品每个月也得300元左右。刘女士告诉课题组成员，自己几乎不敢买什么，现在用的牙膏还是上次回家的时候从家里拿的，衣服是父母给买的，自己为了省钱基本不吃早餐，有时同乡约着一起出去玩，自己基本不去，回老家的车票经常也是父母给她买。

［L-SY-1］曹女士（保洁）

在地铁从事保洁工作的曹女士每月的收入一般不到4 000元，其中个人支出最高的一项来自食品支出，占月收入的30%左右；第二项大的支出为居住，占月收入的15%左右。曹女士坦言，自己每个月大概能够剩余1 000元，但不会用于消费支出，因为要攒起来给老伴看病。曹女士告诉课题组成员，自己最近这些年很少买衣服，老伴也是一样，自己基本就是穿单位发的工作服，各类生活用品都是选最便宜的。曹女士说老伴在家里看的电视是二十多年前买的，洗衣机是亲戚不要淘汰给他们的。曹女士自己和老伴之前用的都是老年机，今年有亲戚淘汰下来了两个智能手机，这样自己就能通过微信看到老伴了。曹女士很想把老伴也接到北京来，但是这样又会增加租房的支出，而且老伴看病的医保报销也是个问题。曹女士的两个女儿考虑到家庭的经济状况放弃了学业，自己只给现在读大学的小儿子出过大一的第一次学费，之后上学的钱都是小儿子自己挣的。孩子们平时也非常节约，几乎不买什么新衣服。

四、北京市最低工资标准与发展成果共享

《最低工资规定》将经济发展水平和职工平均工资作为最低工资标准调整的重要参考因素。2013 年，国务院批转的《关于深化收入分配制度改革的若干意见》明确提出，要促进中低收入职工工资合理增长，根据经济发展、物价变动等因素，适时调整最低工资标准，努力使最低工资标准达到当地城镇从业人员平均工资的 40%以上。从全球情况看，在实施最低工资制度的国家中，最低工资标准大多为月平均工资的 40%~60%，如表 5-11 所示。最低工资标准视人均 GDP 和社会平均工资水平进行调整，也体现了底层低技能劳动者对社会发展成果的分享。课题组搜集整理了 1994—2020 年北京市人均 GDP 和职工平均工资数据，对最低工资年均增长率与人均 GDP、平均工资年均增长率和最低工资与平均工资的比例进行了比较分析，如表 5-12 所示。

表 5-11 最低工资标准占社会平均工资比例的国际比较（2004—2013 年）（%）

年份	2004	2005	2006	2007	2008	2009	2010	2011	2012	2013	平均
加拿大	41.18	40.84	41.05	40.64	42.58	43.76	46.37	45.61	45.03	44.80	43.19
法国	55.84	51.07	51.93	51.57	52.19	52.64	52.64	51.34	52.08	—	52.37
日本	34.91	35.00	35.25	36.02	37.06	38.85	39.17	39.45	39.87	40.87	37.65
韩国	25.16	26.69	27.56	29.31	33.17	34.29	32.98	31.75	31.96	32.65	30.55
英国	46.92	47.76	48.62	48.72	48.43	48.23	48.65	49.92	50.40	50.27	48.79
美国	—	—	—	32.26	35.16	38.50	37.63	36.59	35.72	35.11	35.85
印度	41.12	40.40	39.02	36.64	40.10	45.81	41.45	—	—	—	40.65
匈牙利	36.42	36.00	36.47	35.40	34.72	35.78	36.29	36.60	41.69	42.49	37.19
波兰	36.25	35.96	36.31	35.02	38.27	41.13	40.85	40.72	42.49	—	38.56
罗马尼亚	34.22	32.02	28.80	27.94	30.66	32.52	31.55	33.84	33.93	—	31.72
巴西	28.87	30.96	33.68	34.06	33.84	34.97	35.13	34.32	35.66	35.99	33.75

资料来源：谢勇. 中国最低工资水平的适度性研究：基于重新估算社会平均工资的视角［J］. 社会科学，2016（2）：12.

表 5-12　北京市最低工资标准、人均 GDP 与平均工资

年份	最低工资（元）（MW）	人均 GDP（元）	全市法人单位从业人员平均工资（元）（AW_1）	MW/AW_1（%）	城镇私营单位就业人员月平均工资（元）（AW_2）	MW/AW_2（%）
1994	210	10 280	534.58	39.28	—	—
1995	240	12 762	678.67	35.36	—	—
1996	270	14 495	798.25	33.82	—	—
1997	290	16 949	918.25	31.58	—	—
1998	310	19 625	1 023.75	30.28	—	—
1999	400	22 054	1 148.17	34.84	—	—
2000	412	25 014	1 310.50	31.44	—	—
2001	435	28 097	1 596.25	27.25	—	—
2002	465	32 231	1 821.00	25.54	—	—
2003	495	36 583	2 109.33	23.47	—	—
2004	545	42 402	2 472.83	22.04	—	—
2005	580	47 182	2 734.00	21.21	—	—
2006	640	53 438	3 008.08	21.28	—	—
2007	730	63 629	3 322.25	21.97	—	—
2008	800	68 541	4 653.67	17.19	—	—
2009	800	71 059	4 814.92	16.62	2 077.42	38.51
2010	960	78 307	5 429.83	17.68	2 285.92	42.00
2011	1 160	86 365	6 290.17	18.44	2 852.92	40.66
2012	1 260	93 078	7 061.83	17.84	3 573.50	35.26
2013	1 400	101 023	7 750.50	18.06	4 002.25	34.98
2014	1 560	107 472	8 522.33	18.30	4 408.50	35.39
2015	1 720	114 662	9 282.50	18.53	4 890.75	35.17
2016	1 890	124 516	9 994.00	18.91	5 490.08	34.43
2017	2 000	137 596	10 975.00	18.22	5 894.83	33.93
2018	2 120	153 095	12 147.17	17.45	6 409.00	33.08
2019	2 200	164 220	13 900.25	15.83	7 105.17	30.96

续表

年份	最低工资（元）（MW）	人均GDP（元）	全市法人单位从业人员平均工资（元）（AW_1）	MW/AW_1（%）	城镇私营单位就业人员月平均工资（元）（AW_2）	MW/AW_2（%）
2020	2 200	164 889	12 613.33	17.44	——	——
年均增长率（%）	9.46	11.26	12.93	——	14.64	——

资料来源：历年《北京统计年鉴》《中国统计年鉴》。

从表 5-12 可以看出，1994—2020 年，北京市最低工资的年均增长率低于人均 GDP 的年均增长率，低 1.80 个百分点。同时，北京全市法人单位从业人员平均工资的年均增长率达到了 13.92%，远高于最低工资的年均增长率，导致北京市最低工资与全市法人单位从业人员平均工资的比值总体呈现下降的趋势，1994年北京市该比值为 39.28%，此后一直下降，2001 年降至 27.25%，2008 年后降至 20% 以下，2019 年为最低值，仅为 15.83%。考虑到低收入劳动者在私营部门就业的较多，且由于劳动力市场分割的存在，很多低收入劳动者很难从二级劳动力市场工作转入一级劳动力市场工作。课题组考虑到数据的可得性，搜集了2009—2019 年北京市城镇私营单位就业人员月平均工资的数据。通过计算可知，2009—2019 年北京市城镇私营单位就业人员月平均工资的年均增长率为14.64%，比值高于同一期间最低工资标准的年均增长率。北京市最低工资与城镇私营单位就业人员月平均工资的比值仅在 2010 年和 2011 年超过 40%，其余年份均低于 40%，且在近几年出现了下降的趋势。这反映出北京市按照最低工资标准领取劳动报酬的劳动者未能及时分享到社会经济的发展成果，即便是与其他同样工作在私营部门的劳动者对比，按照最低工资标准领取劳动报酬的劳动者在共享发展成果方面仍然不充分。

综上所述，可以得出四个方面的结论：第一，2020—2021 年，由于北京市最低工资标准整体水平不高，按照北京市最低工资标准领取劳动报酬的低技能劳动者，无法保障自身及其赡养人口在人力资本投资方面的支出。这不利于低收入群体未来收入水平的提高，无法促进他们的全面发展。第二，北京市最低工资标准的调整未对就业产生显著的负面影响，但与北京市最低生活保障标准和北京市失业保险相比，偏低的最低工资标准很可能在一定程度上影响劳动者就业的积极性。这将导致劳动力资源的浪费，不利于劳动者的全面发展。第三，北京市按照最低工资标准领取劳动报酬的低技能劳动者的收入水平，不足以使家庭成员的消费性支出达到20%低收入户的平均水平，对于社会消费需求的拉动会产生一定的负面影响。第四，北京市最低工资的年均增长率始终低于人均 GDP 的年均增长率，且远低于平均工资的年均增长率，最低工资与平均工资的比值更是远低于40%~60%的一般国际水平。这导致低收入劳动者无法共享社会经济的发展成果，不利于缩小收入分配差距，不利于共同富裕的实现。

第六章 北京市最低工资标准变动影响因素分析与测算模型研究

第一节 北京市最低工资标准变动影响因素的灰色关联分析

一、灰色关联分析的建模机理

灰色系统是指"部分信息已知、部分信息未知"的"贫信息"不确定性系统。灰色关联分析是针对灰色系统的一种重要分析方法，其基本思想是从不完全的信息中，根据序列几何形状的相似程度判断其关联程度，找出影响系统的主要因素，进而分析灰色系统主行为因子与相关行为因子关系的密切程度。

灰色关联分析方法弥补了采用数理统计方法做系统分析所导致的缺憾，对样本量的多少和样本有无规律都同样适用，而且计算量小，十分方便，更不会出现量化结果与定性分析结果不符的情况。但传统的邓氏关联度存在着一些缺陷，具体表现在：一是关联度受最小绝对差和最大绝对差的影响较大，一旦数据列中出现某个极大值点或极小值点，那么各时点的关联系数都将受到影响，从而关联度的值受到影响；二是各时点的关联系数受样本量的影响；三是关联系数、关联度还受分辨率的影响（梅振国，1992）。这使得灰色关联分析方法的应用范围受到了一定的限制，T型关联度作为一种新的灰色关联分析算法则很好地解决了这一问题。

T型关联度是按照因素的时间序列曲线的相对变化趋势的接近程度计算的关联度（唐五湘，1995），是判断事物之间、因素之间相关性的一种较为科学的方法。本书采用 T 型关联度分析的方法，对各因素影响北京市最低工资标准变动的程度进行研究。

T 型关联度的计算步骤如下：

第一步，给出原始数据参数列：

$$X_0 = \{x_0(1), x_0(2), \cdots, x_0(n)\}$$

M 个比较列为:

$$X_1 = \{x_1(1),\ x_1(2),\ \cdots,\ x_1(n)\}$$
$$X_2 = \{x_2(1),\ x_2(2),\ \cdots,\ x_2(n)\}$$
$$\vdots$$
$$X_i = \{x_i(1),\ x_i(2),\ \cdots,\ x_i(n)\}$$
$$X_j = \{x_j(1),\ x_j(2),\ \cdots,\ x_j(n)\}$$
$$\vdots$$
$$X_m = \{x_m(1),\ x_m(2),\ \cdots,\ x_m(n)\}$$

第二步,标准化,使各序列之间具有可比性。

首先求出:

$$D_0 = \frac{1}{n-1}\sum_{k=2}^{n} |x_0(k) - x_0(k-1)|$$

$$D_1 = \frac{1}{n-1}\sum_{k=2}^{n} |x_1(k) - x_1(k-1)|$$

$$\vdots$$

$$D_m = \frac{1}{n-1}\sum_{k=2}^{n} |x_m(k) - x_m(k-1)|$$

其次求出标准化序列:

$$Y_0 = X_0/D_0 = \{y_0(1),\ y_0(2),\ \cdots,\ y_0(n)\}$$
$$Y_1 = X_1/D_1 = \{y_1(1),\ y_1(2),\ \cdots,\ y_1(n)\}$$
$$\vdots$$
$$Y_m = X_m/D_m = \{y_m(1),\ y_m(2),\ \cdots,\ y_m(n)\}$$

第三步,求增量序列。

$$\Delta Y_0 = \{\Delta y_0 = y_0(k) - y_0(k-1)\},\ k = 2,\ 3\cdots n$$
$$\Delta Y_1 = \{\Delta y_1 = y_1(k) - y_1(k-1)\},\ k = 2,\ 3\cdots n$$
$$\vdots$$
$$\Delta Y_m = \{\Delta y_m = y_m(k) - y_m(k-1)\},\ k = 2,\ 3\cdots n$$

第四步,计算各时段的关联系数。

$$\varepsilon[y_0(k),\ y_j(k)] = \begin{cases} \mathrm{sgn}[\Delta y_0(k) \times \Delta y_j(k)] \times \dfrac{\min(|\Delta y_0(k)|,\ |\Delta y_j(k)|)}{\max(|\Delta y_0(k)|,\ |\Delta y_j(k)|)} \\ 0,\ \text{当 } y_0(k) \cdot y_j(k) = 0 \end{cases}$$

$$k = 2,\ 3\cdots n \quad j = 1,\ 2,\ 3\cdots m$$

第五步,计算关联度。

$$r(X_0,\ X_j) = \frac{1}{n-1}\sum_{k=2}^{n}\varepsilon[y_0(k),\ y_j(k)]$$

$$j = 1, 2, 3 \cdots m$$

二、北京市最低工资标准变动影响因素及其测度指标

(一) 最低工资标准变动影响因素

根据《北京市最低工资规定》，最低工资标准主要功能为保障劳动者的基本生活，维护劳动者合法权益。为了实现这个功能，北京市政府主管部门会依据就业者及其赡养人口的最低生活费用、社会平均工资水平、劳动生产率、就业状况和经济发展水平等因素的变动情况，调整最低工资标准。具体看，主要包括六个方面的因素。

1. 城镇居民基本生活费用支出

就业者及其赡养人口的最低生活费用决定了最低工资标准调整的底线，只有达到了这个底线，劳动者的基本生活才能得到保障。这是保障劳动者尤其是底层低技能劳动者的劳动力生产和再生产的基本要求。城镇居民基本生活费用支出可以反映出劳动者本人，及其所赡养家庭成员的基本生活费用支出情况。根据城镇居民基本生活费用支出调整最低工资标准，可以保障劳动者所获得的工资收入，一方面可以满足本人的基本生活需求，以确保劳动者可以持续再生产；另一方面可以满足所赡养家庭成员的基本生活需求，以不断补充和更新劳动力队伍。

2. 城镇居民消费价格指数

政府部门颁布的最低工资标准是一个名义值，其购买力受到物价水平的影响。为了保障低技能劳动者及其赡养人口的生活不受物价上涨的影响，可以维持一个相对稳定的实际水平，在物价上涨的同时也需要相应提高最低工资标准。从各国实践看，发达国家最低工资标准调整与价格变动的关系非常密切，可以有效地避免最低工资的购买力被削弱。与发达国家相比，发展中国家最低工资标准调整与价格变动的关系稍弱一些，但一般也会将通货膨胀情况作为最低工资标准调整的重要依据。

3. 职工平均工资水平

职工平均工资水平反映了市场经济条件下劳动者生产力与消费物价水平的变动。最低工资标准视社会平均工资水平进行调整，既体现了低技能劳动者的工资与其他劳动者工资维持在合理的水平，也可以确保最低工资标准对劳动力市场情况的变动具有一定的敏感性，更体现了底层低技能劳动者对社会发展成果的分享。如前文所述，从全球情况看，在实施最低工资制度的国家中，最低工资标准多为月平均工资的 40%~60%。但需要注意的是，对于那些经济结构较为平衡、

收入分配较为公平的国家，按照平均工资的一定比重调整最低工资标准，从而实现将经济发展成果按照一定的方式在劳动者之间进行合理分配，是比较可行的。但对于很多国家，特别是发展中国家，收入分配差距一般都较大，按照平均工资的一定比重调整最低工资标准，从而使最低工资与平均工资同步增长，往往有一定的压力。

4. 就业情况

就业是最大的民生，多年来，中国始终坚持就业优先战略和积极就业政策，努力实现更高质量和更充分就业。最低工资标准的提高是否会对就业造成负面影响，学者们的研究结论大相径庭。但比较一致的观点是，当最低工资标准提高幅度过大时，会导致失业现象的发生。低技能劳动者在北京市总体就业人员中占有一定的比重，北京市结构性失业问题还长期存在，如果最低工资标准提高幅度过大，可能促使用人单位使用高技能劳动者和资本代替低技能劳动者，造成大量低技能劳动者失业。因此，就业状况是影响最低工资标准调整的重要因素之一。

5. 劳动生产率

生产决定分配，也是最低工资调整的一个重要基础。劳动生产率是指劳动者的生产效果或能力，最能准确地反映劳动者在一定时期内劳动生产成果的多少，最终标志着社会生产力水平和经济发展水平的高低。社会商品和劳务的多少归根到底取决社会生产力的发展水平，社会劳动生产率的提高必然表现为，以同样多的劳动生产出比过去更多的商品或提供更多的劳务，劳动者在单位时间内的劳动生产成果多，劳动生产成果中可分配给劳动者的也相应提高，因此必然伴随着最低工资标准的提高。同时，劳动生产率的提高也会改善劳动者普遍的生活水平，不仅体现为消费数量的增加，而且消费内容也不断丰富。将劳动生产率作为最低工资标准调整的重要因素，能够保障按照最低工资标准领取工资的低技能劳动者的生活水平，与其他劳动者的生活水平差距较为合适。这是社会公平与正义的体现。

6. 经济发展水平

经济发展水平决定着用人单位的支付能力。用人单位是劳动者工资的直接支付者，用人单位的经营状况对工资水平有着重要的影响。当用人单位经济效益好时，用人单位的工资水平会趋于上升，反之，则趋于下降。最低工资标准的高低影响着用人单位人工成本，进一步会影响到用人单位的利润。在所有利润中，除扣除贬值折旧费用、投资资本利息外，还必须提留用于进一步发展的必要储备，否则用人单位就会失去继续提高劳动者工资的能力。虽然通过提高最低工资标准可以淘汰一部分劳动密集型、不适应产业结构发展需要的企业，但如果因为最低工资标准提高幅度过大导致大量企业不堪重负而倒闭，则社会经济的发展会受到影响，从长远看不利于劳动者工资水平的进一步提高。

(二) 最低工资标准的测度指标

将北京市月最低工资标记为 X_0，单位为元。

基于上文理论分析，考虑到具体数据的可获得性，本书选择以下测度指标分析影响北京市最低工资标准变动的因素。

(1) 城镇居民家庭平均每人每月消费性支出 (元)，记为 X_1;

(2) 城镇居民最低生活保障标准 (元)，记为 X_2，以 (1)，(2) 两个指标反映城镇居民生活费用支出;

(3) 职工月平均工资 (元)，记为 X_3，以此反映社会整体的工资水平;

(4) 城市居民消费物价指数，记为 X_4，以此反映物价上涨情况，本书以1994 年为 100;

(5) 城镇登记失业率 (%)，记为 X_5，以此反映失业就业状况;

(6) 平均每一城镇就业者负担人数 (人)，记为 X_6，以此反映职工赡养家属情况;

(7) 社会劳动生产率 (元/人)，记为 X_7;

(8) 人均 GDP (元/年)，记为 X_8，以此反映经济发展水平。

某一年最低工资标准是在上一年城镇居民家庭平均每人每月消费性支出、城镇居民最低生活保障标准、职工月平均工资等因素的基础上制定的。因此，以某一年的最低工资标准值与上一年的其他相关因素值进行灰色关联分析较为科学。

三、北京市最低工资标准影响因素灰色关联分析过程与结果

北京市 1995—2020 年最低工资标准相关影响指标如表 6-1 所示。

表6-1　北京市最低工资标准的影响指标 (1995—2020 年)

年份	X_0 (元)	X_1 (元)	X_2 (元)	X_3 (元)	X_4	X_5 (%)	X_6 (人)	X_7 (元/人)	X_8 (元/年)
1995	—	418.31	155	678.67	117.3	0.46	1.41	22 807	12 762
1996	270	477.46	170	798.25	130.9	0.58	1.41	27 453	14 495
1997	290	544.32	190	918.25	137.8	0.73	1.43	32 190	16 949
1998	310	589.08	210	1 023.75	148.6	0.66	1.40	38 170	19 625

续表

年份	X_0（元）	X_1（元）	X_2（元）	X_3（元）	X_4	X_5（%）	X_6（人）	X_7（元/人）	X_8（元/年）
1999	400	642.66	273	1 148.17	149.5	0.62	1.41	44 485	22 054
2000	412	738.81	280	1 310.50	154.8	0.76	1.41	52 958	25 014
2001	435	786.90	285	1 596.25	159.6	1.18	1.39	61 874	28 097
2002	465	920.80	290	1 821.00	156.7	1.35	1.41	69 194	32 231
2003	495	1 010.14	290	2 109.33	157.0	1.43	1.39	76 198	36 583
2004	545	1 123.93	290	2 472.83	158.5	1.30	1.44	80 294	42 402
2005	580	1 237.55	300	2 734.00	160.9	2.11	1.39	82 556	47 182
2006	640	1 405.76	310	3 008.08	162.3	1.98	1.40	93 308	53 438
2007	730	1 473.46	330	3 322.25	166.2	1.84	1.40	111 958	63 629
2008	800	1 604.45	390	4 653.67	172.06	1.8	1.40	122 823	68 541
2009	800	1 769.14	410	4 814.92	174.68	1.4	1.40	130 364	71 059
2010	960	1 999.92	430	5 429.83	176.19	1.4	1.40	147 436	78 307
2011	1 160	2 205.57	480	6 290.17	186.05	1.4	1.50	163 602	86 365
2012	1 260	2 412.39	520	7 061.83	192.19	1.3	1.40	174 779	93 078
2013	1 400	2 636.00	580	7 750.50	198.53	1.2	1.50	188 005	101 023
2014	1 560	2 809.75	650	8 522.33	201.71	1.3	1.50	199 556	107 472
2015	1 720	3 053.50	710	9 282.50	205.34	1.4	1.50	211 534	114 662
2016	1 890	3 188.00	800	9 994.00	208.22	1.4	1.6	224 760	124 516
2017	2 000	3 362.17	900	10 975.00	212.17	1.4	1.58	242 274	137 596
2018	2 120	3 577.17	1 000	12 147.17	217.48	1.4	1.61	266 494	153 095
2019	2 200	3 863.17	1 100	13 900.25	222.48	1.3	1.6	281 752	164 220
2020	2 200	—	—	—	—	—	—	—	—

资料来源：《北京统计年鉴》（1996—2020），《中国劳动统计年鉴》（1996—2020），北京市人力资源和社会保障局官网。

通过计算可知，$D_0 = 80.166\ 7$，$D_1 = 143.535\ 8$，$D_2 = 39.375$，$D_3 = 550.899\ 2$，$D_4 = 4.624\ 2$，$D_5 = 0.139\ 2$，$D_6 = 0.028\ 8$，$D_7 = 10\ 789.375\ 0$，$D_8 = 6\ 310.750\ 0$。

将表 6-1 中的 X_0，X_1，X_2，X_3，X_4，X_5，X_6，X_7，X_8 进行标准化，如表 6-2 所示。

表 6-2　序列标准化表

	Y_0	Y_1	Y_2	Y_3	Y_4	Y_5	Y_6	Y_7	Y_8
1	3.357 5	2.914 3	3.936 5	1.231 9	25.366 7	3.305 4	49.043 5	2.113 8	2.022 3
2	3.606 2	3.326 4	4.317 5	1.449 0	28.307 8	4.167 7	49.043 5	2.544 4	2.296 9
3	3.854 9	3.792 2	4.825 4	1.666 8	29.800 0	5.245 5	49.739 1	2.983 5	2.685 7
4	4.974 1	4.104 1	5.333 3	1.858 3	32.135 5	4.742 5	48.695 7	3.537 7	3.109 8
5	5.123 3	4.477 3	6.933 3	2.084 2	32.330 1	4.455 1	49.043 5	4.123 0	3.494 7
6	5.409 3	5.147 2	7.111 1	2.378 8	33.476 3	5.461 1	49.043 5	4.908 3	3.963 7
7	5.782 4	5.482 3	7.238 1	2.897 5	34.514 3	8.479 0	48.347 8	5.734 7	4.452 2
8	6.155 4	6.415 1	7.365 1	3.305 5	33.887 2	9.700 6	49.043 5	6.413 2	5.107 3
9	6.777 2	7.037 5	7.365 1	3.828 9	33.952 1	10.275 4	48.347 8	7.062 3	5.796 9
10	7.212 4	7.830 3	7.365 1	4.488 7	34.276 4	9.341 3	50.087 0	7.442 0	6.719 0
11	7.958 5	8.621 9	7.619 0	4.962 8	34.795 5	15.161 7	48.347 8	7.651 6	7.476 4
12	9.077 7	9.793 8	7.873 0	5.460 3	35.098 2	14.227 5	48.695 7	8.648 1	8.467 8
13	9.948 2	10.265 5	8.381 0	6.030 6	35.941 6	13.221 6	48.695 7	10.376 7	10.082 6
14	9.948 2	11.178 0	9.904 8	8.447 4	37.208 9	12.934 1	48.695 7	11.383 7	10.861 0
15	11.937 8	12.325 4	10.412 7	8.740 1	37.775 5	10.059 9	48.695 7	12.082 6	11.260 0
16	14.424 9	13.933 2	10.920 6	9.856 3	38.102 0	10.059 9	48.695 7	13.664 9	12.408 5
17	15.668 4	15.366 0	12.190 5	11.418 0	40.234 3	10.059 9	52.173 9	15.163 3	13.685 4
18	17.409 3	16.806 9	13.206 3	12.818 7	41.562 1	9.341 3	48.695 7	16.199 2	14.749 1
19	19.399 0	18.364 8	14.730 2	14.068 8	42.933 1	8.622 8	52.173 9	17.425 0	16.008 1
20	21.388 6	19.575 3	16.507 9	15.469 9	43.620 8	9.341 3	52.173 9	18.495 6	17.030 0
21	23.502 6	21.273 4	18.031 7	16.849 7	44.405 8	10.059 9	52.173 9	19.605 8	18.169 3
22	24.870 5	22.210 5	20.317 5	18.141 3	45.028 7	10.059 9	55.652 2	20.831 6	19.730 8
23	26.362 7	23.423 9	22.857 1	19.922 0	45.882 6	10.059 9	54.956 5	22.454 9	21.803 4
24	27.357 5	24.921 8	25.396 8	22.049 7	47.031 2	10.059 9	56.000 0	24.699 7	24.259 4
25	27.357 5	26.914 3	27.936 5	25.231 9	48.112 5	9.341 3	55.652 2	26.113 8	26.022 3

由表6-2中的数据计算求得增量序列，如表6-3所示。

表6-3 增量序列表

	ΔY_0	ΔY_1	ΔY_2	ΔY_3	ΔY_4	ΔY_5	ΔY_6	ΔY_7	ΔY_8
2	0.248 7	0.412 1	0.381 0	0.217 1	2.941 1	0.862 3	0.000 0	0.430 6	0.274 6
3	0.248 7	0.465 8	0.507 9	0.217 8	1.492 2	1.077 8	0.695 7	0.439 0	0.388 9
4	1.119 2	0.311 8	0.507 9	0.191 5	2.335 6	-0.503 0	-1.043 5	0.554 2	0.424 0
5	0.149 2	0.373 3	1.600 0	0.225 8	0.194 6	-0.287 4	0.347 8	0.585 3	0.384 9
6	0.286 0	0.669 9	0.177 8	0.294 7	1.146 2	1.006 0	0.000 0	0.785 3	0.469 0
7	0.373 1	0.335 0	0.127 0	0.518 7	1.038 0	3.018 0	-0.695 7	0.826 4	0.488 5
8	0.373 1	0.932 9	0.127 0	0.408 0	-0.627 1	1.221 6	0.695 7	0.678 4	0.655 1
9	0.621 8	0.622 4	0.000 0	0.523 4	0.064 9	0.574 9	-0.695 7	0.649 2	0.689 6
10	0.435 2	0.792 8	0.000 0	0.659 8	0.324 4	-0.934 1	1.739 1	0.379 6	0.922 1
11	0.746 1	0.791 6	0.254 0	0.474 1	0.519 0	5.820 4	-1.739 1	0.209 7	0.757 4
12	1.119 2	1.171 9	0.254 0	0.497 5	0.302 8	-0.934 1	0.347 8	0.996 5	0.991 3
13	0.870 5	0.471 7	0.507 9	0.570 3	0.843 4	-1.006 0	0.000 0	1.728 6	1.614 9
14	0.000 0	0.912 6	1.523 8	2.416 8	1.267 3	-0.287 4	0.000 0	1.007 0	0.778 4
15	1.989 6	1.147 4	0.507 9	0.292 7	0.566 6	-2.874 3	0.000 0	0.698 9	0.399 0
16	2.487 0	1.607 8	0.507 9	1.116 2	0.326 5	0.000 0	0.000 0	1.582 3	1.148 5
17	1.243 5	1.432 7	1.269 8	1.561 7	2.132 3	0.000 0	3.478 3	1.498 3	1.276 9
18	1.740 9	1.440 9	1.015 9	1.400 7	1.327 8	-0.718 6	-3.478 3	1.035 9	1.063 7
19	1.989 6	1.557 9	1.523 8	1.250 1	1.371 1	-0.718 6	3.478 3	1.225 8	1.259 0
20	1.989 6	1.210 5	1.777 8	1.401 0	0.687 7	0.718 6	0.000 0	1.070 6	1.021 9
21	2.114 0	1.698 2	1.523 8	1.379 9	0.785 0	0.718 6	0.000 0	1.110 2	1.139 3
22	1.367 9	0.937 0	2.285 7	1.291 5	0.622 8	0.000 0	3.478 3	1.225 8	1.561 5
23	1.492 2	1.213 4	2.539 7	1.780 7	0.854 2	0.000 0	-0.695 7	1.623 3	2.072 7
24	0.994 8	1.497 9	2.539 7	2.127 7	1.148 3	0.000 0	1.043 5	2.244 8	2.456 0
25	0.000 0	1.992 5	2.539 7	3.182 2	1.081 3	-0.718 6	-0.347 8	1.414 2	1.762 9

由表6-3中的数据计算各时段的关联系数，如表6-4所示。

表 6-4　各时段关联度系数表

	$\varepsilon[y_0(k), y_1(k)]$	$\varepsilon[y_0(k), y_2(k)]$	$\varepsilon[y_0(k), y_3(k)]$	$\varepsilon[y_0(k), y_4(k)]$	$\varepsilon[y_0(k), y_5(k)]$	$\varepsilon[y_0(k), y_6(k)]$	$\varepsilon[y_0(k), y_7(k)]$	$\varepsilon[y_0(k), y_8(k)]$
1	0.603 5	0.652 8	0.872 8	0.084 6	0.288 4	0.000 0	0.577 6	0.905 7
2	0.533 9	0.489 6	0.875 8	0.166 7	0.230 7	0.357 5	0.566 5	0.639 6
3	0.278 6	0.453 9	0.171 1	0.479 2	-0.449 4	-0.932 4	0.495 2	0.378 9
4	0.399 8	0.093 3	0.660 7	0.766 7	-0.519 2	0.429 0	0.255 0	0.387 7
5	0.427 0	0.621 6	0.970 6	0.249 5	0.284 3	0.000 0	0.364 2	0.609 8
6	0.898 1	0.340 4	0.719 2	0.359 4	0.123 6	-0.536 3	0.451 4	0.763 6
7	0.399 9	0.340 4	0.914 4	-0.594 9	0.305 4	0.536 3	0.549 9	0.569 5
8	0.998 9	0.000 0	0.841 8	0.104 3	0.924 6	-0.893 8	0.957 8	0.901 6
9	0.549 0	0.000 0	0.659 6	0.745 3	-0.465 9	0.250 3	0.872 3	0.472 0
10	0.942 6	0.340 4	0.635 4	0.695 6	0.128 2	-0.429 0	0.281 0	0.985 0
11	0.955 0	0.226 9	0.444 5	0.270 5	-0.834 7	0.310 8	0.890 4	0.885 8
12	0.541 8	0.583 5	0.655 1	0.968 9	-0.865 3	0.000 0	0.503 6	0.539 0
13	0.000 0	0.000 0	0.000 0	0.000 0	0.000 0	0.000 0	0.000 0	0.000 0
14	0.576 7	0.255 3	0.147 1	0.284 8	-0.692 2	0.000 0	0.351 3	0.200 5
15	0.646 5	0.204 2	0.448 8	0.131 3	0.000 0	0.000 0	0.636 2	0.461 8
16	0.867 9	0.979 3	0.796 3	0.911 8	0.000 0	0.357 5	0.829 9	0.973 9
17	0.827 7	0.583 5	0.804 6	0.762 7	-0.412 7	-0.500 5	0.595 0	0.611 0
18	0.783 0	0.765 9	0.628 8	0.689 1	-0.361 2	0.572 0	0.616 1	0.632 8
19	0.608 4	0.893 5	0.704 2	0.345 6	0.361 2	0.000 0	0.538 1	0.513 6
20	0.803 3	0.720 8	0.652 7	0.371 3	0.339 9	0.000 0	0.525 2	0.538 9
21	0.685 0	0.598 4	0.944 2	0.455 3	0.000 0	0.393 3	0.896 2	0.876 0
22	0.813 2	0.587 6	0.838 0	0.572 4	0.000 0	-0.466 2	0.919 3	0.720 0
23	0.664 1	0.391 7	0.467 5	0.866 3	0.000 0	0.953 4	0.443 2	0.405 1
24	0.000 0	0.000 0	0.000 0	0.000 0	0.000 0	0.000 0	0.000 0	0.000 0

由表 6-4 中的数据计算各时段的关联系数求得 T 型关联度 r_{ij}，如表 6-5 所示。

表 6-5　T 型关联度表

r_{01}	r_{02}	r_{03}	r_{04}	r_{05}	r_{06}	r_{07}	r_{08}
0. 592 2	0. 404 9	0. 594 1	0. 387 5	−0. 064 6	0. 016 1	0. 52 46	0. 55 89

由表 6-5 可知，1995—2020 年，北京市最低工资标准在调整过程中，对最低工资影响因素的 T 型关联度排序为职工月平均工资，城镇居民家庭平均每人每月消费性支出，人均 GDP，社会劳动生产率，城镇居民最低生活保障标准和城市居民消费物价指数，与城镇登记失业率和平均每一城镇就业者负担人数的关联度较小。

第二节　最低工资标准调整测算的研究

一、以最低生活费用为基础的最低工资标准测算模型

这一类模型首先计算得出单个居民最低生活费用[①]，用此数值乘以每个就业者的赡养系数，从而得出劳动者及其所赡养家属的最低生活费用，再对此数值进行必要调整从而得到最低工资标准。这是最低工资标准测算中最常用的一类方法，主要包括比重法、恩格尔系数法、标准预算法、ELES 法和马丁法等。

（一）比重法

2004 年，中国颁布的《最低工资规定》将比重法列为确定最低工资标准的通用模型之一，这种方法也是中国各地区在测算最低工资标准时经常使用的一种方法。比重法即根据城镇居民家计调查资料，确定一定比例的最低人均收入户为贫困户，统计出贫困户的人均生活费用支出水平，作为单个居民的最低生活费用，乘以每个就业者的赡养系数，得出劳动者及其所赡养家属的最低生活费用，再加上一个调整数。调整数的确定要考虑职工个人缴纳社会保险费、住房公积金、职工平均工资水平、社会救济金和失业保险金标准、就业状况、经济发展水平等因素。

比重法的优点是资料容易收集，计算比较简单，但也存在着明显的缺陷。比重法需要确定社会的低收入群，即一定比例的最低收入户，然后以低收入群的生

---

① 指贫困线。

活支出作为制定最低工资的主要参考标准。但以多大比例为宜确定低收入群，比重法并未具体规定。尤其不能忽视的一个问题是，现实存在的劳动者最低生活费，不一定能满足职工本人及其赡养人口的最低生活需要，尤其是不能满足劳动者本人及下一代教育和培训的需要。贫困在很长一段时间以来是中国人力资本投资不足的重要因素，而实施最低工资标准的重要目的之一，就是保证劳动者及其赡养人口的基本生活，满足劳动力生产和再生产的需要。从这一点看，比重法并未能实现最低工资标准制定的初衷。另外，比重法中调整数的计算方法也不明确，方法中只是列明了调整数确定时所要考虑的因素，使操作中存在一定的困难，同时也导致调整后的最低工资标准是否合适并无明确保证。

（二）恩格尔系数法

《最低工资规定》中提出的另一种最低工资标准计算方法，是建立在恩格尔定律基础之上的恩格尔系数法。最低工资标准测算的恩格尔系数法，是以食品消费支出除以已知的恩格尔系数，得出每个人的最低生活费用，再用该数值乘以每个就业者的赡养系数，得出劳动者及其所赡养家属的最低生活费用，再加上一个调整数。调整数的确定与比重法相同。

恩格尔系数法的优点与比重法相似，即资料容易收集，计算也比较简单。而且其借助于营养科学的成果，确定维持个人基本生活的适量饮食费用，增强了这种方法的科学性。但恩格尔系数法也存在与比重法相似的不足，即调整数的计算方法不明确。除此之外，恩格尔系数法还存在三点不足：一是恩格尔系数的确定问题。不同收入群体的恩格尔系数存在很大的差异，在测算一个地区的最低工资标准时，我们不能以这个地区全部人口的整体恩格尔系数作为测算依据，而应使用低收入群体的恩格尔系数。这就再次遇到了比重法测算中相同的问题，即应以多大比例为宜确定低收入群体。二是按照这种方法计算的前提假设是消费者通晓营养知识，能够从营养的角度科学地支出食品费用，但这对于普通的消费者来说有很大的难度。三是在计算满足营养标准的食品支出额时，各类食品的价格不容易确定。同一种食品可分为不同档次、不同质量，在平均单价的确定上是用低收入户的，还是用全部家庭平均的存在着争议。

（三）标准预算法

标准预算法也被称为菜篮子法或必需品法，最早是由西伯姆·朗特里（Seebohm Rowntree）在1901年提出的。其利用家计调查资料，列出满足居民最低生活所需个人消费品的主要项目和消费量，然后根据该地区各项商品相应的市场价格，计算出购买这些消费品所需的费用，得出个人购买生活必需品支出额；再乘以每个就业者的赡养系数，得出劳动者及其所赡养家属的最低生活费用，再加上一个调整数，得出最低工资总额。调整数的确定与比重法相同。

标准预算法关注的是贫困人口基本生活需要的满足。从在某一地区生活的个人所必需的消费品项目和消费品数量出发确定最低工资标准，能较好地满足劳动者本人及其所赡养家属的最低生活的需要。符合最低工资制度实行的目的，是该法的优点所在。但这种方法在具体实施时，会遇到确定生活必需品项目的困难。用标准预算法测算最低工资标准首先要求有一张必需品清单，但不同的收入人群对于哪些项目属于生活必需品会有不同的看法，而且每位居民因其年龄、性别、职业等个人特征的不同所需要的必需品是不同的。生活必需品清单可以由专家确定，但是专家有可能由于缺乏低收入者的社会生活体验，造成误差的存在。同时，因为选择纳入必需品清单的一些项目会因为存在争议而被搁置，根据标准预算法所确定的最低工资标准往往偏低，最终纳入清单的项目会在很大程度上限制最低工资领取者的生活方式，使他们几乎没有自由选择的余地。另外，必需品法中调整数的确定方法也不明确。

（四）生活状况分析法

生活状况分析法也是以测算最低生活费用为基础的最低工资标准测算方法，是由研究贫困的学者彼得·汤森（Peter Townsend）在1979年提出的。生活状况分析法从人们的生活方式、消费行为等生活形态入手，判断处于什么样状态的家庭属于贫困家庭，哪些人属于贫困者，再通过研究这些贫困者的需求、消费以及收入确定个人的最低生活费用。

汤森通过对人们的生活方式、消费行为的研究，提出了一系列有关贫困家庭生活形态的问题，让被调查者回答，然后选择出若干与贫困相关的指标。汤森提出了一整套包括"物质剥夺"和"社会剥夺"两个方面13组共77项指标的庞大体系。汤森通过对2 000多户居民的访谈，对提出的77项指标进行打分，发现了50个与收入高度相关的指标，其中一些指标在低收入阶层打分极低，汤森将其列为"剥夺指标"，即与贫困相关的指标。在调查中，汤森选出了他那个时代的12项"剥夺指标"：一是最近一年未离开家，未享有一周以上的度假；二是（成年人）最近四周内未请亲朋好友到家里用正餐或点心餐；三是（成年人）最近四周内未被邀请到亲朋好友家用正餐或点心餐；四是（儿童）最近四周内未能与朋友游戏或饮茶；五是（儿童）最近一次生日未举行庆祝会；六是最近两周内未能于下午或夜间外出消遣；七是一周内未能使用新鲜肉食四天；八是在过去两周内没有享用煮食一天以上；九是一周内未能有热早餐多天；十是家里无电冰箱；十一是家里不常有星期聚会；十二是家里未有四项基本设备（抽水便池、洗手池、浴室以及煤气炉或电炉）。在确定这些指标后，汤森根据指标和被调查者的实际生活状况确定哪些人属于贫困者，然后计算得出最低生活保障线（唐钧，1995）。

生活状况分析法的核心是通过一系列指标判断哪些家庭属于贫困家庭，但这些指标的科学性令人质疑。虽然同属一个地区，但家庭与家庭之间在生活习惯上存在很大差异的，导致寻找一组通用的指标定义贫困家庭是有很大困难的。即使我们能够找到这样一组指标，但指标的内容会伴随着社会的进步和经济的发展不断变动。每次调整最低工资标准，我们都要重新设定这些指标，由此会给实际操作带来很大的困难。上述这些缺陷的存在决定了生活状况分析法在最低工资标准测算中很少被使用。

（五）扩展的线性支出系统

扩展的线性支出系统（extended linear expenditure system，ELES）是经济学家朗茨（Liuch）1973 年在美国经济计量学家斯通（Stone）的线性支出系统模型的基础上推出的一种需求函数系统（姚金海，2007）。扩展的线性支出系统将人们的需求分为基本生活需求和超出基本生活需求以外的需求，并假定人们的基本生活需求与可支配收入水平无关。人们在基本需求得到满足后，将剩余收入按照某种边际消费倾向安排在各种非基本消费支出上，而且超出基本生活需求以外的需求，是由人们的可支配收入决定的。最低工资标准测算的 ELES 法首先建立起居民可支配收入与某一类消费品支出额的一元线性回归模型，以此计算居民的最低生活费用，在此基础上结合劳动者所需赡养人口的情况测算出最低工资标准。

最低工资标准测算的 ELES 法，运用计量经济学模型较科学地测算出人们在两种需求中的支出，而基本生活需求支出成为测算最低工资标准很好的参考指标。同时，ELES 法可直接运用截面数据进行参数估计，所需的数据比较容易获得，利用统计软件能够很快得到计算结果，增强了在实际中操作的可行性，是ELES 法的优点所在。但最低工资标准测算的 ELES 法无法反映不同收入水平的消费者对各种商品消费需求的差异，是以社会平均水平进行测算的，而领取最低工资劳动者在各类消费品的边际消费倾向上与社会平均水平存在很大差异。同时，由于该方法定义各类消费品（不论是否是生活必需品）都由两部分组成，一部分为生活基本需求；另一部分为超基本需求，也就是说，这种方法把非生活必需品也纳入贫困居民的消费中，使得估计偏高。另外，ELES 法从测定居民维持生存所需的基本支出入手，并未考虑到社会就业和企业的支付能力等因素，是 ELES 法的缺陷所在。

（六）马丁法

1994 年，经济学家马丁·拉瓦雷（Martin Ravallion）提出了一种计算最低生活费用的方法。在计算所得的个人最低生活费用的基础上，结合劳动者所需赡养人口的情况可测算出最低工资标准。

马丁法的测算分为低贫困线和高贫困线。低贫困线是在测定食物贫困线的基础上，利用计量经济学模型，用回归的方法把一些人均可支配收入或人均消费支出，能达到食物贫困线的居民户的非食物支出计算出来，由此得到贫困户的最低非食品支出。把由此求出的最低非食物支出作为非食物贫困线，加上食物贫困线，得到马丁法的低贫困线。高贫困线是指那些食物支出达到食物贫困线的居民住户的生活费支出。高贫困线是用计量经济学的方法拟合出人均消费支出依食物支出的回归模型，后将食物贫困线的数值代入，从而得到食物支出达到食物贫困线的居民住户的生活费支出，即高贫困线。

马丁法用计量经济学的方法很好地解决了非食物支出的计算问题，计算过程客观科学，且所需的数据比较容易获得，因而具有很强的可操作性和实用性。但使用马丁法所计算出的贫困线有高低两条，到底采用哪一条测算最低工资标准容易引起争议。另外，马丁法从测定居民维持生存所需的基本支出入手，并未考虑社会就业和企业的支付能力等因素。

二、以社会成员工资收入为基础的最低工资标准测算模型

（一）平均数法

平均数法最初被用来确定最低生活费用标准。根据最低生活费用标准，把居民人均生活费收入按不同水平进行统计分组，以全部居民人均生活费收入除以 2，作为居民的最低生活费用标准。将这种方法用于最低工资标准的测算，即以某一地区职工平均工资除以 2，作为当地的最低工资标准。目前，世界上实施最低工资制度的国家最低工资标准多为月平均工资的 40%～60%，用平均数法测算

而得的最低工资标准相当于平均工资的50%，恰好落在这个区间。

平均数法的最大优点是计算简单，可操作性强。同时由于平均数法以平均工资为计算基础，最低工资标准可以伴随一地区平均工资的增长而增加，使领取最低工资的劳动者也能分享到社会经济的发展成果。但平均数法并未考虑到当地的就业状况和企业的支付能力，用平均数法测算而得的最低工资标准往往偏高，会在一定程度上影响企业吸纳劳动力和企业的利润水平。

(二) 国际收入比例法

国际收入比例法是国际经济合作与发展组织（OECD）提出的计算最低生活保障线的方法。此种方法与平均数法类似，可以看作是平均数的一个扩展，即以一个国家或地区社会平均收入的40%~60%，作为这个国家或地区的最低生活保障线。将这种方法用于最低工资标准的测算，即以某一地区职工平均工资的40%~60%作为该地区劳动者的最低工资标准。

国际收入比例法具有与平均数法相同的优点。另外，与平均数法相比较，国际收入比例法用一个区间40%~60%代替了绝对数50%，使其更具有灵活性。但也使具体系数的确定成为一个难点。只有在保障劳动力生产和再生产需要的基础上，结合当地的就业情况和企业支付能力确定具体的比例系数，才能实现制定最低工资标准的初衷。

(三) 累加法

累加法也是一种以社会成员工资收入为基础的简单测算模型，是通过统计调查得到某地区劳动者工资的概率分布，然后确定达到某一累积概率的工资额，以此作为职工最低工资标准。

累加法有着类似国际收入比例法和平均数法的优点，即计算简单明了。而且随着劳动者工资收入水平的提高，最低工资标准也相应提高，从而保障了最低工资标准的领取者也能分享经济和社会发展成果。除此之外，累加法与国际收入比例法和平均数法相比不易受工资极端值的影响。但是在使用该种方法时，累积比例的确定是难点。

三、基于计量经济学的最低工资标准直接测算模型

基于计量经济学的最低工资标准直接测算模型，是通过选取最低工资标准的相关影响因素建立多元回归模型，从而直接对最低工资标准进行测算。此种方法

是根据计量经济学的原理，通过变量的多元回归，建立最低工资与其相关因素的回归关系式，然后对构建的计量模型进行显著性检验，对通过检验的模型，运用相关指标预测因变量的变化。中国学者韩兆洲教授等（2006）应用计量经济学方法构建了广东省最低工资标准测算模型，在此领域做出了有益的探索性尝试。

计量经济模型是统计预测的常用方法，优点是模型一旦建立，则测算科学客观。但是，本书认为，这种直接应用计量经济模型测算最低工资标准的方法还存在一定的问题。计量经济学中的变量可以分为解释变量和被解释变量，被解释变量就是因为其他因素的变化而变化的变量，解释变量就是在特定环境中自身起变化而影响被解释变量变化的变量。在基于计量经济学模型的最低工资标准的直接测算法中，最低工资标准作为被解释变量放在等式的左端，但最低工资标准是各地政府人为制定出来的，而不是在解释变量的影响下自发发生变化的。运用回归的方法得到的被解释变量和解释变量之间的关系，仅可看作是政府部门在制定最低工资标准时最低工资标准与相关影响因素的关系，而这种关系是否科学合理却无从判断。

四、基于系统理论的最低工资标准直接测算模型

（一）基于灰色系统理论的最低工资标准直接测算模型

基于灰色系统理论，可以对某一指标的发展变化情况进行预测。构建灰色模型（GM）对一些地区最低工资标准的变化情况进行模拟，可对未来的最低工资标准进行预测。

韩兆洲等（2005）利用灰色 GM 模型对北京市最低工资标准进行了预测。首先通过灰色关联分析，选取关联度在 0.8 以上的人均 GDP、劳动生产率、平均工资、人均可支配收入、人均消费支出、最低生活保障线建立灰色 GM（0，7）模型，模型的基本形式为 $y^{(1)}(k) = \sum_{i=1}^{n} b_i x_i^{(1)}(k) + a$。式中，$y^{(1)}(k)$ 和数列 $x_i^{(1)}(k)$ 分别是其原始数列在 k 时刻的累加生成数列，模型中的参数向量计算公式为 $\hat{b} = (B^T B)^{-1} B^T Y$，利用此模型对北京市 1996—2002 年的最低工资标准进行了模拟。由于 GM（0，n）是一种静态模型，预测功能有限。作者建立了一阶一变量的灰色预测模型 GM（1，1），其形式为 $\frac{dx^{(1)}}{dt} + ax^{(1)} = u$，式中，$x^{(1)}(k) = \{x^{(1)}(1),$ $x^{(1)}(2), x^{(1)}(3), \cdots, x^{(1)}(n)\}$，为一次累加生成数列，通过 GM（1，1）模型对北京市最低工资标准进行了预测。

（二）基于人工神经网络的最低工资标准直接测算模型

人工神经网络来源于仿生学，定义是相对于生物学所说的生物神经网络系统而言的，其目的是用简单的数学模型对生物神经网络结构进行描述。人工神经网络是由一定数量的简单处理单元（即神经元）互联构成的非线性动力学系统，可用于模拟人类大脑神经网络结构和思维行为。人工神经网络是研究带有时间序列因素的非线性关系的有力工具，近几年，在经济领域及其他领域越来越广泛地受到人们的重视并加以应用。

汪弘等（2001）采用神经网络的误差反向传播法（back propagation，BP）建立起最低工资标准的神经网络模型，对未来的最低工资标准进行了预测。首先确定了最低工资的影响因素，包括城市居民生活费用支出、平均工资、劳动生产率、失业率、经济发展水平等。由于各相关因素的量纲不同，因此必须统一量纲后才能输入模型进行学习训练计算。把建立好的最低工资标准神经网络模型和初始化好的数据输入计算机，对整个神经网络模型进行学习运算，并根据结果做出相应的分析。对构建的神经网络训练结束后，即可以用新的相关指标样本值测算最低工资。

上述两种基于系统理论的最低工资标准直接测算模型均考虑到影响最低工资标准的诸多相关因素，但笔者认为，这两种方法都不适用于经济转型期中国最低工资标准的预测，存在的问题与直接应用计量经济模型测算最低工资标准的方法相似。由于最低工资标准是各地政府人为制定出来的，而不是在相关因素的影响下自发发生变化的，我们无法判断运用人工神经网络模型和 GM 模型得到的最低工资标准，与相关影响因素之间关系的科学合理性，如此预测出的最低工资标准是否可以保障劳动力生产和再生产的需要，是否会对企业的支付能力产生影响，并进而影响就业情况，我们对于这些问题都无从进行分析。

第三节　北京市最低工资标准测算研究

一、包含社会平均教育培训费用的北京市最低工资标准测算

如本书第五章所述，2004—2016 年，北京市城镇居民 20% 低收入户在教育、培训、保健等人力资本投资方面的支出，与北京市平均水平存在很大的差距，

20%低收入户在教育方面的支出为全市平均水平的50%左右。本章前述对城镇居民20%低收入户各项基本消费支出进行了讨论，按照最低工资标准领取劳动报酬的低收入劳动者的收入，仅够负担20%低收入户食品烟酒支出和衣着支出，居住支出无法负担。按照马斯洛的需求层次理论，人们只有在基本生存得以保障之后，才有可能满足更高层次的需要。按照最低工资标准领取劳动报酬的低收入劳动者，仅能用微薄的收入满足衣食住行等基本生存需求，在教育方面的高层次需求无法得到满足，即人力资本投资需求无法得到满足。投资于人，是促进人全面发展的必要途径，也是实现社会全面进步的必要条件。低工资使得很多低技能劳动者只能勉强维持基本生活，遑论个人和子女的人力资本投资。因此，促进低收入劳动者全面发展的一个重要内容，是使其收入水平能够满足个人和子女的人力资本投资。基于此，从"保基本"和"促发展"的功能出发，北京市最低工资标准在保障低技能劳动者自身及其赡养人口的最低生活费用的基础上，应可以满足劳动者素质提高的需要，即劳动力生产和再生产的需要。

如前所述，马丁法计算过程客观科学，且所需的数据比较容易获得，因而具有很强的可操作性和实用性。本书将基于马丁法对北京市最低工资标准的测算进一步探索。马丁法测算得出的低贫困线中包含的非食品支出，是那些人均可支配收入或人均消费支出能达到食物贫困线的居民户的非食品支出，是以牺牲食品支出为代价获取非食品支出的居民。其基本的生活是无法得到保障的，更遑论自身素质的提高。基于此，本书在马丁法计算所得的高贫困线的基础上对最低工资标准进行测算。马丁法测算所得的高贫困线，反映了食品支出达到食物贫困线的居民住户的生活费支出，其中包含了劳动者及其所赡养家属的教育培训费用。北京市低收入劳动者普遍存在人力资本投资不足的现象，其中以教育培训投资不足最为严重。那些食品支出达到食物贫困线的居民住户，在本人及家属教育培训投资方面的花费，并不能满足本人及家属个人发展的需要，即无法满足社会劳动力再生产的需要。基于此，本书认为，在测算北京市最低工资标准的过程中，应对马丁法测算所得的高贫困线进行调整，使其所包含的教育培训费用可以达到北京市的平均水平，以满足社会经济发展对素质合格劳动力的需求。

基于马丁法测算最低工资标准首先需要确定食物贫困线 z^F，后利用计量经济学模型，用回归的方法把食品支出达到食物贫困线 z^F 的居民的生活费支出计算出来，从而得到高贫困线 z_U。本书采取同样的方法，利用回归模型计算得到人均消费支出达到高贫困线 z_U 的居民的教育培训费用支出 z^E。鉴于北京市低收入劳动者目前普遍存在的人力资本投资不足的实际情况，用高贫困线 z_U 减去 z^E 所得到的差值，与北京市社会平均教育培训支出 $\bar{e}$ 求和，从而得到包含社会平均教育培训费用的高贫困线 z_U^*。包含了社会平均教育培训费用的最低工资标准 MW_{hci} 如式6.1所示：

$$MW_{hci} = Z_U^* \cdot \theta \qquad (6.1)$$

式（6.1）中，θ 表示劳动者赡养家属情况的系数，θ 根据劳动者年龄 ag 的不同而有所变动，当 $ag \in [16, 19]$ 时，由于此年龄段的劳动者多不必赡养家属，θ 的值为1；当 $ag \geqslant 20$ 时，θ 的值为平均每个就业者负担人数。

z_U^* 反映了为维持劳动力的生产和再生产所需的生活资料和服务的价格，生活资料和服务的价格会伴随着物价水平的上升而上升。同时，伴随着经济的发展，居民的生活水平会不断提高，维持劳动力的生产和再生产所需的生活资料和服务的范围会不断扩大。如过去我们使用超必需品剔除法计算贫困线时，猪肉、牛羊肉、家禽、鲜蛋等荤食被列为奢耗食品，属于超必需品的范围，而目前随着北京市居民生活水平的普遍提高，这些食品已成为生活必需品。这就意味着如果我们仅根据城镇居民消费价格指数调整最低工资标准，则按照最低工资标准领取劳动报酬的劳动者，及其所赡养家属的消费范围会受到很大的限制。为保障劳动者个人及其家庭成员的基本生活，需要定期（一年或两年）根据城镇居民消费价格指数 p 对 z_U^* 进行调整，即 $z_{Ut}^* = z_{Ut-1}^* \times p_t/100$，其中，$z_{Ut-1}^*$，$z_{Ut}^*$ 表示前后两期的数值。同时，还需要在几个调整期后基于马丁法对 z_U^* 进行重新测算，以使 z_U^* 符合居民消费的实际情况。

由于北京市整体的经济发展水平较高，课题组采用"相对贫困"的概念对食物贫困线进行测算。结合各种贫困线的测算方法，本书通过收入比例法确定北京市居民的基本食品支出，即食物贫困线。由于低收入户居民往往选择经济实惠的食物作为日常所需，本书以20%低收入户居民每人每年食品消费支出作为北京市的食物贫困线，这一比例大体上也符合国际上通行的在确定相对贫困时所采用的标准。北京市1990—2016年度食物贫困线如表6-6所示。

表6-6 北京市食物贫困线（1990—2016年）　　　　　　　　（元/月）

年份	1990	1991	1992	1993	1994	1995	1996
食物贫困线	59.26	68.45	76.83	98.54	141.32	169.08	191.52

年份	1997	1998	1999	2000	2001	2002	2003
食物贫困线	178.21	191.47	191.9	198.77	210.69	218.63	226.09

年份	2004	2005	2006	2007	2008	2009	2010
食物贫困线	238.91	268.18	288.92	310.5	315	337.33	376.17

年份	2011	2012	2013	2014	2015	2016	—
食物贫困线	384.08	450.42	476.17	515.08	456.58	452.50	—

资料来源：1991—2017年《北京统计年鉴》，其中2003年数据为10%最低收入户与10%低收入户的平均数据。

本书的实证分析是基于"收入组—时间"的数据组合，建立北京市马丁法高贫困线的面板数据（panel data）模型，从而对高贫困线 z_U 进行测算。面板数据是把时间序列沿空间方向扩展，或把截面数据沿时间方向扩展而成的二维结构的数据集合。它既能反映某一时期个体数据的规律，也能描述个体随时间变化的规律，集合了时间序列和截面数据的共同优点。此模型与单纯的截面数据模型或时序数据模型相比，截面变量和时间变量的结合信息能够显著地减少缺省变量所带来的问题，同时提供了更大的样本点，从而有利于改善参数估计的有效性和更深入地分析问题。

影响居民食物支出占人均生活费支出比重的因素很多，包括人均生活费支出、食物贫困线、收入水平、时间因素、价格水平、消费环境、消费观念等，其中，人均生活费支出、食物贫困线、收入水平起决定作用。本书利用1990—2016年北京市各收入组居民的消费支出、食物消费支出和食物贫困线构成的面板数据，基于马丁法构造的居民食物支出占人均生活费支出比重，与人均生活费支出、食物贫困线的计量经济学模型，对北京市的非食物贫困线进行测算。

马丁法构造的食物支出占人均生活费支出的比重，与居民住户的人均生活费支出、食物贫困线的混合回归模型如式（6.2）所示：

$$s_{it} = \alpha_{it} + \beta_{it}\log\left(\frac{x_{it}}{z_t^F}\right) + \varepsilon_{it} \tag{6.2}$$

式（6.2）中，s_{it} 为第 i 收入组的居民在第 t 时期食物支出占人均生活费支出的比重；x_{it} 表示第 i 收入组的居民在第 t 时期的人均生活费支出；z_t^F 代表第 t 时期的食物贫困线；ε_{it} 表示随机误差项；α_{it} 为截距，表示第 i 收入组的居民在第 t 时期人均消费支出刚好等于食物贫困线时，贫困户的食品支出占人均生活费支出的比重。

利用《北京统计年鉴》1990—2016年按收入分等级城镇居民的平均每人每年消费性支出、食品支出和食物贫困线数据组成的面板数据（见附录2），通过

Eviews（10.0）软件对式 6-2 中的参数 α_{it} 和 β_{it} 进行估计，并且进行统计检验，结果如下：

$$s = 0.742\,068 - 0.651\,503\,\log(\frac{x}{z^F})$$

$$(66.814\,34)\,(-32.961\,98)$$

$$R^2 = 0.918\,647 \quad \text{Adjusted } R^2 = 0.915\,494 \quad F = 291.336\,4$$

模型的各参数值和 F 值的检验 P 值均小于 0.000 01，模型的拟合效果较理想。

马丁法高贫困线 z_U 可由 $z_U = z^F/s^*$ 计算得出，其中 s^* 如式（6.3）所示：

$$s^* = \alpha + \beta\log(1/s^*) \tag{6.3}$$

用 $\log(s^*)$ 的近似值 $s^* - 1$ 可以对 s^* 进行估计：

$$s_0^* = (\alpha + \beta)/(1 + \beta) \tag{6.4}$$

我们可以用牛顿法得到更精确的估计，如式（6.5）所示：

$$s_t^* = s_{t-1}^* - (s_{t-1}^* + \beta\log(s_{t-1}^*) - \alpha)/(1 + \beta/s_{t-1}^*) \tag{6-5}$$

式（6.5）可以快速收敛。利用估计所得的 α 与 β 值，由式（6.3）、式（6.4）与式（6.5）计算可得，$s^* = 0.259\,873$。

由 $z_U = z^F/s^*$ 计算可得北京市 2016 年的马丁法高贫困线为 1 741.23 元。

利用北京市 1992—2017 年度各收入组居民人均教育支出与消费支出的数据，本书构造了教育支出依总消费支出的回归模型：

$$\ln EDU_{it} = a_{it} + b_{it}\ln x_{it} + \varepsilon_{it} \tag{6.6}$$

式（6.6）中，EDU_{it} 为第 i 收入组的居民在第 t 时期的教育支出；x_{it} 为第 i 收入组的居民在第 t 时期的人均生活费支出；ε_{it} 表示随机误差项；a_{it}，b_{it} 为参数。

利用《北京统计年鉴》1990—2016 年按收入分等级城镇居民的平均每人每年教育支出和总消费支出数据组成的面板数据（见附录2），通过 Eviews（10.0）软件对式（6.6）中的参数进行估计，并且进行统计检验，结果如下：

$$\ln EDU_{it} = -5.973\,549 + 1.360\,946\ln x_{it} + \varepsilon_{it} \tag{6.7}$$

$$(-11.583\,84)\,(24.641\,17)$$

$$R^2 = 0.831\,550 \quad \text{Adjusted } R^2 = 0.830\,181 \quad F = 607.187\,5$$

模型的各参数值和 F 值的检验 P 值均小于 0.000 01，模型的拟合效果较理想。

月消费支出为高贫困线居民的年消费支出，为 1 741.23×12 = 20 894.81 元，根据 a 和 b 的估计结果，由式（6.7）计算可知，这类居民 2016 年教育支出为 1 927.79 元，平均每月的支出为 160.65 元，即 $z^E = 160.65$ 元。2016 年北京市居

民平均月教育支出 $\bar{e}$ 为 337.92 元，由此计算可得包含社会平均教育培训费用的高贫困线 $z_U^* = 1\,741.23 - 160.65 + 337.92 = 1\,918.50$ 元。

2016 年，北京市平均每个就业者负担人数为 1.60 人，因此包含了社会平均教育培训费用的 2016 年北京市最低工资标准约为 3 070 元。2016 年，北京市政府颁布实施的最低工资标准为每月 1 890 元。以课题组实地调查掌握的数据看，很多低收入劳动者均由用人单位提供吃住，而此部分费用如果由低收入劳动者承担的话，每月的费用为 1 200~2 000 元。如果加上此部分费用，大多数北京市低收入劳动者每月的工资收入高于 3 070 元。因此，课题组认为，3 070 元在现实的劳动力市场中并不高。

二、基于平均工资的北京市最低工资标准测算

在实施最低工资制度的国家中，最低工资标准多为月平均工资的 40%~60%。为了使低收入劳动者共享社会经济发展成果，北京市最低工资标准的调整可参考这一比例。但为避免最低工资水平的大幅提高所导致的失业情况的出现，此值的测算应将最低工资标准对就业的影响纳入考虑范畴。基于平均工资的北京市最低工资标准测算 MW_{aw} 如式（6.8）所示：

$$MW_{aw} = SAW_{t-1} \times k + \chi \tag{6.8}$$

式（6.8）中，SAW_{t-1} 为前一期的社会平均工资，k 为最低工资标准与社会平均工资的比重，一般取 40%~60% 左右，χ 为结合社会的就业情况进行调整的指标。

对于最低工资标准的提升是否会对社会就业造成影响的问题，经济学家做了大量的理论和实证研究，但始终没有得到一致的答案。但有一点是肯定的，在某一地区最低工资标准过度提升的情况下，如果受其影响的企业无法将增加的人工成本很好地消化，那么企业的支付能力会因此受到影响。在企业不堪承受的时候，企业有可能选择用资本代替劳动，也有可能选择退出市场。这两种情况都会对社会就业造成一定的影响，尤其是后者的大量出现会对社会经济的长期发展造成一定的影响。中国经济转型期的重要特征之一，是劳动力供给异常丰富所导致的农村剩余劳动力转移的压力与城市就业压力并存，严峻的就业形势将在一定程度上长期存在。在这个大背景下，如何科学地提升最低工资标准，使其既可以对低收入劳动者及其所赡养家属的生活起到基本的保障作用，又不会对就业乃至整个社会经济的发展造成严重的不良影响，是一个有待研究的问题。可以利用计量经济学模型考察某一地区最低工资标准的提升对就业的影响。卡德（Card，1995）等研究了对于时间序列数据（time-series data）、横截面数据（cross-sectional data）、面板数据（panel data）三种不同类型的数据，如何构建不同的回归模型对最低工资标准提升影响就业的程度进行分析。另外，我们可以基于灰色系统理论，通过进行灰色关联分析研究最低工资标准提升对就业的影响程度。课题组认为，在目前中国各地区数据统计工作相对不规范的情况下，灰色关联分析更加简便易行。

如果我们通过构造不同的计量经济学模型或利用灰色关联分析发现，某一地区最低工资标准与反映就业情况的指标存在负相关性，即最低工资标准的提升会对就业产生负面影响时，我们要谨慎实施最低工资标准的体面值。将 $SAW_{t-1} \times k$ 所得值代入计量经济学模型或灰色模型，预测实施该最低工资标准可能引起的就业减少。若其所造成的就业减少会导致某一地区的失业率高于自然失业率，则在 $[MW_{hci}, SAW \times K]$ 区间内对最低工资标准的体面值进行调整，即 $X \in [(MW_{hci} \times \varphi) - (SAW \times k), 0]$，从而使该地区的失业率不高于自然失业率。若 $X = (MW_{hci} \times \varphi) - (SAW \times k)$ 时，该地区的失业率仍高于自然失业率，则可判定该地区不宜实施该最低工资标准。如果通过研究发现北京市最低工资标准与反映就业情况的指标并不存在负相关性，则可以考虑采用基于平均工资的最低工资标准测算值，以提高低收入劳动者的生活水平。但此时应对新的最低工资标准实施后的相关数据及时进行收集和分析，为下一期最低工资标准的调整奠定基础。

2016 年，北京市城镇职工月平均工资为 9 994.00 元，基于平均工资的北京市最低工资标准 $MW_{aw} \in [3\ 998, 5\ 996]$，该标准高于前述所测算的包含社会平均教育培训费用的北京市最低工资标准 3 070 元，也远高于 2016 年北京市政府颁布实施的每月 1 890 元的最低工资标准。为了不对劳动力市场造成负面影响，基于平均工资的最低工资标准应审慎实施。

第七章　北京市最低工资标准调整存在的问题

由本书前述对北京市最低工资标准调整适度性的评价可知，在过去的 20 余年里，北京市最低工资标准整体水平偏低。而导致北京市最低工资标准偏低的重要因素，是最低工资标准调整机制的问题，其比较突出地表现为工会职能发挥的制度约束，低收入劳动者无法表达诉求，用人单位对最低工资标准调整的影响度更大和专家参与的不足。

第一节　工会职能发挥的制度约束

《最低工资规定》第八条规定："最低工资标准的确定和调整方案，由省、自治区、直辖市人民政府劳动保障行政部门会同同级工会、企业联合会/企业家协会研究拟订，并将拟订的方案报送劳动保障部"，"劳动保障部在收到拟订方案后，应征求全国总工会、中国企业联合会/企业家协会的意见。"从以上规定中可以看出，工会作为劳动者的代表，应参与最低工资标准的调整。但在现实执行中，由于制度约束的存在，工会很难有效代表劳动者，特别是低技能劳动者的利益，表达对于最低工资标准调整的诉求。

从 1925 年 5 月 1 日中华全国总工会宣告成立，中国工会已经走过了 90 多年的历史征程。工会在中国共产党的领导下，不仅组织工人群众为夺取新民主主义革命的胜利建立了不朽功勋，也为加快社会主义建设和改革开放的进行做出了重大贡献。《中华人民共和国工会法》（下称《工会法》）第二条明确规定："工会是职工自愿结合的工人阶级的群众组织。中华全国总工会及其各工会组织代表职工的利益，依法维护职工的合法权益"，工会是劳动者的代表，且只代表劳动者。工会产生的根本原因是劳动者需要自发地组织起来以集体的力量与用人单位抗衡，以改变劳动者处于被支配、被使用的隶属、从属地位。面对用人单位的强势地位，为了谋求劳资双方权利的实质平等，劳动者只能组织起来以集体的力量、以劳权集体的代表来抗衡，于是成立了工会。所以，工会代表权是劳权的集体代表，工会的基本职能之一就是代表劳动者。为了代表劳动者，维护劳动者权益，工会需要代表和组织职工参与国家和社会事务管理，参与企业、事业单位民主管理，实施民主监督。根据中国《工会法》第三十三条的规定："国家机关在组织起草或者修改直接涉及职工切身利益的法律、法规、规章时，应当听取工会意见"，"县级以上各级人民政府制定国民经济和社会发展计划，对涉及职工利益的重大问题，应当听取同级工会的意见"，"县级以上各级人民政府及其有关部门研究制定劳动就业、工资、劳动安全卫生、社会保险等涉及职工切身利益的政策、措施时，应当吸收同级工会参加研究，听取工会意见。"1985年，党中央、国务院批准了中华全国总工会提出的《关于工会参加党和政府有关会议和工作机构的请示》，规定政府在改革和制定与工人利益密切相关的制度时，工会有参与政府决策的权利。20世纪90年代后，中国工会事业取得了显著发展。2022年1月起实施的《工会法》规定："维护职工合法权益、竭诚服务职工群众是工会的基本职责。工会在维护全国人民总体利益的同时，代表和维护职工的合法权益。"上述规定为中国工会参与政府行政决策提供了重要的法律依据。从中国的现实情况看，对各个层次的工会来讲，所代表的职工范围是不同的。基层工会代表所在企事业单位、机关职工的利益，产业工会代表所属地域所属行业职工的利益，地方工会或工会联合会代表所属地域各行业职工的利益，中华全国总工会则代表全国各地各行业职工的利益。但现阶段工会的发展却面临着制度约束，使其无法在最低工资标准调整中发挥应有的作用。工会职能发挥的制度约束突出体现在两个方面：一是工会经费来源的限制，二是非公有制经济的发展。

一、工会经费来源的限制

在党和国家的支持下，中国工会的财力得到了持续的增长。但是工会经费的来源问题仍然困扰着工会的发展，为工会职能的发挥带来了负面的影响。

中国《工会法》规定，工会经费主要来源于五个方面：一是工会会员缴纳的会费；二是建立工会组织的企业、事业单位、机关按每月全部职工工资总额的2%向工会缴纳经费；三是工会所属的企业、事业单位上缴的收入；四是人民政府的补贴；五是其他收入。从表面看，中国工会经费的来源渠道众多。但实际上，上述五项收入中，后三项所占比重很小，主要是前两项，第一项约占10%，第二项占80%~90%。这就意味着，目前工会经费最主要的渠道是由用人单位拨款。在市场经济条件下，这部分费用应该发给职工，再由职工交给工会。作为一种历史沿袭下来的制度，直接由企业交给工会。这并没有改变工会经费的性质，即职工自己的钱，不是企业的钱。这就意味着工会经费作为税前列支的款项打入成本，不是企业的利润。但如果变换角度思考就会发现，如果企业不拨缴工会经费，那么其利润就会增加，企业会认为，其放弃了属于自己的利润为工会拨款，企业显然缺乏主动拨缴工会经费的动力。在违法成本不高的情况下，企业欠缴工会经费成为很多企业，特别是非公有制企业的一种必然选择。为了加强工会经费的征收，2014 年发布的《中华全国总工会关于新形势下加强基层工会建设的意见》提出，要积极推动税务部门全额代征工会经费。但由于地税部门和工会部门的沟通不畅、企业依法缴费意识淡薄、对企业违法行为缺乏管理处罚的实施细则等问题的存在，很多地方工会经费的征缴面偏低（董晓红等，2015；孙红德等，2016）。会费是工会最主要的财力保障。在会费无法得到保障的情况下，工会在代表维护职工权益方面职能的发挥显得力不从心。

同时，目前的工会经费拨缴方式，从立法本意上是为了工会的发展，实际上割断了职工与工会的经济联系，并造成用人单位和工会双方的心理定式，即工会就是靠企业养活的。从法律性质说，工会是劳动者的维权机构，从根本利益上与用人单位是相对立的。但是如果工会的经费必须来源于用人单位资助的话，工会活动必受制肘，也就没有独立地位可言了。

二、非公有制经济的发展

在从计划经济体制向市场经济体制转轨的过程中，出现了以公有制经济为主体多种所有制经济共同发展的局面，中国现有工会组织体制和传统的工作运行方式面临挑战。改革开放以前，中国工会的会员以传统产业的工人为主，集中于国有、集体企业。20 世纪 90 年代中期以来，在很多国有、集体企业的改制中，工会组织被撤并，原有的工会会员即传统产业工人大幅度减少。与此同时，在新兴产业和企业中，非公有制经济占有相当大的比重，而这些新兴产业的工人对于工会的向心力并不强，一些非公有制经济企业对建立工会组织和开展工会活动采取不合作甚至是抵制的态度。近年来，随着"互联网+"时代的到来，以网络平台为主体的新就业形态出现并呈快速增长之势，网约车司机、快递小哥、外卖骑手等网约工类的灵活就业群体数量日趋庞大，而他们也因流动性大，不易被吸收到工会组织中来。私营企业、合资企业和外国独资企业中的劳资矛盾问题日渐突出。这些企业中的劳动者需要工会组织代表和维护他们的正当利益，但他们对工会组织的认识却非常模糊。

课题组在对北京市低收入劳动者的访谈中发现，在填写问卷的低收入劳动者中，有超过 45% 的人表示自己不是工会会员，另有超过 40% 的人对于自己是否是工会会员不是很清楚；在参与深入访谈的低收入劳动者中，有接近 20% 的人没听说过工会这个词，听说过工会这个词的人中，有超过 80% 的人把工会归结为组织文娱活动、张贴告示、分派礼品的组织；只有 15% 的人能把工会解释为替工人说话，帮助工人与企业沟通，保护工人工资和福利的工人自己的组织，但他们当中超过 90% 的人认为，企业的工会完全没有为自己做过什么有益的事。这表明在现有的制度约束下，工会很难代表劳动者，特别是低技能劳动者，有效地参与到最低工资标准调整中来。

第二节　低收入劳动者诉求表达的困境

劳动者尤其是低技能劳动者，是最低工资标准调整的直接影响者。如果最低工资标准的进一步提高不会对低技能劳动者就业造成负面影响，则他们是最低工资标准调整最直接的受益者，生存状况会因为最低工资标准提高而改善。但从北京市最低工资标准调整的情况看，低技能劳动者的意见和想法很难影响到标准的调整，从而成为沉默的大多数。

一、低收入劳动者法律意识淡薄

在北京工作的低收入劳动者大部分是从农村来的外来民工，文化水平比较低，法制观念和法律意识淡薄。低收入劳动者对包括最低工资标准在内的相关劳动法律法规缺乏必要的了解，对劳资双方应该履行的义务、享受的权利意识不强，同时缺乏自我保护意识，不懂得如何维护自身的合法权益。课题组通过问卷调查发现，70.25% 的低收入劳动者有加班情况，每周平均加班时间为 7.61 小时，如图 7-1 所示。很多低收入劳动者经常加班，如一些保安是两班倒，每天工作 12 小时，很多保洁和保安每两周休息一天，甚至没有休息日，但没有加班工资；很多人即便是在法定节假日工作，也没有 300% 的工资；还有 32.94% 的低收入劳动者未与任何单位签订劳动合同，但实际在这里工作，如图 7-2 和 7-3 所示。面对这些权益受损行为，低收入劳动者大多选择沉默，因为他们或是不了解相关法律法规，或是迫于就业压力不敢主张自己的权益。在问及"如果您目前的月工资收入低于 2 200 元，这很可能意味着您的权益受到了侵犯，您会怎样做"时，有 76.42% 的低收入劳动者选择了"不在乎，保住工作就好"（见图 7-4）。

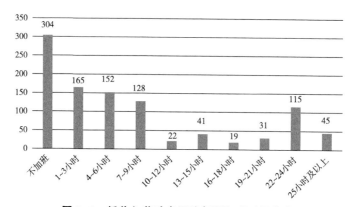

图 7-1 低收入劳动者平均每周加班时间分布

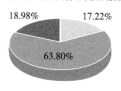

图 7-2 低收入劳动者获得加班工资情况

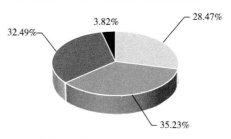

图 7-3 低收入劳动者签订劳动合同的情况

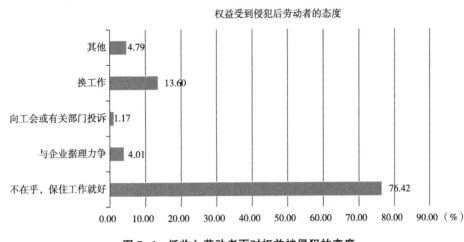

图 7-4　低收入劳动者面对权益被侵犯的态度

　　课题组在就工资收入相关问题与低收入劳动者进行访谈中发现，很多低收入劳动者都觉得自己没什么技能，能找到一份工作赚钱养活自己就行，对于加班费发放、劳动合同签订等涉及自身权益的事项，缺乏清晰的认识。

［L-XC-3］苏女士（小区保洁）

　　52 岁的苏女士来自河南省新乡市的农村，劳务派遣到西城区某物业公司做保洁，已经在此工作了两年。苏女士现在每月工资 3 100 元，单位提供免费吃住，每天工作 8 小时，每月休 2 天，请假每天扣 110 元。苏女士是经老乡介绍来这里工作的，没有与用人单位或劳务派遣公司签订劳动合同。苏女士表示，自己不知道什么是最低工资，也没有人告诉自己。苏女士没有领到过加班费，只有在 2019 年春节的时候没回家，公司发了额外的过节费，有 1 500 元。当课题组成员告诉苏女士单位不发加班费的行为违法时，苏女士表示了无奈，即便知道用人单位违法，自己也只能接受，自己不懂法律，打官司也要花钱，而且那样自己就会丢了现在的工作。苏女士认为自己年纪大，没什么技术，普通话也不是很好，太累的活干不了，现在这份工作包吃住，自己还能攒下点钱，就很好了。

［L-FT-4］李先生（保安）

　　20 岁的李先生来自河北省廊坊市的农村，劳务派遣到丰台区某物业公司做保安，刚从老家来北京，入职不到两个月。李先生主要负责看小区摄像头的监控，现在每月工资 3 000 元，单位提供免费吃住，每天工作 12 小时，每周休

1天。李先生目前还没有与用人单位或劳务派遣公司签订劳动合同，自己也不知道未来会不会签。李先生说自己上个月工资里没有加班费，自己来的时候就说好的，每月就是3 000元。李先生表示，自己不知道什么是最低工资，也没有人告诉过自己。当课题组成员告诉李先生单位不发加班费的行为是违法的，而且如果算上加班费，单位每月给他发放的工资低于北京市最低工资标准时，李先生表示自己不太关注这个事情，自己不会计算，也不知道工会在哪里，更不会去告企业，觉得3 000元还行就继续干，哪天找到更好的工作就跳槽。

［L-HD-8］荣女士（杂工）

54岁的荣女士来自安徽省亳州市的农村，在海淀区一家徽菜馆做杂工，已经在此工作了两年。荣女士主要负责择菜和打扫卫生，每天大概工作10小时，每周休息1天，每月工资3 000元。餐馆提供免费一日三餐，住在老板帮着租的昌平区的一间平房里，大家平摊房租，自己每月付300元。餐馆老板是荣女士的老乡，荣女士没有签订劳动合同。荣女士表示，自己不知道什么是最低工资，也没有人告诉过自己。荣女士没有领过加班费，但是老板每次过年过节都会给他们发红包，自己去年国庆节领了500元。当课题组成员告诉荣女士单位不发加班费的行为违法时，荣女士表示很好笑，笑问难道自己要去告老板吗？荣女士表示自己这个年纪非常不好找工作，之前也曾经尝试过找保姆和小区保洁的工作，但都因为自己年纪大被拒绝了。荣女士对自己现在这份工作很满意，打算再干几年就回老家帮女儿带孩子，所以对签不签劳动合同不是很在意。

法律意识淡薄成为低收入劳动者的一个明显特征。低收入劳动者往往意识不到自身的权益被侵犯，进而无法表达维护自身合法权益的诉求。

二、低收入劳动者对最低工资制度的必要性缺乏正确认识

课题组基于问卷调查和访谈，了解了低收入劳动者对于最低工资制度必要性的认识情况。在问及是否有必要实施最低工资保障制度时，有50.98%的被调查者认为有必要，仅有8.71%的被调查者认为没有必要，但有40.31%的被调查者认为无所谓，如图7-5所示。而通过深入访谈，课题组了解到，一些低收入劳动者之所以认为没有必要实施最低工资制度或是实施与否无所谓，是因为他们缺乏对最低工资制度的了解，或是认为最低工资标准偏低，或是觉得劳动者维权困难。

在被问及"您是否了解最低工资制度"时，仅有5.28%的被调查者表示

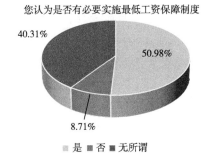

您认为是否有必要实施最低工资保障制度

图 7-5　低收入劳动者对北京市最低工资制度实施必要性的认识

"很清楚"，而有 63.80% 的被调查者表示"不知道"，另有 30.92% 的被调查者表示听说过最低工资制度，但不是很了解具体规定，如图 7-6 所示。

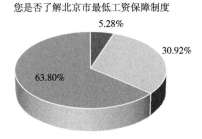

您是否了解北京市最低工资保障制度

图 7-6　低收入劳动者对北京市最低工资制度的了解情况

［L-TZ-4］吴女士（保洁）

49 岁的吴女士来自河北省廊坊市的农村，已经在通州区某物业公司做了 3 年保洁。吴女士现在每月工资 2 400 元，每月休 4 天，超出 4 天的话，请假每天扣 100 元。单位提供吃住，但不知道单位是否给上了社保。吴女士表示，自己不知道什么是最低工资，也没有人告诉过自己，现在工资是 2019 年初调的，去年是 2 200 元。在听课题组成员介绍了最低工资制度后，吴女士认为有必要制定最低工资标准，感觉要是没有这个标准，自己的工资会更低。

［L-HD-5］李先生（保安）

52 岁的李先生来自吉林省通化市的农村，从 2019 年初开始在海淀区某物业公司做小区保安。李先生现在每月工资 2 500 元，每月休 2 天。单位提供吃住，自己在老家上了社保。李先生表示，自己刚来北京时听同乡提起过最低工资，好像在北京上班不能低于这个数，自己当时查过，具体多少没记住，但知道自己的工资高于那个数。从上班到现在，工资没变过。李先生认为最低工资制度是否实施其实无所谓，因为 2 200 元实在是太低了，很难招到人。

[L-YQ-2] 任女士（杂工）

54 岁的任女士来自安徽省阜阳市的农村，从 2015 年开始一直在延庆某公司食堂做杂工。任女士现在每月工资 2 600 元，工作时间为早 6 点到晚 6 点，下午 2~4 点为休息时间，每周休息 2 天，单位提供吃住。任女士表示自己不知道什么是最低工资，也没有人告诉过自己，自己的工资最近几年每年长 100 元。在听课题组成员介绍了最低工资制度后，任女士认为最低工资标准没有什么用，因为自己的工资一直高于最低工资标准。同时，任女士还认为，2 200 元的最低工资实在是太低了，没听说周围哪个上班的人工资低于 2 200 元，现在自己这个工资已经算低的了，再低根本就招不到人。任女士表示因为自己没啥技术，想要找到工资高一些的单位很难。

[L-PG-1] 谢先生（杂工）

59 岁的谢先生来自山东省德州市的农村，目前在平谷区某餐馆做杂工。谢先生每天工作时间为早 10 点到晚 11 点，每周休息 1 天。餐馆提供免费吃住，谢先生每月工资为 2 800 元。谢先生表示曾听自己在北京打工的儿子提起过最低工资标准，自己很了解北京市最低工资制度，也很清楚北京市目前的最低工资标准是 2 200 元。谢先生认为，最低工资制度实施的意义不大，因为 2 200 元太低了。同时谢先生认为自己目前的工资高于北京市最低工资标准，公司的工资发放没有问题，但是每月 2 800 元的确不高，特别是最近物价涨得很厉害。

问卷调查和深入访谈表明，许多低收入劳动者对最低工资制度的必要性缺乏正确认识。最低工资制度直接影响到这部分劳动者的切身利益，但他们当中的相当一部分人却认为该制度可有可无。而导致这一现象的原因之一就是这些低收入劳动者缺乏深入了解最低工资制度的途径。在问卷调查中，共计有 370 名被调查劳动者表示"很清楚"或"听说过"最低工资制度，而在被问及"您通过何种渠道了解最低工资制度"时，有 217 人是通过亲朋好友告知的，另有 136 人是通过网络或电视媒体了解的，仅有两人是通过公司宣传了解的，如图 7-7 所示。

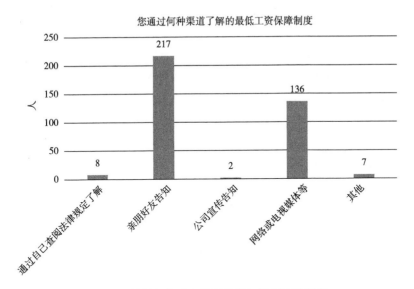

图 7-7　低收入劳动者了解最低工资制度的途径

三、低收入劳动者缺乏对最低工资标准的正确认知

低收入劳动者文化素质较低，且年龄偏高，导致他们获取外部信息的渠道极为狭窄，因此缺乏对最低工资标准的正确认知。课题组基于问卷调查和访谈，了解了低收入劳动者对最低工资标准的认知情况。调查问卷统计分析表明，被调查的大多数低收入劳动者缺乏对最低工资标准的正确认知。在被问及"您是否知道北京市目前的最低工资标准"时，仅有 8.41% 的被调查者表示"知道"，剩余的 91.59% 的被调查者表示"不知道"，如图 7-8 所示。

图 7-8　低收入劳动者对北京市最低工资工资标准的了解情况

［L-FS-2］邸女士（杂工）

57岁的邸女士来自河南省新乡市的农村，2017年2月入职房山区一家民营企业的员工食堂做杂工，主要负责洗菜、收拾餐桌和打扫后厨卫生。邸女士表示不知道最低工资制度，也不了解北京市目前的最低工资标准是多少，自己目前每月工资为2500元，记得刚入职的时候是2000元，老板每年都会给长一点，因为包吃住，洗澡有单位浴室，自己每个月花不了多少钱。而且自己的左眼视力有问题，几乎看不清东西，能找到一份工作不容易，对现在这份工作挺满意的。

［L-HD-6］周女士（杂工）

59岁的周女士来自湖北省宜昌市的农村，2019年3月入职海淀区一家物业公司做保洁，主要负责9个单元的楼道和单元门卫生打扫，一般一上午就可以打扫完，目前工资2900元，物业公司提供住宿，吃饭每月扣300元。周女士表示自己听说过最低工资制度，但不记得是在哪里听说的，自己不是很了解具体的规定，也不知道北京市目前的最低工资标准是多少。

［L-CP-3］杨先生（杂工）

62岁的杨先生来自河北省张家口市的农村，2018年6月入职昌平区一家物业公司做保安，主要负责某回迁房小区大门口的汽车进出管理。杨先生表示自己不知道最低工资制度，也不了解北京市目前的最低工资标准是多少，自己目前每月工资为3500元，是今年过年后刚刚长过的，公司包吃住。

［L-SJS-3］李女士（杂工）

52岁的李女士来自河北省廊坊市的农村，2018年11月开始在石景山区一家商场的男装摊位做销售，工资由底薪和提成两部分构成。李女士表示自己听说过最低工资制度，不是很了解具体的规定，但知道7月1日北京市最低工资标准上调至每月2200元，因为老板是根据北京市最低工资标准给自己定底薪的，之前是2120元。

在与低收入劳动者深入访谈的过程中，课题组发现，即便是表示"很清楚"最低工资制度，并且知道北京市目前最低工资标准的低收入劳动者，对制度中的相关规定仍存在误解，一些低收入劳动者认为，只要自己每月工资高于最低工资标准，用人单位的工资发放就没有问题。

［L-HR-3］周先生（保安）

58岁的周先生来自内蒙古自治区赤峰市的农村，目前在怀柔区某物业公司做保安，主要负责某小区大门的机动车出入管理。周先生上班为两班倒，即工作12小时，休息12小时，每月没有休息日。物业公司提供免费吃住，周先生每月工资为2 500元。周先生表示自己很了解北京市最低工资制度，也很清楚北京市的最低工资标准是2 200元。周先生告诉课题组成员，自己目前的工资高于北京市最低工资标准，所以用人单位的工资发放没有问题。但表示2 500元的工资的确不高，也就是勉强维持自己的生活，能不向子女要生活费也就满足了。

《最低工资规定》第十二条明确规定了用人单位应支付给劳动者的工资在剔除了加班工资后，不得低于最低工资标准。而从对低收入劳动者的问卷调查和访谈看，很多低收入劳动者存在加班的情况，上述个案中的［L-PG-1］谢先生和［L-HR-3］周先生是很典型的案例。周先生每周工作时间长达84个小时，谢先生每周工作时间长达78个小时，已经违反了《劳动法》第三十六条："国家实行劳动者每日工作时间不得超过八小时、平均每周工作时间不超过四十四小时的工时制度"和第四十一条："用人单位由于生产经营需要，经与工会和劳动者协商后可以延长工作时间，一般每日不得超过一小时；因特殊原因需要延长工作时间的，在保障劳动者身体健康的条件下延长工作时间每日不得超过三小时，但是每月不得超过三十六小时"，而周先生和谢先生的工资中并未体现出加班费用。以周先生为例进行计算，他每月平均加班时间长达160个小时以上，而160个小时至少应该获得基本工资1.5倍的加班工资，如果照此计算，周先生每月的工资远低于北京市最低工资标准。课题组在调研中发现，很多用人单位在给低收入者发放工资时，并不提供个人工资清单，使低收入者不清楚自己所得收入的具体项目，只有一个笼统的月薪，从而出现超额劳动不按加班工资计算和加班工资计算不按国家标准执行的现象，使得低收入者的全部所得表面上达到了最低工资标准，实际上低收入者在正常劳动情况下并未获得最低工资报酬。

《最低工资规定》第十二条明确规定了用人单位应支付给劳动者的工资在剔除了相关福利后，不得低于最低工资标准。调研中课题组也发现，一些用人单位会为低收入劳动者提供免费的食宿。一名物业公司人力资源管理负责人在向调研组讲述保安工资时说："我们公司的保安实际每月领取的平均工资是3 000多元，加上食宿费用，他们的实际工资已经超过了4 000元……"是否提供食宿并不是问题，问题是食宿只能作为一种福利而不能充抵工资。一些企业负责人和人力资源管理负责人错误地认为食宿也是工资，为职工提供免费食宿，已经成为一些用人单位未执行最低工资标准的主要借口。而很多低收入劳动者也对用人单位的这一行为表示默认，个案［L-PG-1］谢先生就很典型。

四、低收入劳动者缺乏表达诉求的意识与途径

低收入劳动者的利益诉求表达是政府主管部门加强与低收入劳动者沟通、交流的有效途径，依法、及时、合理地解决和反馈低收入劳动者就最低工资标准调整所反映的意见，是实现和维护低收入劳动者自身利益的一种方式。如前文所述，低收入劳动者因文化素质较低，在获取外部信息方面存在障碍，且由于长期的封建残余思想仍根深蒂固，"臣民意识"在短期内难以消除，加之民主与法治精神的欠缺，使得低收入劳动者的参与意识、群体意识和权利意识明显不足，对自己的利益诉求普遍缺乏理性思考，存在安于现状、不求变化的观念。同时，低收入劳动者处在劳动力市场中的低端职业领域，而低端职业领域的劳动力供大于求。一方面，伴随着经济转型过程中国有企业改革的深化，中国城镇出现了大量的失业下岗职工，加大了劳动力市场的供给；另一方面，在从传统的农业社会向工业社会转型的过程中，大量的农村剩余劳动力被释放出来，亟待向城镇转移，进一步增加了劳动力市场中的供给。

由于劳动力市场中存在的不均衡状况，劳动力市场变为买方约束型，许多劳动者为寻找到一份工作不得不降低自己的要求，而用人单位一方则处于控制、主导的地位。相对于典型、正规的就业群体，低收入劳动者的组织化程度低，对于用人单位的管理只是被动接受，处于服从地位。另外，低收入劳动者处于二级劳动力市场，很难真正融入北京的大都市生活。课题组的调研也反映出，与工资高、工作条件好、晋升机会多、雇佣关系稳定的一级劳动力市场从业者相比，参与本次调研的低收入劳动者在工资低的同时，工作条件较差，晋升机会少或基本没有，雇佣关系也不稳定。参与本次调研的低收入劳动者多为京外农村户口，市场经济的发展给予他们向北京这种大城市劳动力市场流动的可能，但是却很难真正融入城市。他们容易遭受就业歧视，虽然在北京务工，但没有可能改变其身份而拥有北京户口，很多时候不能享受与城市劳动者同等待遇的社会保障，他们的子女也很难在北京学习和生活。这些低收入劳动者处在北京城市的底层，在利益博弈的结构中处于弱势地位，是城市社会中的弱势群体。他们不愿意或者不知道该如何表达自己的利益诉求。

　　党的十八大报告指出，要畅通和规范群众诉求表达、利益协调、权益保障渠道。诉求的表达需要一定的组织网络和制度平台。在计划经济时代，中国已经初步建立了群众利益诉求表达制度体系，但这种利益诉求主要是向行政主管部门表达。随着社会主义市场经济建设的不断深入，在市场机制的优胜劣汰与社会转型的结构调整中，社会利益发生了急剧分化，在客观上决定了人民群众重要的利益表达在原有体制下无法顺畅进行，低收入劳动者利益诉求的表达更是困难重重。根据《最低工资规定》，工会部门应代表低收入劳动者表达利益诉求，而课题组在问卷调查中发现，很多低收入劳动者对于自己是否是工会会员不是很清楚，如图7-9所示。一些参与访谈的低收入劳动者对工会认识模糊，并不将其视为表达自身利益诉求的途径。同时，如本书前述的讨论，由于工会经费来源、地位等方面的问题，工会很难通过有效途径了解和表达低收入劳动者的利益诉求。而目前低收入群体的一些利益诉求是由其他阶层或群体代言的，比如，研究人员、知识分子表达出低收入群体的一些期望，而这些研究人员和知识分子本身缺乏直接参与最低工资标准调整的正规途径。由此导致低收入劳动者缺乏畅通的利益诉求表达通道，在最低工资标准的调整中处于失语的境地。

您是否是工会会员

图7-9　参与调查低收入劳动者参加工会情况

　　课题组基于问卷调查和访谈，了解了低收入劳动者在利益诉求表达方面的情况。在问及"您是否愿意向政府相关部门反映您就最低工资标准调整的意见"时，有77.40%的被调查低收入劳动者表示愿意，10.18%的低收入劳动者表示不愿意，另有12.42%的低收入劳动者表示无所谓，如图7-10所示。而在问及"您知道您的身边有哪些能反映您就最低工资标准调整意见的渠道"时，仅有65名被调查低收入劳动者选择了工会，有203人选择了市长热线，而708人选择了不知道，如图7-11所示。

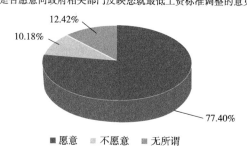

图 7-10　低收入劳动者对北京市最低工资标准调整发表意见的意愿情况

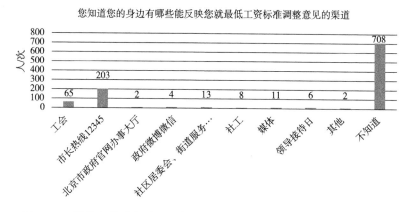

图 7-11　低收入劳动者对北京市最低工资标准调整发表意见的渠道情况

［L-HD-2］陈女士（杂工）

在海淀区一家教育机构负责发放海报的陈女士的底薪为北京市最低工资标准，陈女士非常希望最低工资标准能够多调整一些，因为感觉目前的收入水平在北京生活很艰难，但陈女士并不知道如何表达自己的意见。陈女士对工会不太了解，只知道所在单位的工会会在过年过节的时候给大家发一些东西，觉得工会应该不管这类事情，没有想过把自己的想法反映给工会。陈女士通过一些路边的宣传栏听说过市长热线，但觉得市长热线应该不管最低工资标准调整的事情。

［L-SJS-2］吴先生（杂工）

在餐饮企业做杂工的吴先生不了解最低工资制度，也不知道北京市最低工资标准是多少。在听课题组成员介绍了最低工资制度后，吴先生感觉 2 200 元太少了，自己现在每月 2 500 元都感觉不够用。吴先生非常希望就最低工资标准的调整发表意见，觉得最低工资标准应该在 4 000 元以上，但并不知道如何表达自己的意见。吴先生知道工会，因为自己之前在老家一家国有企业工作的时候，工会会组织体检，自己女儿现在的单位也有工会，会在过节的时候发一些东西，但认为工会不会管有关最低工资的事情。吴先生也听说过市长热线，因为自己所在的餐馆曾被罚款，据说就是附近有居民打市长热线举报的，但自己认为市长热线不会管有关最低工资的事情。

［L-TZ-4］吴女士（保洁）

在通州区某物业公司做保洁的吴女士并不了解最低工资制度，也不知道北京市最低工资标准是多少。在听课题组成员介绍了最低工资制度后，吴女士希望最低工资标准能调高一些，这样像她这样的低收入劳动者能够多赚一些钱。但吴女士直言自己希望也没什么用，因为没有人能把他们这种临时工的意见反馈上去。吴女士没有听说企业有工会，也不了解市长热线。

［L-PG-1］谢先生（杂工）

在平谷区某餐馆做杂工的谢先生很了解北京市最低工资制度，也很清楚北京市目前的最低工资标准是 2 200 元，但认为 2 200 元太低了，实施最低工资制度的意义不大。谢先生说如果想让像他这样的低技能劳动者真的提高一点生活水平，最低工资应该在 3 500 元以上。谢先生不愿意就最低工资标准发表意见，因为自己发发牢骚也解决不了问题，而且自己不知道该把意见说给谁。谢先生说自己只是临时工，没听说过有工会，也不知道有市长热线，感觉街道社区肯定不管这事，所以只能自己发发牢骚。

第三节　用人单位对最低工资标准调整的影响力更强

一、用人单位处于明显的强势地位

根据中国目前的最低工资标准决定机制，企业联合会或企业家协会代表用人单位的利益，可以参与最低工资标准的研究拟订，即各类企业需要通过企业联合会/企业家协会表达其对于最低工资标准的意见。中国的企业联合会或企业家协会属于经济社团，是改革开放后最早发展起来的一类非政府非营利组织。改革开放以来，中国企业联合会和企业家协会等经济社团的快速发展，反映了政府行政部门在推行改革的过程中，将许多原属政府的权力让渡于企业，同时启用了各种民间组织形式承担责权以满足市场经济及社会发展的新需求，同时也反映了企业通过组成社会利益集团，依靠非政府力量保护其利益和参与公共事务的愿望。政府的决策涉及多层次多方面，不可能针对所有企业的状况或代表它们的利益。单一企业往往无力为自身利益影响决策过程，也没有条件对有关政策进行研讨。企业联合会和企业家协会则可以一方面沟通企业和政府；另一方面代表一种集合的力量影响政府决策。企业联合会或企业家协会已经成为一个利益集团，成为政府机制的一部分，参与最低工资标准调整的决策。

在市场经济中，无论是国有还是私营企业都有自己的利益，特别是对于私营企业来说重要的目标是盈利。最低工资标准的提高会带动企业整体工资水平的提高，增加企业人工成本负担，可能会对企业的生产经营造成一定的影响。从国内外的相关理论与实践看，用人单位一般不倾向于调高最低工资标准，希望把最低工资标准的调整控制在一个相对小的幅度内。而伴随中国市场经济的发展，私营企业主一方在劳资博弈中明显占有优势，对于劳动领域相关政策法规制定的影响也愈发明显。私营企业主阶层作为改革开放的产物，其所占有的私人资本从无到有，从小到大，已经由社会主义市场经济的补充部分，发展为社会主义市场经济的重要组成部分。有产者阶层不仅在经济上的权利和地位不断上升和加强，而且其政治地位也在不断飙升。有学者提出，私营企业主不仅是先进生产力的代表者之一，而且是社会主义市场经济的主要实践者，是社会主义市场经济的重要组织者。对这一论断的科学性当然可以质疑，然而问题是已经成为有产者阶层问鼎政治的客观写照。这不仅表现为这一阶层在各级人大代表和政协委员的比例中高于其他阶层，而且，这一阶层作为执政党的社会基础之一也正在逐步改变着执政党的社会结构（常凯，2004）。

用人单位作为劳动关系主体的需求方，拥有市场资源、物质资源和社会资源优势，与文化素质较低且处于松散状态的低收入劳动者相比，用人单位处于明显的强势地位。

二、政府部门更关注用人单位的利益诉求

在中国现行的最低工资标准决定机制中，地方人社部门，在最低工资标准决定的过程中处于主导地位。地方人社部门在最低工资标准调整中会重点考虑两个

方面的因素：一是稳定因素，即构建和谐的劳动关系与促进就业以维持社会稳定；二是发展因素，即促进企业成长以推动国民经济健康发展。以上两个方面的因素相互作用，相互影响。稳定是发展的基础，而发展有利于促进和谐与稳定。

改革开放以来，中国的劳动关系开始了市场化的进程，劳动者与劳动力使用者越来越多地通过劳动力市场建立起经济利益关系。与计划经济体制下的劳动关系相比，市场化劳动关系的重要特征之一是劳动关系双方作为独立的经济主体，在劳动力市场上及生产过程中，通过博弈实现各自的经济利益。从收入分配的角度看，在总收入一定的前提下，劳资双方的博弈是一种零和博弈，即劳动者的收入提高，劳动力使用者的人工成本就会提高，而其所获得的利润就会降低。因此，劳动力使用者在利益驱动下，会出现压低劳动者工资的倾向。这一倾向在人工成本占总成本比重较高的劳动密集型企业会更加明显，而劳动密集型企业在北京市一些低端服务业中占相当大的比例。在劳资双方的博弈中，劳动者因其所拥有的经济资源和政治资源少于劳动力使用者，而明显处于弱势地位。因此劳动者尤其是底层低技能劳动者在收入分配中的权益受损难以避免。收入分配不公平也直接导致劳资关系紧张，资本的扩张性使得这种矛盾与分化被引入政治领域，造成政治上的资本强势，并进一步在社会文化上造成资本所有者的强势心态。

在调整最低工资标准保障劳动者基本权益的同时，政府部门需要将企业的承受能力纳入考虑的范畴。最低工资标准的提高不仅会直接提高底层低技能劳动者的工资，而且会带来企业整体人工成本的提高。企业的劳动力需求与市场工资率存在负向关系，即市场工资率提高会减少企业对于劳动力的需求，而减少的程度取决于劳动力需求的工资弹性。根据希克斯—马歇尔派生需求定理，其他生产要素替代劳动力的可能性。产品市场的需求弹性，劳动成本占总成本的比率，影响着劳动力需求的工资弹性。从技术的角度而言，当工资率提高，而资本很容易地替代劳动时，企业就会决定用资本替代劳动。从中国劳动力市场的现实情况看，按照最低工资标准领取劳动报酬的多是底层的低技能劳动者，他们所从事的是简单的、无技术的、重复性的劳动，很容易被机械设备所替代。替代越容易，劳动力需求的工资弹性就越大。最低工资标准如果大幅提高，超出了企业所能承受的范围，企业将用机械设备替代底层低技能劳动者，这类劳动者的就业将受到严重影响。产品的需求弹性是影响劳动力需求弹性的重要因素。

由劳动力需求的性质可知，劳动需求是由市场对产品的需求派生的。当工资率提高时，企业的最初反应并不是马上简单地减少劳动的投入，从而降低产出水平；企业通常的反应是，提高产品的价格，尝试将工资率的提高、成本的上升转移到消费者身上。但是，产品价格的变动必然影响产品的需求数量，影响的程度则取决于产品的需求弹性。产品的需求弹性大，价格提高，需求量大幅度减小。如果产品需求弹性小，同样的价格变动，需求量减少的幅度相对较小。需求的弹性越大，产品需求下降就越多，反过来就会减少企业所需要的劳动力。劳动成本占总成本的比重，也影响到劳动力需求弹性。不同的产品，其成本结构有很大的差别。通常所说的劳动密集型产品，劳动成本占总成本的份额较高。当最低工资标准提高进而带动市场整体工资率提升时，劳动密集型企业会面临很大的成本上升压力。企业在此压力之下，很可能选择裁员以削减人工成本，甚至关门停产。而上述两种选择都会影响劳动力市场的就业情况。

作为人口大国，中国劳动力市场供大于求的局面长期存在，促进就业问题是各级政府的重要目标之一。从1994年到2021年，北京市最低工资标准基本保持了每年调整一次的频率，仅在2009年和2020年没有调整。2008年11月17日，人力资源和社会保障部发出通知，根据当前经济形势和企业实际，近期暂缓调整企业最低工资标准，其原因是在全球金融危机的影响下，如果调高最低工资标准，只会让一些不景气的企业特别是劳动密集型企业雪上加霜。而当企业因为效益不好而不得不裁员时，大量失业工人又会给社会带来不稳定。2020年，因为新冠疫情，北京市最低工资标准暂缓调整。由此可见，为了避免大范围失业情况的发生，政府行政部门在调整最低工资标准的过程中，必须考虑到企业的承受能力。

中国政府目前的考评指标是上级政府对下一级政府所下达的各项细化量化的经济和社会发展指标，其中，经济增长尤其是招商引资成为各级政府考核的核心指标。在这种注重经济指标的体系引导下，为了完成任务，很多地方政府招商引资的"门槛一降再降，成本一减再减，空间一让再让"，区域间招商引资的竞争则演变成低水平、同层次的"让利竞赛"。从利润最大化的角度出发，企业方通常不希望政府大幅提高最低工资标准。政府由于担心提高最低工资标准会使企业的人工成本过大，降低资本投资者的利润，对企业的生产经营产生负面影响，影响资本投资者的热情，经常会采取牺牲雇工利益的方式实现自身和企业方的利益。有学者指出，观察中国立法的博弈，有两种力量引人注意，即政府部门和利益集团，一为承接历史传统一直主导立法的力量，一为新时期增长迅速的力量（汤耀国，朱莹莹，2007）。"政府部门主导立法"的立法模式是中国一个非常特别的现象，而行政部门在立法过程中偏离公共利益和社会理性的情况并不少见（董保华，2009）。

第四节 最低工资标准调整中专家参与不充分

通过本书前述的分析可知，最低工资标准的确定既涉及劳动者基本权益保障的内容，又涉及劳动力市场就业、企业承受能力的问题，是一个非常复杂且带有很强专业性的问题。如果最低工资标准过低，底层低技能劳动者的权益无法得到保障，最低工资标准就失去了意义。而如果最低工资标准定得过高，又可能导致超过一些企业的承受能力，企业通过裁员降低人工成本，从而使劳动力市场的就业情况恶化，一些底层的低技能劳动者可能因此失业，工作权受到损害，是与最低工资标准制定的初衷相违背的。最低工资标准的制定应对这些可能因素的影响程度进行科学的评估，以趋利避害。但由于其中包含的不确定因素很多，专业性很强，往往很难单独靠政府部门的行政人员完成这些研究工作，引入外脑进行咨询就显得尤为重要。为了提高最低工资标准决定的科学性和可行性，很多国家在最低工资标准决定中都引入了决策咨询，一些行政决策咨询人员（主要指决策咨询专业机构和相关领域的专家、学者）参与最低工资制度和最低工资标准的制定过程，就最低工资标准调整对受益人群收入、劳动力市场就业、企业生产效率、工作时间、就职或离职等影响情况进行研究，并基于此为政府行政部门提出对策建议。改革开放以后，特别是加入世贸组织以后，中国各级政府越来越多地采取行政决策咨询改进政府决策和提高政府行政效率。行政决策咨询是依靠外脑的力量，由某一领域具有丰富知识和经验的专家学者，为政府决策提供更全面、更准确的决策信息，并为决策者提供备选方案，使行政决策最终能够提出创新思路或有效的对策措施，支持政府在立法、行政和执法各个环节的重要决策工作。行政决策咨询既是经济转型期适应市场环境的长期需要，也是积极应对国际多变环境的需要。20世纪80年代以来，中国各级政府及其所属部门普遍建立了政策研究机构和信息处理中心。这些机构的职能定位，是为决策层提供信息搜集、咨询建议、调查研究及方案论证，以辅助决策。与此同时，一些著名的高等院校和国外著名的咨询机构也在中国政府行政决策咨询中发挥了重要的作用。

一、专家参与最低工资标准调整决策缺乏硬性规定

如前文所述，自2004年3月1日起施行的《最低工资规定》，并未规定最低工资标准制定过程中听取专家意见的内容，意味着决策咨询在最低工资标准调整

过程中并非必经程序，处于可有可无的境况。人力资源和社会保障行政部门在制定最低工资标准的过程中，可以听取相关专家学者的意见，也可以不进行决策咨询。

长期以来，中国的决策咨询工作一直未被纳入法制化轨道。目前，中国还没有制定专门的有关决策咨询的法律、法规及相应制度，使得不能在决策上用政策与法律手段强制实行先咨询后决策的程序，和事关决策者利害关系的责任制。由于缺乏硬性的制度约束，决策者对决策咨询的重要性认识不足，"三拍现象"（拍脑袋决策、拍胸脯保证、拍屁股走人）还严重存在，导致决策失误时有发生。中国的各级各类行政部门的决策比较集中，强调高度的统一性，下级服从上级，群众服从领导。由于受传统决策观念的影响，加上政府决策咨询的组织、制度和程序建设的滞后，包括人力资源和社会保障部门在内的各类政府行政部门决策者的咨询意识不是很强，决策必须经过专家咨询论证的硬性约束尚未形成。决策过程中的专家咨询程序被忽略，即使有明确规定的也被简化。特别是到目前为止还没有明确的责任追究机制，政府行政部门即使有一些行政决策失误，也不需要承担什么责任。因此，很多政府部门对向专家、群众和相关人员的咨询根本不重视，或者为了片面追求效率，肆意简化必要程序。

《最低工资规定》中并未明确行政决策咨询人员如何参与最低工资标准的制定，但在现实中，一些地方人社部门在制定最低工资标准时已经开始尝试听取相关专家学者的意见。如广东省劳动和社会保障厅在 2004 年开展了广东省最低工资调研，委托暨南大学组成了"广东省最低工资研究"课题组，对广州、中山、东莞、佛山、韶关、惠州、汕头、肇庆、梅州、汕尾、茂名和阳江 12 个地区的最低工资制度执行情况、劳动者平均工资、居民生活费支出、赡养人口系数等情况进行数据收集和实地调查。该调研团队走访了企业的员工，企业的负责人和财务人员，高校、科研所、政府机关的专家学者，以及各级工会、企业联合会、企业家协会和工商业联合会等负责人共 2 500 多人，收回有效问卷 1 760 份，其中企业员工有效问卷 1 286 份，企业有效问卷 240 份，专家学者有效问卷 197 份，各级工会、企业联合会、企业家协会和工商业联合会等组织机构的有效问卷 37 份。在对企业的调研中，深入了解了典型行业中典型企业职工最低工资情况，包括低工资劳动者所占比重，企业一线生产工人每月实际收入情况，最低工资标准与企业经营的关系，企业经营状况，最低工资调整空间和企业负责人对最低工资标准的看法与建议，等等。在对劳动者的调研中，调研团队深入了解了劳动者对最低工资制度的了解情况，劳动者对企业最低工资执行情况的评价，劳动者每月实际收入和每周加班情况，劳动者家庭每月收入与支出状况，劳动者对最低工资标准的看法和建议。基于所掌握的大量第一手资料，课题组建立了最低工资标准统计测算模型，为广东省政府进行最低工资标准调整提供了参考依据（韩兆洲等，2006）。

从目前可以查询到的公开报道看，未见有专家参与北京市最低工资标准调整的工作中来。近年来，由于中国最低工资制度中存在的问题日益明显，引起了很多专家学者对此领域的关注。学者们对于最低工资制度实施的必要性，最低工资标准的影响因素与测算模型，最低工资标准对于劳动力市场的影响，最低工资标准的实施情况，最低工资制度国际比较，北京市最低工资标准测算，等问题进行了一定的研究。这些研究成果是否在一定程度上影响了北京市最低工资标准的调整还不得而知。

二、最低工资标准调整决策咨询的主体不完善

目前，中国的决策咨询机构按隶属关系和组织形式，可分为政府内部咨询机构和政府外部咨询机构两大类，不同类型的机构在提供最低工资标准调整决策咨询中发挥的作用有很大的差异性。

（一）政府内部咨询机构

政府内部咨询机构主要包括：各级政府的政策研究处（室）和所辖的研究所（研究院、研究中心）等。改革开放以来，中国政府部门在处理很多事务的时候，处于一种摸着石头过河的状态。为了提高决策的科学性，很多政府部门成立了内部咨询机构，如各级政府的政策研究处（室）等。除了上述机构，很多政府下辖的研究所（研究院、研究中心）等，也承担着决策咨询的职能。这类研究部门一般是事业单位，虽不是政府部门，但因为与政府部门之间存在行政隶属关系，也可以将其视为政府内部的咨询机构。这类政府内部咨询机构，是中国目前为最低工资标准制定提供决策咨询的重要机构，主要包括各级人力资源和社会保障部门所辖的研究院或研究所。这些咨询（信息）机构完全内置或部分内置于政府部门，与政府部门存在行政性的联系，在提供政府咨询过程中独立性大打折扣。

"俘获论"（capture theory）是公共监督理论的一个重要观点，认为某些机构或集团可以利用自己在信息、知识、财富等方面的优势，对另一些机构或集团的政策或行为形成支配，从而使对方只做出符合自己心意的举动。根据"俘获

论"，为政府部门提供政策咨询的内部咨询机构极易被政府部门俘获。主要表现为主管部门将所辖事业单位视为其巩固和扩大既得利益的工具。一些主管部门并不尊重事业单位的组织自主性和法人地位，而是将其视作自己的"下属单位"，对事业单位内部管理进行全面干预，而事业单位为了得到主管部门的支持，只能接受"被俘获"。在这种情况下，这些政府内部咨询机构听命于政府部门的旨意，难以提出具有独立见解的公正、公平、科学的咨询意见。同时，这些机构不是作为独立的法人主体参与最低工资标准的决策过程，对于它们的行为缺少必要的激励约束机制，它们不能够也不必要对于最低工资标准调整的失败承担法人责任。另外，一些政府内部的咨询机构还承担部分行政功能，不能静下心来进行更为深入地研究，其咨询建议的科学性有待提高。

（二）政府外部咨询机构

政府外部咨询机构主要包括：独立的国有科学研究机构，各大专院校内部的学院（系）或研究中心，民间咨询机构以及一些组织较为松散的决策咨询委员会、顾问团，等等。一直以来，国有科学研究机构是中国学术研究和政府决策咨询中的一支重要力量，在政府决策过程中发挥了重要作用。自20世纪90年代以来，包括各大专院校内部的学院（系）或研究中心在内的中国高校科研机构，得到了快速发展。独立的国有科学研究机构和高校科研机构咨询人员有着深厚的理论基础，对国外的情况比较熟悉，素质高，研究能力强。但这些人员的研究成果与最低工资标准决策结合不紧密，对具体情况并不熟悉，成果应用与研究机构和研究人员利害关系不大。因为缺乏责任追究机制，难以保证对咨询项目的认真负责，也难以提供系统、全面、准确的咨询意见，经常出现两张皮现象。同时，这些研究机构和研究人员承担政府研究课题，其研究成果也受到政府部门意见的左右，独立性受到一定影响。

近年来，民间咨询机构得到了快速的发展，正在逐步进入政府决策咨询的视野。民间决策咨询机构属非官方机构，资金来源主要靠自己投资和盈利。这类机构不受行政机制的制约，有较强的独立性。其特点是面向市场、面向全社会，实行有偿咨询服务，注重经济效益，运行机制灵活，咨询形式多样，工作效率较高。虽然这些民间咨询机构以组织的面目出现，但却没有形成产生思想的机制，更多的是学者靠个人的知名度和号召力扩大影响，在最低工资标准决定方面提供的咨询建议还非常有限。

决策咨询委员会、顾问团等机构，也是目前政府决策咨询中一支重要的力量。其人员一般采取松散式管理，大部分人员为兼职。由于其受到政府直接管理领导，可以将其视为是半官方的决策咨询机构。与政府部门所辖内部咨询机构相似，这类决策咨询委员会、顾问团的咨询建议受政府部门影响较大，独立性无法得到保障。

三、最低工资标准调整决策咨询信息的缺乏

决策咨询的过程，实际上是一个信息输入、输出及反馈的不断反复的过程。信息起的作用非常大，一个好的管理决策，离不开信息，信息是基础，是客观现实。信息流贯穿行政决策的全过程，为方案的制定和决策的实施提供了基本的保证。在信息化时代，信息的数量与质量在很大程度上决定着决策的成败。最低工资标准的调整涉及底层低技能劳动者的收入保障，改善收入分配差距，劳动力市场就业，劳动生产率提高，产业结构调整，等等，在最低工资标准调整中需要涉及上述问题的大量信息。同时，由于北京正处于社会经济快速发展时期，很多情况的变化非常快，很多问题所涉及的相关因素非常多。只有不断地收集信息，分析信息，调整最低工资标准才可能科学，才能符合事态的发展，否则任何片面主观的决策都会影响决策的效果和作用。

但目前北京信息资源的建设还有待完善，信息匮乏在很大程度上影响了各类决策咨询机构提供咨询的质量。从基础数据方面看，北京自建的数据库数量少，其中又以自然科学的居多，而经济、商业、社会科学的数据库与国外相比无论规模还是数量均落后。课题组在研究过程中查阅了大量与最低工资相关的数据资料，但始终未见按最低工资标准领取劳动报酬的劳动者的比重以及这些劳动者的基本特征（年龄、性别、学历）的相关统计数据。这些统计数据在最低工资标准的决定中是最基础的，也是最重要的，统计数据的匮乏制约了决策咨询机构效力的发挥。

第八章　国外最低工资标准调整机制的借鉴意义

第一节　国外最低工资标准调整机制概述

一、国外最低工资标准调整的模式

国际劳工组织在第 135 号建议书中提出，调整最低工资标准可以采取多种模式。从各国的具体情况看，国际劳工组织将成员最低工资标准调整模式分为四类（国际劳工组织，2014）。

第一，公共权威部门确定最低工资标准，即最低工资由公共权威部门确定，而无需事先与公众进行协商。从实践情况看，只有少数国际劳工组织的成员采用这种模式。如在玻利维亚，劳动部负责确定最低工资标准。吉尔吉斯斯坦的最低工资标准由政府部门根据确定国家预算的相关法律制定，不需要就最低工资标准与公众进行磋商。乌兹别克斯坦的最低工资标准由总统令直接发布，也不需要与公众进行磋商。

第二，公共权威部门通过与公众协商后确定最低工资标准，即公共机构、政府或其他机构，在采取某种方式与公众协商后，确定最低工资标准。这是国际劳工组织成员进行最低工资调整时最为普遍的做法。与公众进行充分协商，是国际劳工组织 1970 年《确定最低工资的公约》（第 131 号）（第 4.1 条）要求的最低工资标准调整时应遵循的核心原则。中国、美国、英国、澳大利亚、法国、巴西、日本、印度等国最低工资标准调整都采取这种模式。这种模式在具体实践中存在一些差异，如在某些国家或地区，该程序涉及工资委员会或理事会，类似于澳大利亚和英国在 19 世纪末和 20 世纪初建立的委员会。

第三，由政府、用人单位组织和雇员组织通过三方协商确定最低工资标准。少数国际劳工组织成员采取此种方式确定最低工资标准，比较有代表性的是韩国。韩国负责最低工资标准调整工作的是就业和劳动部（Ministry of Employment and Labour，MOEL），但确定最低工资标准是就业和劳动部下设的最低工资委员会（Minimum Wage Council，MWC）。最低工资委员会是一个咨询组织，由 9 名用人单位代表、9 名工人代表和 9 名公众利益代表组成，最低工资委员会还可以包括最多 3 名政府官员作为特别成员。特别成员一般为有关行政机构的经济和社会问题、劳资关系问题的专家。最低工资委员会每年应就业和劳动部部长的要求开会，并且必须在 90 天内提交有关最低工资标准调整的提案，然后由就业和劳动部发布提案。用人单位和工人代表有提出反对意见的机会，在这种情况下，如果部长认为反对是合理的，必须要求最低工资委员会再次开会。另外，如果部长认为，在收到最低工资委员会的建议后，很难根据提案确定最低工资，可以请最低工资委员会再次审议。如果最低工资委员会 2/3 及以上的成员决定维持最初的提议，就业和劳动部部长必须按照此建议发布最低工资标准。另外，奥地利、墨西哥、菲律宾、哥斯达黎加等国也是由政府、用人单位组织和雇员组织通过三方协商确定最低工资标准。

第四，通过劳资双方的集体谈判确定最低工资标准。在此种模式下，公共权威部门不对最低工资标准进行硬性的规定，而是借助工会与用人单位之间的集体谈判，在劳动协约中规定工资的最低标准。该方式对工会会员以外的劳动者也强制性扩大适用。采用这种方式的有德国、意大利、奥地利、丹麦、瑞典、挪威等国，比较有代表性的是德国。德国有关最低工资的集体谈判分别在全国、行业和企业三个层级的劳资双方之间进行，行业一级的集体谈判发挥最主要的作用。行业一级的最低工资集体谈判多为每年进行一次，谈判双方主体分别是行业工会组织和行业用人单位组织。公共权威部门在行业一级的集体谈判中干预甚少，主要通过立法规范劳资双方的权利和义务，通过发表年度经济报告和公布经济增长率、劳动生产率、物价上涨指数及评述上年工资政策等引导谈判，为谈判主体制定谈判政策提供支持。但从 20 世纪 90 年代以来，企业一级的最低工资集体谈判开始发挥重要作用，越来越多的用人单位选择直接与雇员签订企业层面的集体合同，而不再采用所属行业的协议。在集体谈判制度的普及性减弱和谈判权利逐渐下放的情况下，工会组织开始提出申请，要求把集体谈判协议的涵盖范围强制延伸至整个行业。这意味着集体谈判协议中的最低工资标准将成为适用于该行业的最低工资，具有法定约束力。

在上述四种模式中，第二种模式应用最为广泛。中国采取的地方政府主导的最低工资标准调整模式属于第二种模式。中国《最低工资规定》第八条明确了省级总工会作为劳动者权益的代表，企业联合会/企业家协会作为用人单位权益的代表，参与政府部门主导的最低工资标准确定和调整中。一些采用第二种模式的发达市场经济国家实施最低工资制度的时间较长，最低工资标准调整机制经过不断地补充，已形成了相对完善的体系，特别是公众参与的方式，对中国地方政府主导的最低工资标准调整具有很强的借鉴意义。

二、最低工资标准调整中的公众参与

公众参与和社会对话在一个国家的社会、政治、经济稳定和平等与民主建设中发挥着关键作用，创建了一个和平有序的程序框架，以解决潜在的破坏性纠纷。当雇员或用人单位感到自己被排除在最低工资调整决策之外，或在决策过程中没有得到很好的代表时，对最低工资标准的认同感会降低，最低工资标准的实施效果也会大打折扣。

国际劳工组织第 131 号公约和 1970 年《确定最低工资建议书》的核心思想之一，是社会伙伴应在平等的基础上充分协商来调整最低工资标准。国际劳工组织关于公约和建议书实施的专家委员会，在 2000 年关于三方协商的一般调查中指出，协商不仅仅意味着共享信息，还暗含着共同的决策过程。这与"谈判"不同，后者意味着不同各方的目的是达成协议。根据《公约》的规定进行的磋商，旨在协助主管当局做出决定，而不是达成协议。

国际劳工组织认为，为了满足第 131 号公约的要求，公共权威部门应与用人单位组织和工人组织充分协商。同时需要注意的是，正式咨询程序的存在不足以满足这一要求，而是应该采取切实有效的步骤，以确保真正考虑到社会伙伴提出的关切和意见。这意味着必须在做出决定之前进行协商，并且应向用人单位组织和雇员组织的代表提供完整且相关的信息。第 131 号公约还呼吁促进公众直接参与，因为这种方式有助于多方利益的平衡，对不同利益集团对最低工资标准达成共识非常必要，也可以减少后期执行的阻力。同时，考虑到最低工资标准调整可能对劳动力市场就业和宏观经济带来的影响，在推动公众参与时，要重视不代表任何利益集团的独立专家、学者的参与。

第二节　澳大利亚专家委员会主导
最低工资标准调整

一、澳大利亚最低工资标准调整机制概述

澳大利亚是实施最低工资制度的先驱，其所辖维多利亚州在 1896 年颁布了

建立工资委员会制度的法规，以保障低技能劳工的收入权利。在过去一百多年的时间里，澳大利亚的最低工资制度经历了许多改变，首先是由推行两级工资制度改为订立一个工资总金额，最后演变至订立统一的适用于所有行业的联邦最低工资，最低工资的内涵不断得到充实，最低工资制度慢慢趋向成熟。

1904年，澳大利亚通过了《联邦调解仲裁法》（Conciliation and Arbitration Act），其中规定实行指令性的工资制度，即由联邦调解仲裁委员会裁定确立最低工资标准、增薪幅度，并诠释及执行决定。这是澳大利亚最低工资制度的开端，但其覆盖范围较小，同时所规定的工资水平也比较低。1907年，澳大利亚首次根据非技术工人家庭的实际正常生活需要制定了"公平而合适"的工资，最低工资额为基本工资和特别津贴之和，即实行两级工资。1911年，澳大利亚除西澳大利亚州以外的其他州都建立了工资委员会制度。1967年，联邦调解仲裁委员会用"总工资"取代了1907年的"两级工资"，并将1966年订立的最低工资并入总工资，即明确规定最低工资额等于工资总额（包括津贴）。1996年，澳大利亚通过《劳资关系法》（Workplace Relations Act）设立了公平最低工资安全网。根据《劳资关系法》，澳大利亚劳资关系委员会的责任是确保有关规定的设立以及公平的最低工资安全网的维护。1997年，澳大利亚劳资委员会对所有行业制定了统一的最低工资，即联邦最低工资。其特点是各行业有唯一的最低工资额，标准等于数额最小的职业最低工资额，所有雇员的工资收入不得少于联邦最低工资。2005年，澳大利亚通过的《工作选择法》（Work Choices Act）规定澳洲公平薪酬委员会（Australian Fair Pay Commission）为澳大利亚最低工资标准的制定调整机构。2006年，澳大利亚通过了《劳资关系规例》（Workplace Relations Regulations），对澳大利亚的劳资关系进行了多项重大改革，特别是引入了名为"澳大利亚公平薪酬和雇用条件标准"的新标准，为所有工人提供了比以往更好的保障。2007年10月1日起实施的《2007年最低工资决定》（2007 Minimum Wage Decision），进一步对特殊联邦最低工资做出了调整，特别是对伤残雇员的最低工资做出了规定。2009年，澳大利亚废止了《工作选择法》，并通过了《公平工作法》（Fair Work Act），其中规定由新设立的公平工作澳大利亚（Fair Work Australia）代替原公平薪酬委员会执行最低工资标准的调整，2013年该机构改名为公平工作委员会（Fair Work Commission）。

公平工作委员会依照《公平工作法》的规定，处理与最低工资、雇佣条件、企业谈判、劳工行动、纠纷解决、雇佣终止和其他工作场所的相关事项，公平工作委员会下设的专家小组主导澳大利亚最低工资标准的调整。根据《公平工作法》的规定，最低工资标准调整需要遵循五个方面的原则：一是要适应经济形势与竞争力状况，包括生产力、公司的竞争力与生存能力、通货膨胀和就业增长等因素；二是通过提高劳动参与促进社会包容；三是满足劳动者保持相对的生活水平和低收入劳动者的需要；四是同工同酬；五是为年轻雇员、受训雇员以及残疾雇员设定一系列公平的最低工资。

按照《公平工作法》的具体要求，专家小组于每年的3—6月对最低工资标准进行审议，并根据审议结果确定下一年度最低工资标准的调整，最低工资标准于每年的7月1日起生效。此外，澳大利亚每年都会发布一份年工资评估报告，评估内容包括经济增长情况、通货膨胀情况、劳动生产率、企业竞争力与生存情况、工资水平、劳动力市场情况、劳动者生活水平情况、实际工资与生活成本、低薪工人的支出情况、财政压力指数等。公平工作委员会每年对最低工资进行评审，公众可以在此过程中提出自己的意见。一般情况下，公平工作委员会必须在其网站上或者以其他方式发表最终调查结果。另外，总理有权直接指挥最低工资调查与报告工作。公平工作委员会基于评审情况颁布联邦最低工资的命令。

二、澳大利亚最低工资标准具体调整情况分析

澳大利亚的最低工资标准分为标准联邦最低工资和特殊最低工资两大类，其中特殊最低工资又包含了伤残雇员最低工资、临时工最低工资、未成年员工最低工资、学徒最低工资和见习生最低工资。

如果雇员不受澳大利亚现代劳资裁定协议（Modern Awards）[①] 的保护，且并非伤残雇员、未成年员工或见习雇员，则可以享受标准联邦最低工资的保障。2006—2021年，澳大利亚标准联邦最低工资的变动如表8-1所示，最低工资标准年均增长率达到了3.16%。从2006年起，除了2009年经济危机期间公平薪酬委员会冻结了全国最低工资，使之维持每周543.78澳元的标准之外，澳大利亚标准联邦最低工资体现出持续增长趋势。但从这一期间最低工资标准的增幅看，2020年受到新冠疫情影响，联邦标准小时最低工资和联邦标准周最低工资的增幅都较小，增长率为近年来最低。

---

① 澳大利亚大部分雇员受到现代劳资裁定协议（Modern Awards）的保护，其基于行业和职业，规定了雇员在工资、加班费、津贴、退休金和休假等方面的权利。

表 8-1 2006—2019 年澳大利亚联邦标准最低工资

日期	联邦标准小时最低工资			联邦标准周（38 小时）最低工资		
	每小时（澳元）	增幅（澳元）	增长率（%）	每工作周（澳元）	增幅（澳元）	增长率（%）
2006-10-01	12.75	—	—	511.86	—	—
2007-10-01	13.74	0.99	7.76	522.12	10.26	2.00
2008-10-01	14.31	0.57	4.15	543.78	21.66	4.15
2009-07-01	14.31	0	0.00	543.78	0	0.00
2010-07-01	15.00	0.69	4.82	569.90	26.12	4.80
2011-07-01	15.51	0.51	3.40	589.30	19.4	3.40
2012-07-01	15.96	0.45	2.90	606.40	17.1	2.90
2013-07-01	16.37	0.41	2.57	622.2	15.8	2.61
2014-07-01	16.88	0.51	3.12	640.9	18.7	3.01
2015-07-01	17.29	0.41	2.43	656.9	16	2.50
2016-07-01	17.70	0.41	2.37	672.7	15.8	2.41
2017-07-01	18.29	0.59	3.33	694.9	22.2	3.30
2018-07-01	18.93	0.64	3.50	719.2	24.3	3.50
2019-07-01	19.49	0.56	2.96	740.80	21.6	3.00
2020-07-01	19.84	0.35	1.80	753.80	13	1.75
2021-07-01	20.33	0.49	2.47	772.60	18.8	2.49

资料来源：澳大利亚公平工作委员会 https：//www.fwc.gov.au。

不受澳大利亚现代劳资裁定协议保护的伤残雇员、未满 21 周岁的员工、学徒以及培训期雇员，可以受到联邦特殊最低工资的保护。上述不同情况雇员所适用的联邦特殊最低工资一般为联邦标准最低工资的一定比例。劳动能力未因伤残受到影响的雇员，其最低工资与联邦标准最低工资一致，以 2021 年为例，每小时最低工资为 20.33 澳元，每周为 772.60 澳元。若雇员因伤残而影响其劳动能力，那么根据劳动能力评价结果，可以按照联邦标准最低工资的一定比例获得劳动报酬。如一位伤残雇员劳动能力的评价等级为标准的 50%，则其最低工资为联邦标准最低工资的 50%。对于未满 21 周岁的雇员，澳大利亚制定了详细的适用于各年龄段的联邦特殊最低工资，其为联邦标准最低工资的一定比例，年龄越大，比例越高。以 2021 年为例，不满 16 周岁雇员的联邦特殊最低工资为联邦标准最低工资的 36.8%，16 周岁为 47.3%，17 周岁为 57.8%，18 周岁为 68.3%，19 周岁为 83.5%，20 周岁为 97.7%。不同工作年限的学徒所适用的联邦特殊最低工资标准也有所不同，如 1 年期学徒工的最低工资大约为标准联邦最低工资的 65%，2 年期为 75%，3 年期为 93%。对于培训期雇员，其在技能水平、学历背景、离校时间等方面的不同，适用的联邦特殊最低工资标准也有所不同。根据澳大利亚学历资格框架（AQF）证书等级，澳大利亚将培训期雇员分为两类：全职培训和兼职培训，并将工资等级分为 A 级、B 级、C 级，根据不同的学历背景、离校时间，培训期雇员的最低工资标准也不一样。

三、澳大利亚最低工资标准调整中的公众参与

澳大利亚专家小组主导的最低工资标准调整机制中，公众参与模式有三个方面的特点。

一是公众可以通过有效的参与方式表达对于最低工资调整的意见。《公平工作法》明确规定，所有人员和组织都有机会就最低工资标准的调整提出书面意见，以供专家委员会审议。在不涉及机密或商业敏感信息的情况下，这些意见将被公开，公众可以在公平工作委员会网站上浏览这些信息。这有助于确保最低工资标准调整所涉及的任何相关利益者都有机会表达自己的观点。在 2018—2019 年度最低工资标准的审议中，有 25 个组织提交了书面意见，这些组织可以分为四类：第一类为代表雇员利益的组织，如澳大利亚工人联合会（Australian Workers' Union）、全澳工人公会（National Union of Workers）和联合之声（United Voice）；第二类为代表雇主利益的组织，如工业集团（Australian Industry Group，Ai Group）、农场主联合会（National Farmers Federation）、餐饮业协会（Restaurant and Catering Industrial）等；第三类为政府部门，如澳大利亚联邦政府、西澳大利亚州和南澳大利亚州政府等；第四类为一些其他组织，如联邦反对党（Federal Opposition）、社区服务委员会（Australian Council of Social Service，ACOSS）、天主教主教团（Australian Catholic Bishops Conference）、单亲妈妈及其子女协会（Council of Single Mothers and Their Children）等。上述组织在所提交的文件中，阐述了对于最低工资标准调整的意见。

二是最低工资标准调整相关研究中凝结了专家智慧与公众诉求。考虑到最低工资标准调整可能带来复杂的经济效应，公平工作委员会下辖的工作机构和经济研究部（Workplace and Economic Research Section，WERS）会支持专家学者开展

相关研究，但具体就哪些问题进行研究需要经由最低工资研究小组（Minimum Wages Research Group）提出建议。最低工资研究小组是由代表不同利益的机构团体提名的委员组成。这些机构包括工商总会（Australian Chamber of Commerce and Industry，ACCI）、工业集团（Ai Group）、澳大利亚工会理事会（Australian Council of Trade Unions，ACTU）、社区服务委员会（ACOSS）和各级政府部门。其中，工商总会隶属于澳大利亚外交贸易部，主要职能为贸易促进，属半政府机构；工业集团是代表制造业、服务业、电信等部门利益的行业协会，拥有近万名会员，代表了用人单位的利益，具有较强的影响力；澳大利亚工会理事会是澳大利亚唯一的全国性工会中心，现有会员人数 180 万人，拥有 38 个下属工会组织，代表着雇员的利益；社区服务委员会是一个社会组织，其致力于领导和支持社区服务，促进政府、社区和企业的合作，以减少贫困和不平等。最低工资研究小组代表来源的多元性，保障了最低工资标准调整中的利益相关者可以围绕自身关切的问题了解到科学的研究结论，如最低工资标准提高是否会影响某一群体的就业？是否会使某一群体的贫困情况得到改善？是否会对某一行业的国际竞争力产生影响？相关问题的研究成果为最低工资标准调整的科学性提供了有力的支撑，也成为专家小组在最低工资审议中关注的内容。同时，最低工资研究小组所提议的很多研究项目，需要开展深入的调查，如进行特定群体的问卷调查和深入访谈，了解最低工资标准调整所涉及利益相关者的具体情况和意见，研究成果本身也是公众，特别是利益相关方参与的结果。《公平工作法》还要求最低工资相关研究报告向社会公开，以便公众就研究中所涉及的问题提交自己的意见。

三是专家小组的人员构成，有助于提高最低工资标准调整中公众参与的有效性。专家小组由主席、三名全职成员和三名兼职成员组成，其中全职成员由主席在公平工作委员会成员中任命，兼职成员一般是劳动关系、经济学、社会政策、商业或者产业研究等领域的专家。公平工作委员会是独立机构，该委员会成员由澳大利亚总督根据澳大利亚政府的建议任命。现任委员会成员的工作经历非常多元，包括法律、工会和用人单位协会、人力资源管理以及公共服务等。因此，专家小组的成员既包括了相关领域的专家，又有不同工作经历的专业人士，可以基于公众发表的意见和研究结论对最低工资标准进行较为科学地调整。

第三节 美国立法机关主导最低工资标准调整

（一）美国最低工资标准调整机制概述

美国是世界上少数通过立法机关的法令调整最低工资标准的国家，最低工资标准的形式为小时最低工资标准。1912年，美国的马萨诸塞州通过了最低工资标准方面的法律。到1923年，已有17个州制定了最低工资标准，以使在各行业就业的妇女及未成年工人得到基本收入保障。但是美国最高法院于1923年做出裁决，认为在哥伦比亚地区实施的最低工资法例，与个人在订立雇佣合约时享有自由的原则相抵触，因而判定其违宪。这个事件导致在随后的十余年间，争取制定有关最低工资标准的社会运动几乎陷入停顿状态。20世纪30年代出现的资本主义经济大危机，使得人们开始重新关注就业者的职业保障和工作条件问题。1937年，美国最高法院推翻先前的裁决，确认在各州实施的最低工资法例符合宪法。随后在1938年，美国制定了最低工资保障制度发展史上具有里程碑意义的《公平劳动标准法》（Fair Labour Standards Act，FLSA），规定最低工资标准为每小时0.25美元，并规定该法令适用于从事州际商业活动及货品生产以供进行州际商业活动的所有雇员。该法令还明确规定了最低工资只有经立法通过才能调整或扩大其适用范围，标志着通过立法机关的法令调整最低工资标准的模式在美国正式建立。

伴随着经济的发展，美国最低工资标准的覆盖范围逐渐增大，且最低工资的数额也随着物价水平的提高在不断提高。某些职务依法享有豁免最低工资或超时工资的规定，具体包括：行政人员、管理人员、专业人士、对外销售员，以及电脑行业雇员，季节性的消遣和娱乐机构的雇员，小报纸的雇员和小型电话公司的电话总机接线员，外国船只雇佣的船员，从事捕捞作业的雇员，送报的雇员，受雇于小型农场的农场工人（小农场指每个日历年的每季度都雇佣少于500人的农场），临时保姆和老人或体弱人士的陪护人员。同时，在某些情况下，对全日制的学生、学员、学徒以及残障人士，可予以支付低于最低工资的薪酬，但用人单位必须具有劳工部所颁发的特许证。另外，美国大部分州都有自己的最低工资立法和相应的最低工资标准。这与联邦最低工资标准可能会不同，但是根据《公平劳动标准法》的规定，当联邦和州有不同的最低工资标准时，适用二者中较高的最低工资标准。

美国最低工资标准分为联邦最低工资和各州最低工资，其中，联邦最低工资由立法机关——国会主导制定。美国最低工资标准并非定期调整，而是由国会通过《公平劳动标准法》修正案的方式进行调整。联邦最低工资标准在调整时主要考虑四个方面的因素，一是居民的生活费用；二是劳动生产率；三是社会平均工资水平；四是用人单位应对工资上涨的能力。在最低工资标准的调整中，一般首先由参议院或众议院的议员发起最低工资标准调整议案，然后由该议员所在的参议院或众议院常设委员会（众议院为教育与劳动力委员会，参议院为卫生、教育、劳工和养老金委员会）下设的小组委员会进行审议。在此过程中，小组委员会可以选择通过举行听证会的方式，广泛了解议案背景和利益集团代表、有关专家和其他相关人员的意见，并据此凭借自身的专业知识表达对于议案的看法，如进行修改、补充，或搁置、反对，同时以审议报告的形式向委员会具体说明通过或者否决某项议案的原因。接下来是委员会审议，并决定是否提交全院大会进行表决。如果能够在本院全院大会表决通过，则提交给另一院进行审议。在参众两院投票通过后，交由总统签署生效。美国法律没有明文规定最低工资的调整频率，即间隔多久最低工资必须上调，实际操作中联邦最低工资的调整并不规律也不频繁，在调整的周期、时间频率和幅度水平等方面均有很大差异。

美国各州调整最低工资考虑的因素存在差异，有直接与联邦最低工资联动的，即自动替换为联邦最低工资；还有 10 个州的最低工资水平是与消费物价指数联动的，每年 1 月 1 日根据物价指数调整最低工资。10 个州分别是：亚利桑那、科罗拉多、佛罗里达、密苏里、蒙大拿、内华达、俄亥俄、俄勒冈、佛蒙特和华盛顿。

二、美国最低工资标准具体调整情况分析

2009 年 7 月，美国调整联邦最低工资标准。在最近的十余年中，美国联邦最低工资标准均未调整。表 8-2 显示了美国联邦最低工资标准历次调整的具体情况。

表 8-2 美国联邦最低工资标准历次调整情况

时间	间隔 （年）	小时最低工资 （美元）	增幅 （美元）	增长率 （％）
1938-10-24	—	0.25	—	—
1939-10-24	1	0.30	0.05	20.00

续表

时间	间隔 （年）	小时最低工资 （美元）	增幅 （美元）	增长率 （%）
1945-10-24	6	0.40	0.1	33.33
1950-01-25	5	0.75	0.35	87.50
1956-03-01	6	1.00	0.25	33.33
1961-09-03	5	1.15	0.15	15.00
1963-09-03	2	1.25	0.1	8.70
1967-02-01	4	1.40	0.15	12.00
1968-02-01	1	1.60	0.2	14.29
1974-05-01	6	2.00	0.4	25.00
1975-01-01	1	2.10	0.1	5.00
1976-01-01	1	2.30	0.2	9.52
1978-01-01	2	2.65	0.35	15.22
1979-01-01	1	2.90	0.25	9.43
1980-01-01	1	3.10	0.2	6.90
1981-01-01	1	3.30	0.2	6.45
1990-04-01	9	3.80	0.5	15.15
1991-04-01	1	4.25	0.45	11.84
1996-10-01	5	4.75	0.5	11.76
1997-09-01	1	5.15	0.4	8.42
2007-07-24	10	5.85	0.7	13.59
2008-07-24	1	6.55	0.7	11.97
2009-07-24	1	7.25	0.7	10.69

资料来源：根据美国劳工部统计局网站 http：//www.dol.gov/相关数据整理。

虽然在 2009 年 7 月之后美国联邦最低工资一直没有调整，但部分州的最低工资调整较为频繁。截至 2019 年 7 月，共有 30 个州/地区的最低工资标准高于联邦，哥伦比亚特区的最低工资标准最高，为每小时 14 美元，有 16 个州的最低工资标准与联邦持平，另有 5 个州没有最低工资标准，如表 8-3 所示。对比美国联邦最低工资标准可知，美国绝大部分州的最低工资标准要高于联邦最低工资标准。2010 年统计数据显示，当时有 14 个州及哥伦比亚特区的最低工资标准高于联邦水平，而联邦最低工资标准在 2009 年之后已经十几年未调整，又有一些州陆续调高了最低工资标准，使得州最低工资高于联邦最低工资的现象变得普遍起来。

表 8-3　美国各州最低工资标准及与联邦最低工资标准的比较

高于联邦最低工资的州/地区		与联邦最低工资数额相等的州	不存在最低工资的州
名称	小时最低工资（美元）		
阿拉斯加州（Alaska, AK）	9.89	佐治亚州（Georgia, GA）	亚拉巴马州（Alabama, AL）
阿肯色州（Arkansas, AR）	9.25	艾奥瓦州（Iowa, IA）	路易斯安那州（Louisiana, LA）
亚利桑那州（Arizona, AZ）	11	爱达荷州（Idaho, ID）	密西西比州（Mississippi, MS）
加利福尼亚州（California, CA）	11	印第安纳州（Indiana, IN）	南卡罗来纳州（South Carolina, SC）
科罗拉多州（Colorado, CO）	11	堪萨斯州（Kansas, KS）	田纳西州（Tennessee, TN）
康涅狄格州（Connecticut, CT）	10.1	肯塔基州（Kentucky, KY）	
哥伦比亚特区（Washington DC, DC）	14	北卡罗来纳州（North Carolina, NC）	
特拉华州（Delaware, DE）	8.75	北达科他州（North Dakota, ND）	
佛罗里达州（Florida, FL）	8.46	新罕布什尔州（New Hampshire, NH）	
夏威夷州（Hawaii, HI）	10.1	俄克拉荷马州（Oklahoma, OK）	
伊利诺伊州（Illinois, IL）	8.25	宾夕法尼亚州（Pennsylvania, PA）	
马萨诸塞州（Massachusetts, MA）	12	得克萨斯州（Texas, TX）	
马里兰州（Maryland, MD）	10.1	犹他州（Utah, UT）	

续表

高于联邦最低工资的州/地区		与联邦最低工资数额相等的州	不存在最低工资的州
名称	小时最低工资（美元）		
缅因州（Maine, ME）	11	弗吉尼亚州（Virginia, VA）	
密歇根州（Michigan, MI）	8.5	威斯康星州（Wisconsin, WI）	
明尼苏达州（Minnesota, MN）	9.86	怀俄明州（Wyoming, WY）	
密苏里州（Missouri, MO）	8.6		
蒙大拿州（Montana, MT）	8.5		
内布拉斯加州（Nebraska, NE）	9		
新泽西州（New Jersey, NJ）	10		
新墨西哥州（New Mexico, NM）	7.5		
内华达州（Nevada, NV）	8.25		
纽约州（New York, NY）	11.1		
俄亥俄州（Ohio, OH）	8.55		
俄勒冈州（Oregon, OR）	11.25		
罗得岛州（Rhode Islandm, RI）	10.5		
南达科他州（South Dakota, SD）	9.1		

续表

高于联邦最低工资的州/地区		与联邦最低工资数额相等的州	不存在最低工资的州
名称	小时最低工资（美元）		
佛蒙特州（Vermont，VT）	10.78		
华盛顿州（Washington，WA）	12		
西弗吉尼亚州（West Virginia，WV）	8.75		

资料来源：根据美国劳工部统计局网站 http：//www.dol.gov/相关数据整理。

根据美国劳工部劳动统计局数据，20 世纪 50—80 年代，美国联邦最低工资与平均工资的比率基本保持在 40%~60%，其中 1950 年最高，达到了 56.0%。但从 1980 年开始该比率逐步下降，许多年份都降至 40%以下，2006 年更是跌至 30.7%，2009 年为 39.4%，2020 年为 34.69%。同时，在通货膨胀的作用下，美国联邦最低工资的实际价值也因通胀而持续下滑。1979—2006 年，联邦最低工资额的实际价值从 7.92 美元下降到 7.25 美元。在与贫困线的比较方面，美国三口之家的年实际最低工资收入仅在 1968 年（即最低工资最高的年份）左右的短暂时间内超过了贫困线，其他年份均低于贫困线或与贫困线基本持平。

三、美国最低工资标准调整中的公众参与

在美国由立法机关主导的最低工资标准调整机制中，公众参与模式有两方面的特点。

（一）公众通过选举影响最低工资标准的调整

杰拉尔德·庞珀等明确指出，无论是形式上的选举，抑或是在某种程度上体现了一种真正的选择，它们的共同目标是为了维护当权者的合法地位（戴伊、齐格勒，1991）。美国的选举并不能使公众直接决定公共政策的制定，但总统、议员等被选举人，为了获得连选连任，不得不在制定公共政策时考虑选民的利益诉求。对于 419 名众议员进行的一项调查表明：平均每个议员每年回到自己选区 35 次，逗留 135 天；近 1/3 的众议员每个周末都回到自己的选区。议员这样做的目的是赢得选民的信任，以便在下次选举时能再度当选（李道揆，1990）。另外，

美国公众还可以通过游行、集会等方式表达自身对于最低工资标准调整的诉求，以影响被选举人。

近年来，美国各地争取调高最低工资标准的游行集会不断发生，如 2015 年 4 月美国数万名公众走上街头，希望提高最低工资标准至 15 美元。2016 年 6 月，包括洛杉矶、芝加哥、圣地亚哥在内的多地机场员工参加了"争取 15 美元"的游行活动。最低工资标准的提高对劳方和资方有着不同的影响，劳资双方通过选举出代表其利益诉求的议员，影响最低工资标准的调整。最低工资标准提高会直接增加底层低技能劳动者的劳动收入，为了争取这一群体的支持，取悦工会，代表中产阶级和贫民阶层利益的美国民主党一般倾向于支持提高最低工资标准。如在 2009 年 7 月，美国联邦最低工资标准上调至每小时 7.25 美元，该调整是由美国民主党议员在参众两院提出议案，并最终获得投票通过。在此之后，国会中的民主党议员多次提交议案，希望再次调高最低工资标准。但更多代表雇主利益和社会保守势力的美国共和党，为了更多地获得大公司的支持，反对调高最低工资标准，认为提高最低工资会促使企业缩减用工规模，同时人工成本增加会阻碍企业扩大生产规模，减少研发投入，不利于经济发展。2019 年 1 月，众议院民主党代表提出了旨在提高最低工资标准的 H.R.582 号议案（主要内容是将小时最低工资从 7.25 美元逐步提高到 15 美元），民主党把持的众议院投票通过了此提案，但该提案止步于共和党占多数的参议院。

（二）公众通过立法听证发表意见

公众通过立法听证发表意见，既包括利益相关者表达自身的观点，也包括专家学者阐述自己的相关研究成果。美国国会的立法听证制度是在立法决策早期阶段，国会委员会收集提案相关信息的一种重要方式，也为不同背景的参与人，包括国会议员、政府官员、利益代表团体、专家以及其他受提案影响的公众，提供了一个讨论提案相关事实和观点的论坛。在国会议员提出最低工资标准调整的议案后，国会委员会下设的小组委员会一般会举行听证会了解各方面的意见。小组委员会在选择听证会见证人时，会兼顾各方观点。见证人在发言前需要提交一份书面陈词，详细阐述自己对于最低工资标准调整的意见，他们的意见往往是针锋相对的。

2019 年 2 月 7 日，美国众议院教育与劳动力委员会就提高最低工资标准的 H.R.582 号议案举行听证会，听证会邀请了四位见证人，第一位是代表劳工联合会和产业工会联合会的霍华德大学经济学系教授斯普里格斯（Spriggs），他曾担任美国劳工部政策办公室助理秘书；第二位是应用经济政策、计量经济方法的专家霍尔茨-埃金（Holtz-Eakin），他曾担任国会预算办公室主任；第三位是经济政策研究院从事最低工资领域研究的无党派经济学家齐佩雷尔（Zipperer）博士；第四位是近年来一直在呼吁提高最低工资标准的怀斯（Wise）先生，来自密苏里州，16 岁开始在快餐业工作，现在有 3 个子女。前三位见证人都是最低工资相关研究领域的专家，他们基于各自的研究成果，就调整最低工资标准发表了观点。怀斯先生从自身的工作、收入和家庭生活情况出发，说明了最低工资标准提高对于低收入群体维持自身生存的意义。在见证人发言后，委员会小组成员可以对见证人进行问询，同时，基于自身所代表选民的利益，表达对于提案的意见。

第四节　澳大利亚、美国最低工资标准调整机制的借鉴意义——CLEAR 模型的视角

改革开放以来，党和政府一直强调公共决策中"公众的有序参与"，并将其作为推进中国特色民主政治的重要内容。公众参与不仅可以约束公共权力的滥用，还可以促使公共政策更加科学和民主，维护社会生活的和谐与安定，增强政府信任和政策认同。随着中国改革开放进程不断深化，公众的权利意识和参与意识不断增强，公众对政治生活和社会生活的参与要求日益增强。近年来，互联网信息技术的发展和各类社会化媒体的涌现，为公众参与公共事务提供了有利条件。伴随着公众越来越广泛地参与公共政策的制定，如何在公众参与的情景中有效制定公共决策成为公共管理者决策能力的重要考验（黄小勇，2010）。本书借鉴 CLEAR 模型，分析和总结澳、美两国最低工资标准调整机制中，促进公众参与的关键因素，并期望从中发掘其对于北京市最低工资标准调整的借鉴意义，以提升北京市最低工资标准调整相关决策的民主化和科学化水平。

一、中国最低工资标准调整中的公众参与现状

最低工资标准调整涉及劳资双方的切身利益，中国《最低工资规定》中明确要求地方政府部门与工会、企业联合会或企业家协会协商制定最低工资标准。各级工会组织是劳动者权益的代表，参与最低工资标准调整可以反映劳动者的意见和建议；各级行业组织是用人单位利益的代表，参与最低工资标准调整可以反

映用人单位的意见和建议。

就目前能搜集到的文献资料看，中国少数地区地方政府部门，采取各类灵活的措施，搜集劳资双方对于最低工资标准调整的意见，与工会组织和行业组织协商调整当地的最低工资标准。如本书前文所述广东省劳动和社会保障厅在 2004 年委托暨南大学组成了"广东省最低工资研究"课题组，开展了广东省最低工资调研。再如上海市政府每年在调整最低工资时都会听取两方面的意见：一是听取代表劳动者利益的总工会的意见；二是听取代表用人单位利益的企业联合会、工商联的意见。若三方第一次提出的观点差异较大，还要再次协商。经过多次协商，当观点基本接近后，政府部门才会最终拍板逐级向上汇报，经审议批准后，向全社会公布。为了就最低工资标准调整提出科学的意见，上海市总工会每年开展两次常规调查，调查内容涵盖职工人数、工资总额、平均工资、不同岗位的平均工资等内容。同时上海市总工会还会通过市场调研，采集与低收入职工家庭生活息息相关的消费品价格，如主副食品价格和其他各类生活用品的价格。上述这些数据的采集和分析，为最低工资调整提供了有力依据（中国工会新闻，2017）。再如北京市总工会在 2015 年讨论制定了《北京市总工会关于进一步加强参与最低工资标准制定工作的实施方案》，提出要源头参与北京市最低工资标准的调整，市总工会将建立全市职工工资和低收入职工家庭生活支出情况的日常监测网络，指导区县、产业工会做好相关数据信息采集，加强对职工收入和生活支出状况的调研分析，向政府提出北京市最低工资标准调整的建议（新华网，2015）。但从后续的公开资料看，北京市总工会采集到了何种数据信息，并基于这些信息向北京市政府部门提出了何种建议，公众不得而知。

二、澳大利亚、美国最低工资标准调整中公众参与的借鉴意义

本书借鉴 CLEAR 模型，分析和总结澳大利亚、美国最低工资标准调整中，促进公众参与的关键因素，如表 8-4 所示，并期望从中发掘出对于北京市科学调整最低工资标准的借鉴意义。

表 8-4　澳大利亚、美国最低工资标准调整促进公众参与的因素与借鉴意义

影响因素	澳/美两国具体运作情况	作用发挥	借鉴意义
能够做 （can do）	工会、用人单位组织能够代表雇员和用人单位的利益，并具备相应能力，在最低工资标准调整中通过合适的途径表达利益诉求	组织保障	加强工会建设

续表

影响因素	澳/美两国具体运作情况	作用发挥	借鉴意义
自愿做 （like to）	劳资双方具备较强的主体参与意识，愿意通过各种形式表达自身对于最低工资标准调整的意见	内在动力	提高劳资双方参与意识
使能够做 （enabled to）	劳资双方通过有效的参与方式，表达对于最低工资标准调整的意见	方式保障	构建有效的劳资双方参与方式
被邀请做 （asked to）	主导最低工资标准调整的机构邀请专家学者开展相关研究，为最低工资标准调整提供科学的政策建议	技术保障	重视最低工资标准调整中的专家参与
作为回应去做 （responded to）	劳资双方可以感觉到自己的意见被倾听，从而形成主导最低工资标准调整的机构与劳资双方的良性互动	良性互动	推动主导部门与劳资双方的良性互动

　　基于 CLEAR 模型的视角，澳大利亚、美国最低工资标准调整机制中的公众参与模式对北京市最低工资标准调整具有五个借鉴意义。

　　一是加强工会建设，使工会能够（can do）代表劳动者利益诉求参与最低工资标准调整中来。在澳大利亚、美国最低工资标准调整过程中，工会作为雇员权益的代表，发挥了非常积极的作用。澳大利亚各级、各地区和低收入劳动者较为聚集行业的工会，在年度最低工资标准的审议中，会通过提交书面材料的方式，阐述对于调高最低工资标准的意见。澳大利亚的工会组织还在最低工资研究小组中积极发挥作用，对围绕最低工资标准调整展开哪些方面的研究提出自己的建议。而美国工会组织则在立法听证中积极发表意见，并通过自身所掌握的选票和资金影响选举结果，从而促进最低工资标准的调整。

　　二是提高劳资双方的主体参与意识，使劳资双方愿意（like do）通过各种形式表达自身对于最低工资标准调整的意见，从而真正参与最低工资标准调整中。主体参与意识，是劳资双方积极表达对最低工资标准调整诉求的内在动力。如澳大利亚最低工资标准调整过程中，用人单位组织、工会组织积极提交书面意见和报告。美国公众则通过报名参加听证会和游行集会的方式表达利益诉求。

　　三是构建有效的劳资双方参与方式，使劳资双方能够（enabled to）通过有效的参与方式，表达对于最低工资标准调整的意见。有效的参与程序可以为劳资双方表达意见提供方式保障。这是在实质上实现劳资双方参与的需要。在澳大利亚最低工资标准调整中，劳资双方可以依据《公平工作法》的规定，直接向公平工作委员会提交书面意见，并在网站上浏览所有的意见信息。同时，代表劳资双方不同利益的研究小组成员，可以通过提出研究议题，了解最低工资标准调整涉及相关问题的研究结论，为提出意见的科学性提供了保障。在美国最低工资标准调整中，劳资双方可以通过影响选举和参与立法听证表达意见。

四是重视最低工资标准调整中的专家参与。邀请（asked to）专家学者参与相关研究，可以为最低工资标准调整提供科学的政策建议。国内外大量研究文献与劳动力市场实践证明，最低工资标准的调整有可能对低收入劳动者就业产生负面影响。专家学者从专业角度出发，基于具体研究成果，可以提出科学的建议，从而为最低工资标准调整提供技术保障。在澳大利亚最低工资标准调整中，主导最低工资标准调整的公平工作委员会专家小组成员，包括劳动关系、经济学、社会政策、商业或者产业研究等领域的专家，而工作场所和经济研究部（WERS）会支持专家学者开展相关研究，为最低工资标准调整决策提供科学的参考建议。美国最低工资标准调整立法听证也会特别邀请相关领域的专家学者，请他们发表自己的意见，并解答国会议员提出的疑问。

五是推动主导部门与劳资双方的良性互动。对劳资双方的意见给予回应（responded to），可以推动最低工资标准调整主导部门与劳资双方的良性互动，进而不断提高劳资双方的参与热情。在澳大利亚最低工资标准调整中，在不涉及机密或商业敏感信息的情况下，劳资双方所提交的全部书面意见将在公平工作委员会网站上公开，工作场所和经济研究部（WERS）所支持开展的相关研究的成果也可以在公平工作委员会网站上进行查询，使劳资双方可以依据这些公开的内容进一步提出相关建议。在美国最低工资标准调整中，劳资双方可以通过国会网站和其他渠道，明确地知晓议员所提出的最低工资标准调整方案的具体情况，如哪些议员联名提出法案，议员们对法案的讨论，议员们对法案的投票情况等，据此判断某位议员是否代表了自身的利益诉求。这会影响到劳资双方在选举时的投票选择。同时，劳资双方代表在参加立法听证的过程中，不但会陈述自身的观点，还会就议员们提出的问题进行回答，双方可以实现较为充分的沟通。

第九章　优化北京市最低工资标准
调整机制的政策建议

第一节　以促进共同富裕为目标科学测算最低工资标准

  实施最低工资制度所要达到的目的决定了最低工资标准的数值。如本书前文所述，从中国最低工资制度发展的历史沿革看，保障劳动者及其家庭成员的基本生活是这一制度实施的初衷，即"保基本"是北京市最低工资标准调整需要实现的最为基础的功能。而在此基础上，促进人力资本投资和就业，推动人的全面发展并促进发展成果共享，即通过科学调整最低工资标准"促发展"，成为北京市最低工资标准调整需要实现的另一功能。如本书第五章所述，与北京市最低生活保障标准相比，2020 年与 2021 年按北京市最低工资标准领取劳动报酬的低技能劳动者，已无法保障自身及其赡养人口的最低生活费用，意味着北京市最低工资标准"保基本"功能的弱化。同时，底层低技能劳动者无法保障自身及其赡养人口在人力资本投资方面的支出，他们的全面发展受到负面影响。且北京市最低工资的年均增长率始终低于人均 GDP 的年均增长率，且远低于平均工资的年均增长率，最低工资与平均工资的比值更是远低于 40%～60%的一般国际水平。这不利于社会消费需求的拉动，同时导致低收入劳动者无法共享社会经济的发展成果，不利于缩小收入分配差距，不利于社会公平正义的实现。因此，北京市未来最低工资标准的调整，应在实现"保基本"的基础上，重视"促发展"功能的实现。

  本书第六章详述了北京市最低工资标准变动的影响因素，在此基础上，从共同富裕的视角探讨了北京市最低工资标准的测算问题。从"保基本"和"促发展"的功能定位出发，北京市最低工资标准在保障低技能劳动者自身及其赡养人口的最低生活费用的基础上，应可以满足劳动者素质提高的需要，即劳动力生产和再生产的需要。马丁法计算过程客观科学，且所需的数据比较容易获得，具有很强的可操作性和实用性，本书在马丁法计算所得的高贫困线的基础上，对北京市最低工资标准进行了测算。考虑到北京市低收入劳动者普遍存在着人力资本投资不足的现象，其中以教育培训投资不足最为严重，本书在测算北京市最低工资标准的过程中，对马丁法测算所得的高贫困线进行调整，使其所包含的教育培训费用可以达到北京市的平均水平，以满足社会经济发展对素质合格劳动力的需求。在此基础上，为了使低收入劳动者共享社会经济发展成果，本书提出可以参考大多数国家最低工资与平均工资比例，即 40%～60%，调整北京市最低工资标准。但为避免最低工资水平的大幅提高所导致的失业情况的出现，此值的测算应将最低工资标准对就业的负面影响纳入考虑范畴。

第二节　以全过程人民民主思想为指导
推动劳资双方的积极参与

党的十八大以来，以习近平同志为核心的党中央不断深化对民主政治发展规律的认识，提出了全过程人民民主的重大理念。2019 年 11 月，习近平考察上海市长宁区虹桥街道基层立法联系点时，第一次提出"人民民主是一种全过程的民主"。2021 年 7 月，习近平在庆祝中国共产党成立 100 周年大会上强调"发展全过程人民民主"。在 2021 年 10 月举行的中央人大工作会议上，习近平发表重要讲话，首次全面和系统地阐述了全过程人民民主的价值内涵、制度要求和具体工作措施。习近平指出："我国全过程人民民主不仅有完整的制度程序，而且有完整的参与实践。我国全过程人民民主实现了过程民主和成果民主、程序民主和实质民主、直接民主和间接民主、人民民主和国家意志相统一，是全链条、全方位、全覆盖的民主，是最广泛、最真实、最管用的社会主义民主。"习近平关于全过程人民民主的重要论述，既是对中国共产党领导人民探索实现人民民主丰富实践形式的政治智慧和成功经验的总结，也是未来民主发展与创新的导向定位。

全过程人民民主具体体现为全体人民依法实行民主选举、民主协商、民主决策、民主管理、民主监督，依法通过各种途径和形式管理国家事务，管理经济和文化事业，管理社会事务。民主决策是全过程人民民主的重要一环。经过科学民主程序做出好的决策，能够反映人民意愿、保障人民权益、增进人民福祉。2019年 10 月召开的党的十九届四中全会强调，要健全决策机制，加强重大决策的调查研究、科学论证、风险评估，强化决策执行、评估、监督。民主决策就要科学合理平衡好各种利益关系，尤其要防止强势群体对弱势群体利益的剥夺，多数群体对少数群体利益的侵蚀，以及利益集团对决策的不正当干预。民主，顾名思义，"民"是主体。全过程人民民主，强调一个"全"字，首先民主的主体要"全"，必须将利益相关的"全体人民"都纳入民主过程，特别注重从体制和机制上解决弱势群体、边缘群体参与渠道的问题。最低工资标准的调整涉及劳资双方利益的协调，为了寻求一个合理的利益平衡点，在地方政府主导的最低工资标准调整中，需要通过劳资参与平衡双方的利益诉求，从而实现民主决策和科学决策。如本书第八章所述，美国和澳大利亚在调整最低工资标准时非常关注社会公众参与程度，调整过程中充分征求劳资双方的意见，从而提高了最低工资标准调整的科学性与合理性。这对健全和完善北京市最低工资标准调整机制具有一定的参考价值和借鉴作用。以"全过程人民民主"为指导，基于 CLEAR 模型的分析框架，可以从四个方面入手，推动劳资双方积极参与北京市最低工资标准的调整。

一、加强工会建设

中国工会是党领导的工人阶级的群众组织，既参与民主的相关过程，又创新全过程人民民主的基层民主自治管理，在全过程人民民主的系统中发挥着重要作用。群众路线是中国共产党治国理政的优良传统，在全过程民主中不断被赋予新的内涵。加强工会建设，可以使工会能够（can do）代表劳动者利益诉求参与到最低工资标准调整中来。工会、用人单位组织建设为公众参与最低工资标准调整提供了组织保障。企业联合会/企业家协会集合了北京当地的商业精英，其中很多会员还是北京的人大代表、政协委员，在表达用人单位意见方面有着先天的优势。而受最低工资标准调整影响最大的低技能劳动者，大多为京外农村户籍，只能依赖工会组织表达利益诉求。参与涉及职工切身利益的法律、法规、规章的制定与调整，是《工会法》赋予工会的权利和义务，也是工会最为基本的职能之一。只有加强工会建设，才能使工会有效地参与最低工资标准调整，从源头上维护职工的合法权益。如本书第八章所述，在澳大利亚、美国最低工资标准调整过程中，工会作为雇员权益的代表，发挥了非常积极的作用。如在澳大利亚的年度最低工资标准的审议中，工会通过提交书面材料，阐述对于调高最低工资标准的意见，并在最低工资研究小组中积极发挥作用，对围绕最低工资标准调整展开哪些方面的研究提出自己的建议。而美国工会组织则在立法听证中积极发表意见，并通过自身所掌握的选票和资金影响选举结果，从而促进最低工资标准的调整。从中国工会的具体情况出发，可以从四个方面加强建设，以在最低工资标准调整中发挥积极作用。

其一，加强工会建设要在价值观层面坚持"以职工为本"的基本理念，始终坚守维护职工合法权益、竭诚服务职工群众的基本职责。工会一直是中国社会主义国家政权的重要支柱，其基本作用就是要坚持国家利益高于一切，发挥党联系职工群众的桥梁和纽带作用，代表党的意志维护职工群众的合法权益。工会十七大报告进一步提出，维护职工合法权益是工会的天职，工会必须高举维护职工合法权益的旗帜，扎扎实实解决好职工群众最困难、最忧虑、最急迫的实际问题，使改革发展成果更多更公平惠及职工群众。《中国工运事业和工会工作"十四五"发展规划》明确将"坚持职工为本"作为"十四五"期间工会开展工作的基本原则，提出牢固树立以职工为中心的工作导向，把联系和服务职工作为工会工作的生命线，扎实履行维护职工合法权益、竭诚服务职工群众的基本职责，不断提升职工群众的获得感、幸福感、安全感，推动实现共同富裕。规划中还明确将推动合理调整最低工资标准作为工会的重要工作内容。北京市总工会发布的《北京市"十四五"时期职工发展规划》提出，"十四五"期间工会要"向前一步"维护职工劳动经济权益，最低工资标准就是保障低收入劳动者劳动经济权益的重要内容。

其二，工会要践行劳资共同体理念，在参与最低工资标准调整的过程中，以劳资合作、共赢为目标，努力实现双方利益的最大化。促进劳资合作，使劳资在合作中实现共赢，才是劳动关系管理的最高境界。树立和谐发展、互利共赢理念，是中国特色社会主义进入新时代维护新型职工权益的新理念。工会要秉承和谐理念，倡导和谐精神，通过平等协商、工会调和等方法，与人力资源和社会保障行政部门积极沟通，反映低收入劳动者在最低工资标准调整方面的诉求。工会还要从共赢的理念出发，倡导企业与员工共同发展、共同进步，在最低工资标准的调整中了解企业的人工成本压力和支付能力情况，避免最低工资标准的调整给低收入劳动者就业带来负面影响。

其三，加强工会干部队伍建设，提升工会干部的知识储备和综合素质。加强工会建设要在知识层面不断提高工会干部在劳动力市场、劳动关系、产业发展、社会调查等方面的知识储备，使工会干部深入了解最低工资标准调整对劳动力市场可能产生的负面影响，同时要在能力层面提高工会干部调查和分析问题的能力，能够通过调查问卷、深度访谈等方式进行有针对性的调查，深入了解低收入劳动者作为"沉默的大多数"的具体生存状况，能够通过调查数据和各类统计分析反映他们的需要，为政府部门调整最低工资标准提供有价值的建议。一方面需要建立起科学化和系统化的人员培训机制，提升工会组织人员的综合素养和业务能力；另一方面，通过建立动态性和市场化的人事制度和薪酬激励制度，吸引更多职业化、年轻化的专业人才，激发工会人员的工作活力和能动性。

其四，加强工会建设要在行动层面落实党中央提出的"改进工作作风、密切联系群众"的要求，走近低收入劳动者，通过重点调查和反复论证，力求把低收入劳动者的诉求表达得更充分、更完善。工会组织的根基在职工群众，血脉在职工群众。作为职工利益的代表者和维护者，工会要了解和掌握低收入劳动者最关心的问题，最迫切需要解决的现实问题，其中包括他们在最低工资标准方面的诉求。

二、提高劳资双方的主体参与意识

全过程民主的要义在于让人民群众亲身参与民主协商、民主管理、民主评议和民主监督过程中，切实保障其参与政治、经济、社会和文化管理的当家作主权利。全过程民主对人民群众的民主素养提出了更高的要求，要求人民群众要提高自身的参与意识。这是实现全过程民主的基础之一。在最低工资标准调整中，提高劳资双方的主体参与意识，可以使劳资双方愿意（like to）通过各种形式表达自身对于最低工资标准调整的意见，从而真正参与到最低工资标准调整中来。目前，在北京市最低工资标准调整中，鲜见用人单位和劳动者的公开发声，企业联合会/企业家协会和工会征求到了何种关于最低工资标准的意见，也不得而知。而在课题组的相关调查中，很多企业负责人、人力资源管理负责人对最低工资标准不是很关注，低收入劳动者对最低工资标准更是知之甚少，即便权益受到侵害也意识不到。如本书第八章所述，在澳大利亚、美国最低工资标准调整过程中，劳资双方的主体参与意识很强，澳大利亚的雇主组织、工会组织积极提交书面意见和报告，美国公众则通过报名参加听证会和游行集会的方式表达利益诉求。提高劳资双方在最低工资标准调整中的主体参与意识，并非鼓励企业和劳动者通过游行示威等方式表达诉求，而是应推动和促进企业联合会/企业家协会和工会在开展最低工资标准调查中，能基于对最低工资的正确认识，提供有价值的信息，提出有建设性的意见，这一点对低收入劳动者来说尤为重要。

首先，需要继续加强劳动法律法规宣传，针对很多劳动者和用人单位管理者不了解最低工资标准、误读最低工资标准的现状，政府部门可以通过发放免费宣传材料、办免费培训班、进行免费宣讲等方式，使用人单位和劳动者尤其是底层低技能劳动者了解北京市最低工资标准，了解最低工资标准调整对于自身可能带来的影响。

其次，应建立完善的最低工资标准日常监察机制。监察人员不但应该在接到申诉后对相关用人单位进行监察，还应进行定期或不定期的走访监察，并采取跟踪监察的做法，确保用人单位之前违反最低工资制度的行为得到纠正。一系列监察可以使劳资双方意识到最低工资标准的重要性，从而在最低工资标准调整中积极建言献策。

三、设计有效的劳资双方参与方式

全过程民主需要构建起多样、畅通、有序的民主渠道，丰富民主参与的方式。在最低工资标准调整中，需要设计有效的劳资双方参与方式，使劳资双方能够（enabled to）通过有效的参与方式，表达对于最低工资标准调整的意见。这是过程民主的重要内容，为结果民主提供了保障。在北京市最低工资标准的调整中，企业联合会/企业家协会和工会可以直接对地方最低工资标准的调整提出建议，但这些建议从何而来，采取何种方式征求了各自所代表的用人单位或雇员的意见，往往比较模糊。特别是对于底层低技能劳动者来说，将诉求反映给地方工会和政府部门，从而使得最低工资标准的调整起到维持其基本生活的作用，需要具体的方式保障。如本书第八章所述，在澳大利亚、美国最低工资标准调整过程中，有效的参与程序为劳资双方表达意见提供了方式保障。在澳大利亚最低工资标准调整中，劳资双方可以依据《公平工作法》的规定，直接向公平工作委员会提交书面意见，并在网站上浏览所有的意见信息。同时，代表劳资双方不同利益的研究小组成员，可以通过提出研究议题，了解最低工资标准调整所涉及的相关问题的研究结论，为所提出意见的科学性提供了保障。在美国最低工资标准调整中，劳资双方可以通过影响选举和参与立法听证表达意见。

在现阶段北京市最低工资标准的调整中，首先可以通过网络搜集劳资双方的意见。日益发达的互联网为广泛征求劳资双方意见提供了平台。在征求意见时，要阐明最低工资调整的意义及可能带来的影响，激发劳资双方的参与热情，了解劳资双方的真实诉求。但考虑到一些低收入劳动者可能因为知识水平有限或没有上网条件，而无法发表自己的意见，工会和政府部门还应采取一对一访谈、召开座谈会等方式，对低收入劳动者的诉求进行具体、深入地调查。另外，由于劳资双方对最低工资标准调整的意见会存在一定冲突，政府部门可以采取整体接触的方式，召集劳资双方进行座谈，既让劳资双方了解最低工资标准调整所面临的多元利益冲突困境，又可以增进劳资双方的相互了解，为达成共识奠定基础。

四、推动最低工资标准调整主导部门与劳资双方的良性互动

随着全过程人民民主的不断发展，政民互动需要得到进一步增强，以打破传统的公众与政府之间的鸿沟，这是全过程人民民主的一个本质要求。对劳资双方的意见给予回应（responded to），可以推动最低工资标准调整主导部门与劳资双方的良性互动，进而不断提高劳资双方的参与热情。如本书第八章所述，在澳大利亚最低工资标准调整中，公平工作委员会通过在网站上公布相关信息，使劳资双方可以依据这些公开的内容进一步提出相关建议，促进了最低工资标准调整主导部门与劳资双方的良性互动。美国劳资双方代表在参加最低工资立法听证的过程中，不但会陈述自身的观点，还会就议员们提出的问题进行回答，双方可以实现较为充分的沟通。从北京市的具体情况出发，为了推动最低工资标准调整主导部门与劳资双方的良性互动，政府部门应首先提高自身的思想认识，意识到征求意见，回应劳资双方诉求，整合劳资双方利益以尽可能满足双方利益主体的需要，是调整最低工资标准包括促进最低工资标准执行的重要基础，真正做到"从群众中来，到群众中去"。政府部门要搭建起有效的政府、用人单位和劳动者三方对话平台，通过听证会、座谈会、线上直播等方式，在搜集劳资双方意见的同时，定时定点回答劳资双方的疑问。重视通过信息公开回应劳资双方的诉求，在不涉及机密、商业敏感信息和个人隐私的前提下，政府部门可以通过互联网平台将三方协商的内容公开，并重点说明有代表性建议的采纳情况，使劳资双方可以感觉到自己的意见被倾听，从而有助于形成政府部门与劳资双方之间持续的良性互动。

第三节　重视最低工资标准调整中的专家参与

邀请（asked to）专家学者参与相关研究，可以为最低工资标准调整提供科学的政策建议。在中国现行的最低工资标准决定机制中，地方人社部门，在最低工资标准决定的过程中处于主导地位。在传统上，人们将经济学中的"经济人"假设移植到管理学领域，将政府视为一个具有完全理性、全知全能的公共行政组织，由此政府的管理都是完美无缺的，政府有足够的智慧和能力单独处理各种各样的公共事务。美国学者赫伯特·西蒙（Herbert Simon）提出了"有限理性"（bounded rationality）理论，有限理性是指由于人在神经生理和语言方面能力的

局限性和外在事务的不确定性、复杂性，从事经济活动的人意愿上追求理性，实际上只能有限地做到这一点。有限理性包括两个方面的含义：第一，人的理性既然是有限的，因此脑力本身就是一种稀缺资源，对它的使用无疑也具有一种机会成本；第二，个人的认识能力是有限的，个人不可能预测未来所有的事件。而作为公共行政组织的政府当然也不例外。那种认为政府完全理性、全知全能的观点，不仅误导了政府，而且也使公众对政府产生了过高的期望。有限理性在政府管理领域主要体现在知识的不完备性、信息的不完全性、价值观的导向性，以及官僚体制的科层性等方面。虽然完全理性是不可能的，但政府并不能因此降低对公众的责任感和使命感。近些年，有大批的各界精英进入体制内，成为行政机构的一员，但并不意味行政机构的决策就必然是高质量和科学的，也并不意味他们代表权威和有效，反而现实中的诸多事例时刻提醒行政决策主体要保持谨慎，要对风险保持敬畏。这也要求政府部门更积极主动地改善自身的管理环境和条件，通过吸收社会专家的参与，实行以知识为基础的管理，最大限度地拓展政府的理性。最低工资标准调整所涉及的利益关系错综复杂，需要更多的视角触及、知识融合和技能支撑，以为行政决策提供认可度和信服度。中国《最低工资规定》中并未明确专家学者如何参与最低工资标准的调整，但在实践中，少数地方政府如广东省已经开始委托专家学者团队基于广泛而深入的调查，为最低工资标准调整提供决策建议，并取得了良好的效果。从北京市的具体情况看，北京高校和科研机构云集，有很多学者从事最低工资相关领域的研究，为专家学者参与最低工资标准调整提供了人员基础。

一、从制度层面对专家学者的参与进行规范

首先，应在制度层面明确规定，在最低工资标准调整的过程中，将专家学者的参与作为必需的一个环节。如本书第八章所述，澳大利亚专门负责每年评审最低工资的公平工作委员会最低工资小组（The Minimum Wage Panel of Fair Work Australia）是在《公平工作法》的规定下成立的，该小组由主席、三名全职成员和三名兼职成员组成，而兼职成员一般是劳动关系、经济学、社会政策、商业或者产业研究等领域的专家。美国最低工资标准调整立法听证会特别邀请相关领域的专家学者，请他们发表意见，并解答国会议员提出的疑问。澳大利亚和美国的做法为专家学者参与最低工资标准调整提供了制度保障，使得专家学者的专业意见可以直接影响到最低工资标准的调整，以避免标准的调整对劳动力市场和宏观经济带来严重的负面影响。

同时，应对专家学者的遴选方式进行规范。国务院发布的《重大行政决策程序暂行条例》第 20 条明确规定：选择专家、专业机构参与论证，应当坚持专业性、代表性和中立性，注重选择持不同意见的专家、专业机构，不得选择与决策事项有直接利害关系的专家、专业机构。如本书前文所述，最低工资标准的调整一方面有助于低技能劳动者的收入保障；另一方面可能对用人单位产生人工成本压力，进而用人单位可能用机器设备代替低技能劳动者，导致低技能劳动者失业，因此是一个非常复杂的问题，参与调整的专家学者的专业性显得尤为重要。在行政机关内部也有很多相关领域的专家，他们大多数经验丰富且善于做决策，视为体制内专家。但此类专家在参与最低工资标准调整中也存在很多的不足，如决策利益的关联性、经验的依赖性较强，考虑问题的视角较单一等问题。这就需要专家学者从专业性的角度，结合北京市目前的劳动力市场现状，从低技能劳动者生活状况、用人单位经营情况、劳动力市场供求、产业结构和宏观经济运行等方面，对最低工资标准调整可能造成的影响进行评估，就其熟知和擅长的领域对最低工资标准调整的专业问题提供方案。另外需要注意的一点是，调高最低工资标准，通常会让低技能劳动者受益，但也可能导致企业主的利益受损。这个时候，为实现专家论证制度的目的，继而形成一个真正科学、各方都能接受的调整方案，突出专家的中立性就十分必要。"中立"二字的字面意思是指，在处理事务过程中保持公正，不对任何人或者任何事有偏袒行为，从而保证对事务处理的中立性。在最低工资标准调整中专家论证的"中立"指的是，在论证过程中保持中立的立场，要避免受到情感因素的影响，在论证过程中不能带有任何的价值倾向，同时也要求专家在论证过程中，不被观点差异或者其他客观因素影响。专家参与行政决策，基于自身知识提出中立性意见很有必要，表达的是一种"理性"，是一种事实的应然或实然，而非对价值上的考量。这既能避免政府行政决策的盲目性，也能让各种主体过于热情的表达冷静化，起到沟通两者合理表达利益的作用。同时，专家提出的中立性意见，也会让各种主体从中知晓行政决策涉及的相关技术信息，增强行政决策的权威性，从而提高公众的认可度（魏建新，2015）。因此，应从制度层面对专家学者的专业、道德品格、中立性、学术理论和实践能力等做出要求，并要求将参与调整的专家学者基本情况进行公示，供社会监督。

二、委托专家学者开展广泛的调查研究

如本书第八章所述，在澳大利亚最低工资标准调整中，工作场所和经济研究

部（WERS）会支持专家学者开展相关研究，以为最低工资标准调整决策提供科学的参考建议。政府部门可以委托专家学者开展广泛的调查，采取各种方式搜集劳动者和用人单位对于最低工资标准的意见，对劳动者特别是低收入劳动者的生存状况进行调查，走访企业特别是劳动密集型企业，以掌握第一手资料，并据此进行定量和定性分析。

首先，需要赋予专家学者履行职责所需的必要权利和条件，充分的条件保障是专家学者参与最低工资标准调整调查研究的基本前提，调查研究活动的进行需要信息和资金的保证。专家调查研究的过程离不开相关行政主体的管理与配合，包括政策指导及查阅相关信息资料等。要强化行政决策主体向专家学者提供信息的力度，无特殊情况，应当公开与最低工资标准调整相关的一切资料和信息。行政机关应积极引导、有效配合专家的调查研究，组织做好相关的信息收集与查阅工作，使专家的调查研究能够顺利展开。

其次，应给予专家物质方面的保障。行政机关应该为专家提供适宜的论证场地、办公设备和经费保障，并为外地的专家提供食宿、交通等保障，方便专家能够更好地开展调查研究工作。所有这些费用应纳入行政部门的财政预算，严格落实专款专用。

再次，应给予专家必要的报酬和奖励。专家通过调查研究提供决策方案属于脑力劳动，理应获得劳动报酬，要保障专家学者获得必要报酬的权利，只有肯定专家获得报酬的正当权益，才能保障专家投入足够的时间和精力展开调查研究，并且提供高质量的专家意见（钱再见，2016）。建立长效的激励制度，有助于激发专家的社会责任感和荣誉意识，保持专家参与决策的热度，更好地发挥专家学者参与的积极作用。比如，一旦专家意见被采纳，在最低工资标准调整后，专家意见的科学性和可行性得到了证明，应给予专家相应的物质奖励和精神奖励。专家有突出贡献的，可以将赴外地考察、出国培训等学习交流的机会作为奖励，或者以文件形式进行表彰和嘉奖，以此肯定专家的付出，激发其更大的使命感。

最后，专家的调查情况、研究成果和所提出的最低工资标准调整建议，都应该记录在案，并向社会公开，接受社会监督。

第十章 结 语

第一节 结 论

本书从宏观、微观两个视角分析了科学调整最低工资标准的必要性。在宏观层面，从实现共同富裕的要求出发，认为科学调整最低工资标准有助于增加劳动者，特别是一线低技能劳动者的劳动报酬，从而提高初次分配中劳动报酬所占比重。而伴随着低技能劳动者劳动报酬的增加，其人力资本投资能力也会得到增强，由此为提高人民受教育程度、增强发展能力创造更加普惠公平的条件。科学调整最低工资标准有助于实现更高质量和更充分就业，是践行以人民为中心发展思想的内在要求，是推动人的全面发展的重要基础，也是促进全体人民共同富裕的重要方式。同时，通过科学调整最低工资标准，提高低技能劳动者的收入，有助于拉动消费，增加需求，进而推动经济的高质量发展，这是解决共同富裕道路上发展问题的关键。

在演化博弈理论的框架内，本书从微观层面对工资水平调整中，对低技能劳动者个体/群体与用人单位之间合作与冲突的策略选择进行了分析，进而阐明了实施最低工资保障制度、科学调整最低工资标准的必要性。对低技能劳动者个体与用人单位之间合作与冲突的策略选择分析表明，当劳资双方策略选择的稳定状态可能为冲突，也可能为合作，具体的选择取决于系统的初始状态时，国家有必要通过实施最低工资保障制度、科学调整最低工资标准，使劳资双方合作的可能性提高，冲突的可能性降低。同时，当用人单位倾向于选择冲突策略时，科学调整最低工资标准有助于保障低技能劳动者的基本权益，以避免劳资双方均采取冲突策略的局面，促进劳资和谐。对低技能劳动者群体与用人单位之间合作与冲突的策略选择分析表明，科学调整最低工资标准可以降低低技能劳动者采取一致行动与用人单位进行对抗的可能性，并促进低技能劳动者就自身权益被侵犯的事项达成共识，帮助低技能劳动者利用法律的武器维护自身正当的权益。

1994—2022 年，北京市最低工资标准不断调整，保持了增长的趋势，年平均增长率达到了 8.96%。对北京市 16 个区 1 022 名低收入劳动者的问卷调查和深人访谈表明，北京市最低工资标准的调整，对提高低收入劳动者工资水平和生活水平有一定的正向积极影响，但作用不是很明显，同时北京市最低工资标准的提高，对低收入劳动者就业机会和工作时间不存在正向或者负向影响。对北京市6个收入较低行业的152家用人单位的问卷调查和深入访谈表明，目前北京市最低工资标准的调整对被调查用人单位人工成本和产品、服务竞争力的影响很有限，对用人单位整体生产经营的影响微乎其微。

本书对北京市最低工资标准调整的适度性进行了评价，通过数据统计与比较分析可知，目前北京市最低工资标准偏低，未能实现"保基本"与"促发展"的功能。在"保基本"层面，与北京市最低生活保障标准相比较，2019年之前，按北京市最低工资标准领取劳动报酬的低技能劳动者，可以保障自身及其赡养人口的最低生活费用。而从2020年与2021年度的数据看，最低工资标准的保障能力在下降，按北京市最低工资标准领取劳动报酬的低技能劳动者已无法保障自身及其赡养人口的最低生活费用。在"促发展"层面，按照北京市最低工资标准领取劳动报酬的低技能劳动者，无法保障自身及其赡养人口在人力资本投资方面的支出。同时，与北京市最低生活保障标准和北京市失业保险相比较，偏低的最低工资标准很可能在一定程度上影响劳动者就业的积极性。北京市按照最低工资标准领取劳动报酬的低技能劳动者的收入水平，不足以使家庭成员的消费性支出达到20%低收入户的平均水平。这对于社会消费需求的拉动会产生一定的负面影响。另外，北京市最低工资的年均增长率始终低于人均GDP的年均增长率，且远低于平均工资的年均增长率，最低工资与平均工资的比值更是远远低于40%～60%的一般国际水平，使得低收入劳动者无法共享社会经济的发展成果。

灰色关联分析表明，影响北京市最低工资标准因素的T型关联度排序为：职工月平均工资、城镇居民家庭平均每人每月消费性支出、人均GDP、社会劳动生产率、城镇居民最低生活保障标准和城市居民消费物价指数，与城镇登记失业率和平均每一城镇就业者负担人数的关联度较小。为了实现"保基本"和"促发展"的功能，本书基于马丁法对北京市最低工资标准进行了测算，将马丁法测算所得的高贫困线进行调整，使其所包含的教育培训费用可以达到北京市的平均水平，以满足社会经济发展对素质合格的劳动力的需求。在实施最低工资制度的国家中，最低工资标准多为月平均工资的40%～60%。为了使低收入劳动者共享社会经济发展成果，课题组提出北京市最低工资标准的调整可参考这一比例，但需要将最低工资标准对就业的影响纳入考虑范畴。

导致北京市最低工资标准偏低的一个重要因素，是调整机制的不完善，比较突出地表现为工会职能发挥的制度约束，低收入劳动者无法表达诉求，用人单位对最低工资标准调整的影响度更大和专家参与的不足。工会职能发挥的制度约束主要源于工会经费来源的限制和非公有制经济的发展。北京市低技能劳动者的意见和想法很难影响到最低工资标准的调整，从而成为沉默的大多数，主要表现在四个方面：一是低收入劳动者法律意识淡薄；二是低收入劳动者对最低工资制度的必要性缺乏正确认识；三是低收入劳动者缺乏对于最低工资标准的正确认知；四是低收入劳动者缺乏表达诉求的意识与途径。在目前北京市最低工资标准调整中，用人单位对最低工资标准调整的影响度更大，而政府部门由于担心调整最低工资标准会影响资本投资者的热情，经常会采取牺牲劳动者利益的方式实现其自身和用人单位方的利益。同时，目前专家参与最低工资标准调整决策缺乏硬性规定，决策咨询在最低工资标准调整过程中并非必经程序，处于可有可无的境况，专家决策咨询的主体并不完善，且决策咨询信息相对缺乏。

他山之石，可以攻玉。本书以澳大利亚和美国为例，分别对专家委员会和立法机关主导的最低工资标准调整模式进行了分析，并基于 CLEAR 模型，从能够做（can do）、自愿做（like to）、使能够做（enabled to）、被邀请做（asked to）和作为回应去做（responded to）五个方面，对两国最低工资标准调整中的公众参与模式进行了探究，重点阐述了澳大利亚、美国最低工资标准调整中的公众参与对于北京市的借鉴意义，主要体现在五个方面：一是加强工会建设，使工会能够代表劳动者利益诉求参与到最低工资标准调整中来；二是提高劳资双方的主体参与意识，使劳资双方愿意通过各种形式表达自身对于最低工资标准调整的意见；三是构建有效的劳资双方参与方式，使劳资双方能够通过有效的参与方式，表达对于最低工资标准调整的意见；四是重视最低工资标准调整中的专家参与，邀请专家学者参与相关研究，以为最低工资标准调整提供科学的政策建议；五是对劳资双方的意见给予回应，推动最低工资标准调整主导部门与劳资双方的良性互动。

从北京市最低工资标准的适度性与最低工资标准调整中存在的问题出发，在国际比较借鉴的基础上，本书提出了三个方面的政策建议，以优化北京市最低工资标准调整机制。

第一，以促进共同富裕为目标科学测算最低工资标准。本书将马丁法测算所得的高贫困线进行调整，使其所包含的教育培训费用可以达到北京市的平均水平。同时，本书提出可以在监测最低工资标准对就业影响的前提下，按照北京市月平均工资的 40%～60% 调整北京市最低工资标准。

第二，以全过程人民民主思想为指导推动劳资双方的积极参与。首先需要加强工会建设，工会要在价值观层面坚持"以职工为本"的基本理念，在工作作风方面坚持走近低收入劳动者，努力提升干部的知识储备和综合素质；其次要提高劳资双方的主体参与意识，需要继续加强最低工资标准领域劳动法律法规宣传，并建立完善的最低工资标准日常监察机制；再次要构建有效的劳资双方参与方式；最后要推动最低工资标准调整主导部门与劳资双方的良性互动，重视通过信息公开回应劳资双方的诉求。

第三，重视最低工资标准调整中的专家参与。首先需要从制度层面对专家学者的参与进行规范，明确在最低工资标准调整的过程中，专家学者的参与是必需的环节，从专业性和中立性的角度对专家学者的遴选方式进行规范。同时，可以委托专家学者开展广泛的调查研究，以掌握第一手资料，并据此进行定量和定性分析。

第二节　有待进一步研究的问题

最低工资标准的决定涉及劳动者权益保护，企业人力资源管理，收入分配调整，劳动力市场，社会保障，等等，多个微观到宏观的经济研究领域，内容十分宽泛。以下问题还有待进一步研究和探讨。

一是北京市最低工资标准对就业影响的深入分析。与西方很多实施最低工资制度的市场经济国家相比，中国在最低工资领域探索的时间要短得多。同时，由于政府部门劳动监察力度不强和劳动者维权意识不足，在劳动力供大于求的背景下，最低工资制度并没有得到很好的落实，一些用人单位存在着不执行最低工资制度的情况。另外，目前所公布的统计数据中的失业率也无法真实反映北京市劳动力市场中的失业情况。由于数据存在的瑕疵，在此基础上所得出的实证结论的准确性有待进一步检验。

二是北京市灵活就业者最低工资标准决定机制研究。目前，中国最低工资标准的适用范围仅限于用人单位和与之形成劳动关系的劳动者，并未将灵活就业的劳动者包括在内。目前，北京市有大量的灵活就业者，怎样保护这部分劳动者获得合理的劳动报酬，灵活就业者的最低工资标准应如何调整，是有待进一步研究的问题。

参考文献

[1] 蔡伟贤，杜素珍，汪圣国. 最低工资标准上涨影响了企业的员工配置效率吗？[J]. 经济科学，2021（1）：83-95.

[2] 昌硕. 低收入人群基本健康状况研究 [J]. 卫生经济研究，2018（12）：72-75.

[3] 常凯. 劳权保障：社会主义市场经济题中之义 [J]. 中国劳动，2004（1）：25-27.

[4] 陈珍，费军. 基于演化博弈视角下企业工资集体协商机制的研究 [J]. 中国管理科学，2012，20（S1）：1-7.

[5] 李嘉图. 政治经济学及赋税原理 [M]. 周洁，译. 北京：华夏出版社，2005：65-67.

[6] 邓汉慧，张子刚. 西蒙的有限理性研究综述 [J]. 中国地质大学学报（社会科学版），2004，4（6）：37-41.

[7] 董保华. 劳资博弈之道：兼谈劳动合同立法博弈中"强资本，弱劳工"的观点 [J]. 社会科学家，2009（1）：8-14.

[8] 董晓红，马君宇，王锐. 关于完善当前工会经费代征机制的思考和建议 [J]. 中国工会财会，2015（9）：16-17.

[9] 杜鹏程，徐舒. 最低工资、市场演化与生产率增长 [J]. 产业经济研究，2020（4）：90-101.

[10] 冯文权，苏江. 经济系统突发事件的机理分析 [J]. 武汉大学学报（人文科学版），1994（6）：86-91.

[11] 傅端香. 最低工资标准提高对中国就业影响的研究 [M]. 北京：中国经济出版社，2017.

[12] 傅端香. 美国最低工资标准行业就业效应分析 [J]. 统计与决策，2019，35（13）：119-121.

[13] 傅康生. 实行最低工资制度的经济分析 [J]. 江淮论坛，1995（6）：

70-74.

[14] 奈特. 风险、不确定性和利润 [M]. 北京：中国人民大学出版社，2005.

[15] 斯托克，游祥斌. 新地方主义、参与及网络化社区治理 [J]. 国家行政学院学报，2006（3）：92-95.

[16] 关娇，何江，吴忠. 中国最低工资研究（1998—2017 年）：能量分布、热点前沿与未来趋势 [J]. 西安财经大学学报，2020，33（1）：102-112.

[17] 国际劳工组织（ILO）. Minimum wage system [EB/OL]. （2014-02-07）[2021-03-16]. https：//www. ilo. org/wcmsp5/groups/public/---ed_ norm/---relconf/documents/meetingdocument/wcms_ 235287. pdf.

[18] 国家统计局. 中国全面建设小康社会进程统计监测报告（2011）[EB/OL]. [2021-03-18]. http：//www. stats. gov. cn/tjfx/fxbg/t20111219_ 402773172. htm.

[19] 国家卫生计生委统计信息中心. 2013 第五次国家卫生服务调查分析报告 [M]. 北京：中国协和医科大学出版社，2015.

[20] 韩小花，薛声家. 基于演化博弈的心理契约分析 [J]. 企业经济，2007（9）：33-35.

[21] 韩兆洲，魏章进. 基于灰色系统模型的最低工资研究 [J]. 数学的实践与认识，2005（9）：99-104.

[22] 韩兆洲，吴云凤，魏章进，等. 劳动工资与社会保障：广东省最低工资调查与统计测算模型研究 [M]. 北京：经济科学出版社，2006.

[23] 韩兆洲，魏章进. 最低工资标准：问题与对策研究 [J]. 广东社会科学，2011（1）：192-200.

[24] 西蒙. 西蒙选集 [M]. 黄涛，译. 北京：首都经济贸易大学出版社，2002：432 -457.

[25] 侯光明，李存金. 管理博弈论 [M]. 北京：北京理工大学出版社，2005.

[26] 胡放之. 中国经济起飞阶段的工资水平研究 [M]. 北京：中国经济出版社，2005：203.

[27] 胡杰容，杨朔. 北京城市低保标准研究：从绝对贫困到相对贫困 [J]. 北京科技大学学报（社会科学版），2018，34（2）：40-47.

[28] 胡强. 2019 年世界发展报告推出的人力资本指数 [J]. 中国统计，2020

（2）：3.

［29］胡志华，黄凤仪. 选定地方的最低工资制度［EB/OL］.（2008-03-07）［2021-04-15］. http：//www. legco. gov. hk.

［30］胡宗万.“十二五”最低工资标准增长目标的实现途径及其影响［J］. 湖北师范学院学报（哲学社会科学版），2011，31（6）：7-9.

［31］胡宗万. 新常态下完善最低工资标准调整机制的思考［J］. 中国劳动，2015（23）：4-10.

［32］胡宗万. 新常态下最低工资“保基本”功能评估［J］. 中国统计，2016（11）：17-19.

［33］胡宗万. 适时适度规范调整 最低工资制度不断完善［J］. 中国人力资源社会保障，2017（12）：26-28.

［34］胡宗万. 适合我国国情的工资宏观调控体系不断健全［J］. 中国人力资源社会保障，2018（3）：25-26.

［35］黄伟，魏薇，孙贺. 北京市最低工资制度实施状况与就业影响中介效应分析［J］. 经济社会体制比较，2013（1）：217-227.

［36］黄小勇. 公共决策的公众参与困境及其管理策略：以广东番禺区垃圾焚烧发电厂风波为例［J］. 国家行政学院学报，2010（5）：114-118.

［37］黄岩，杨方. 最低工资制度的保障性程度分析：以广东省深圳市为例［J］. 中国人口科学，2011（4）：83-91，112.

［38］黄元元，王晓燕. 复杂性科学与中国的转轨经济［J］. 生产力研究，2003（5）：3.

［39］贾东岚. 国外最低工资［M］. 北京：中国劳动社会保障出版社，2014.

［40］贾朋，张世伟. 最低工资标准提升的劳动供给效应：基于回归间断设计的经验研究［J］. 中国人口科学，2012（2）：25-35.

［41］贾朋，张世伟. 最低工资标准提升的劳动供给效应：一个基于自然实验的经验研究［J］. 南方经济，2013（1）：1-13.

［42］贾朋，张世伟. 最低工资标准提升的溢出效应［J］. 统计研究，2013（4）：37-41.

［43］金露，曲秉春，李盛基. 最低工资制度的劳动供给效应［J］. 税务与经济，2019（2）：44-49.

［44］郎宏文，孙英杰. 管理学基础［M］. 北京：中国铁道出版社，2017：216.

［45］李道揆. 美国政府和美国政治［M］. 北京：中国社会科学出版社，1990：363.

［46］李恩平，张倩. 最低工资标准适度性评价与测算研究：以山西省及其周边省份为例［J］. 会计之友，2019（23）：50-56.

［47］李后建，郭安达. 国有股权、最低工资标准与企业员工在职培训［J］. 当代经济科学，2020，42（3）：39-55.

［48］李后建，秦杰，张剑. 最低工资标准如何影响企业雇佣结构［J］. 产业经济研究，2018（1）：90-103.

［49］李江海. 对亚当斯公平理论的拓展及其应用［J］. 中国外资，2012（10）：120，122.

［50］李阳. 新媒体背景下公众参与社会治理体系的构建［J］. 福建论坛（人文社会科学版），2019（5）：156-164.

［51］李志，兰庆庆. 公民网络政策参与的制度化沟通及其实现路径：基于2015年网络六大舆情的分析［J］. 中国行政管理，2016（6）：115-119.

［52］林玳玳，林原. 我国最低工资制度的现状与和谐社会构建［J］. 中国人力资源开发，2007（4）：57-60.

［53］林原，袁伦渠. 经济转型期我国最低工资制度实施的必要性分析［J］. 生产力研究，2007（5）：76-77，139.

［54］林原，曹媞. 基于T型关联度分析的北京市最低工资标准影响因素研究［J］. 生产力研究，2010（7）：36-37，73.

［55］林原，曹媞. 最低工资标准提高对我国物流企业影响的效应分析与对策研究［J］. 物流技术，2011，30（17）：35-37，43.

［56］林原. 经济转型期最低工资标准决定机制研究：公共选择与政府规制［M］. 北京：知识产权出版社，2012.

［57］林原，曹媞. 基于改进马丁法的最低工资标准测算模型研究［J］. 商业时代，2012（2）：102-103.

［58］林原，曹媞. 国外最低工资标准决定机制及其对我国的借鉴意义［J］. 生产力研究，2012（8）：174-175，253.

［59］林行止. 慎行最低工资制度［N］. 信报财经新闻，2002-10-12.

［60］刘传济. 劳动经济学辞典［M］. 郑州：河南人民出版社，1986：268.

［61］刘恩猛，吕文栋. 最低工资标准、工资支付能力与中小企业创新产出：基于浙江的调查［J］. 科学决策，2021（8）：1-10.

［62］刘国光. 研究宏观经济形势要关注收入分配问题［J］. 经济学动态，2003（5）：3-8.

［63］刘建平. 贫困线测定方法研究［J］. 山西财经大学学报，2003（8）.

［64］刘苓玲. 论收入分配的公平与人力资本投资的公平［J］. 重庆工学院学报，2006（6）：80.

［65］刘颖纯. 城乡低收入群体的消费现状及提高消费水平的路径分析［J］. 湖南科技学院学报，2017，38（7）：66-68，115.

［66］陆振朋. 最低工资与企业培训：离职成本的视角［J］. 浙江社会科学，2016（6）：28-35，155-156.

［67］罗彪. 专家参与行政决策的角色定位及功能优化［J］. 四川行政学院学报，2020（3）：5-12.

［68］罗伯特·达尔. 现代政治分析［M］. 吴勇，译. 上海：上海译文出版社，1987：134，135.

［69］罗小兰. 我国最低工资标准农民工就业效应分析：对全国、地区及行业的实证研究［J］. 财经研究，2007（11）：114-123，143.

［70］罗小兰. 中国企业最低工资经济效应研究［M］. 上海：立信会计出版社，2018.

［71］马骊，康永征，廖启云. 心理契约视域下新生代员工的组织行为选择：基于演化博弈模型的系统分析［J］. 系统科学学报，2021，29（3）：97-103.

［72］马克思. 雇佣劳动与资本［M］. 北京：人民出版社，1961.

［73］马克思，恩格斯. 马克思恩格斯全集：第26卷第1册［M］. 北京：人民出版社，1963：31，319.

［74］马克思，恩格斯. 马克思恩格斯全集：第23卷［M］. 北京：人民出版社，1974：200.

［75］马克思，恩格斯. 马克思恩格斯全集：第46卷（上）［M］. 北京：人民出版社，1979：251.

［76］马克思，恩格斯. 马克思恩格斯全集：第47卷［M］. 北京：人民出版社，1979：43，52.

［77］马克思，恩格斯. 马克思恩格斯全集：第4卷［M］. 北京：人民出版社，1963：455.

［78］马克思，恩格斯. 马克思恩格斯选集：第1卷［M］. 北京：人民出版社，1972：361.

[79] 马克思, 恩格斯. 共产党宣言 [M]. 长春: 北方妇女儿童出版社, 1998: 43, 54.

[80] 马克思, 恩格斯. 马克思恩格斯选集: 第4卷 [M]. 北京: 人民出版社, 1995: 374.

[81] 马双, 张劼, 朱喜. 最低工资对中国就业和工资水平的影响 [J]. 经济研究, 2012, 47 (5): 132-146.

[82] 马双, 甘犁. 最低工资对企业在职培训的影响分析 [J]. 经济学 (季刊), 2013 (4): 1-26.

[83] 曼昆. 经济学原理: 下册 [M]. 北京: 生活. 读书. 新知三联书店, 北京大学出版社, 2001: 33.

[84] 曼宁. 国家最低工资 [J]. 国外社会科学, 2002 (1): 103-104.

[85] 梅振国. 灰色绝对关联度及其计算方法 [J]. 系统工程, 1992 (5): 43-44.

[86] 宁光杰. 中国最低工资标准制定和调整依据的实证分析 [J]. 中国人口科学, 2011 (1): 26-34.

[87] 宁吉喆. 贯彻新发展理念 推动高质量发展 [J]. 求是, 2018 (3): 29-31.

[88] 綦建红, 付晶晶. 最低工资政策与工业机器人应用: 来自微观企业层面的证据 [J]. 经济科学, 2021 (4): 99-114.

[89] 钱纳里, 鲁宾逊, 赛尔奎因. 工业化和经济增长的比较研究 [M]. 吴奇, 等译. 上海: 上海三联书店、上海人民出版社, 1995: 22.

[90] 钱再见. 新型智库参与公共政策制定的制度化路径研究: 以公共权力为视角 [J]. 智库理论与实践, 2016 (1): 52-61.

[91] 石娟. 我国最低工资标准的就业效应: 基于全国和地区的实证研究 [J]. 当代经济管理, 2009, 31 (12): 8-11.

[92] 苏坚, 苏志. 美国的最低工资制度及其借鉴 [J]. 印度洋经济体研究, 2005, 20 (3): 117-120.

[93] 钱诚, 胡宗万. 中国最低工资调整对制造业人工成本变动影响研究 [J]. 中国人力资源开发, 2015 (23): 75-81.

[94] 阿克洛夫, 耶伦. 劳动力市场的效率工资模型 [M]. 邱牧远, 王天宇, 译. 北京: 中国人民大学出版社, 2019.

[95] 盛昭瀚, 蒋德鹏. 演化经济学 [M]. 上海: 上海三联书店, 2002.

［96］孙红德，方旭，韦雪梅，等. 工会经费征收难点及对策思考［J］. 中国工会财会，2016（9）：11-13.

［97］孙中伟，舒玢玢. 最低工资标准与农民工工资：基于珠三角的实证研究［J］. 管理世界，2011（8）：45-56.

［98］孙中伟，刘一伟，范长煜. 最低工资施行过程中的"地板工资制"及其后果：基于2017年广东省企业—员工匹配调查数据的分析［J］. 中国人口科学，2019（3）：114-125，128.

［99］汤耀国，朱莹莹. 超越部门立法［J］. 瞭望，2007（4）：46-47.

［100］唐钧. 国际确定最低生活保障线方法之研究［J］. 中国民政，1995（11）：6-7.

［101］唐五湘. T型关联度及其计算方法［J］. 数理统计与管理，1995（1）：34-37.

［102］田贵贤. 最低工资影响中国制造业就业的实证检验：基于中国省级动态面板数据的系统 GMM 分析［J］. 云南财经大学学报，2015，31（6）：13-20.

［103］戴伊，齐格勒. 民主的嘲讽［M］. 孙占平，盛聚林，译. 北京：世界知识出版社，1991：212.

［104］汪东平. 建立最低工资标准保护劳动者的基本生存质量［J］. 煤矿现代化，2001（4）：46-47.

［105］汪泓. 用神经网络模型对上海最低工资标准的分析和研究［J］. 东华大学学报（自然科学版），2001，27（6）：79-86.

［106］王斌，杨志林，李志敏，等. 农村群体性突发事件起因的演化博弈分析［J］. 青岛建筑工程学院学报，2004（4）：103-106.

［107］王东明在中国工会第十七次全国代表大会上的报告［EB/OL］.（2018-10-27）［2021-04-15］. http：//acftu. workercn. cn/27/201810/27/181027095002013. shtml.

［108］王浦劬. 中国协商治理的基本特点［J］. 求是，2013（10）：36，38.

［109］王梅. 最低工资与中国劳动力市场［M］. 北京：中国经济出版社，2012.

［110］王荣党. 农村贫困线的测度与优化［J］. 华东经济管理. 2006（3）：42-47.

［111］王锡锌. 参与式治理与根本政治制度的生活化［J］. 法学杂志，2012（6）：94-98，104.

[112] 王小莉. 吉林省最低工资标准影响因素的实证分析 [J]. 中国市场, 2019 (29)：19-22.

[113] 王小霞, 蒋殿春, 李磊. 最低工资上升会倒逼制造业企业转型升级吗?：基于专利申请数据的经验分析 [J]. 财经研究, 2018, 44 (12)：126-137.

[114] 王小霞, 李磊, 蒋殿春. 最低工资上升是否会加速工业企业自动化：来自中国机器人进口的思考 [J]. 当代经济科学, 2021, 43 (3)：32-43.

[115] 王雅丽, 张锦华, 吴方卫. 最低工资提升对农民工收入影响的再考察：基于全国流动人口动态监测数据的分析 [J]. 当代经济科学, 2019, 41 (4)：38-47.

[116] 王延中, 王国洪. 最低工资标准、劳动生产率差异与就业效应研究 [J]. 中国社会科学院研究生院学报, 2018 (1)：33-45, 145.

[117] 配第. 配第经济著作选集 [M]. 陈冬野, 马清槐, 周锦如, 译. 北京：商务印书馆, 1981：57.

[118] 魏建新. 理性的权力与权力的理性：专家参与行政决策研究 [J]. 中共福建省委党校学报, 2015 (5)：59.

[119] 吴昊, 杨梅英, 陈良猷. 合作竞争博弈中的复杂性与演化均衡的稳定性分析 [J]. 系统工程理论与实践, 2004, 24 (2)：90-94.

[120] 吴忠, 关娇, 何江. 最低工资标准测算实证研究：基于 CRITIC—熵权法客观赋权的动态组合测算 [J]. 当代经济科学, 2019, 41 (3)：103-117.

[121] 舒尔茨. 对人进行投资 [M]. 吴珠华, 译. 北京：商务印书馆, 2017.

[122] 夏伯忠, 邹宝丰. 劳动经济辞典 [M]. 长春：吉林人民出版社, 1987：809.

[123] 向攀, 赵达, 谢识予. 最低工资对正规部门、非正规部门工资和就业的影响 [J]. 数量经济技术经济研究, 2016, 33 (10)：94-109.

[124] 谢勇. 中国最低工资水平的适度性研究：基于重新估算社会平均工资的视角 [J]. 社会科学, 2016 (2)：12.

[125] 新华网. 北京总工会将源头参与最低工资标准制定 [EB/OL]. (2015-04-14) [2021-10-21]. http：//www. xinhuanet. com/politics/2015-04/14/c_127687654. htm.

[126] 谢识予. 有限理性条件下的进化博弈理论 [J]. 上海财经大学学报, 2001, 3 (5)：7.

［127］谢识予. 经济博弈论［M］.2 版. 上海：复旦大学出版社，2002.

［128］徐祖辉，谭远发. 健康人力资本、教育人力资本与经济增长［J］. 贵州财经大学学报，2014（6）：21-28.

［129］许和连，王海成. 最低工资标准对企业出口产品质量的影响研究［J］. 世界经济，2016（7）：24.

［130］许明，李逸飞. 最低工资政策、成本不完全传递与多产品加成率调整［J］. 经济研究，2020，55（4）：167-183.

［131］许晓军，曹荣. 论工会在劳动关系中的独立性与代表性：基于企业工会干部职业化的若干思考［J］. 新华文摘，2010（6）：4.

［132］许学军. 技术进步、收入分配、人力资本形成：以东亚与拉美为例的分析及对中国问题的启示［M］. 北京：经济科学出版社，2003：85-88.

［133］薛兆丰. 最低工资法不可取［N］. 21 世纪经济报道，2004-11-18.

［134］斯密. 国民财富的性质和原因的研究［M］. 郭大力，王亚南，译. 北京：商务印书馆，1988：60-62.

［135］杨灿，叶林祥，詹鹏. 我国最低工资标准制定中的"跟风行为"：基于 2004~2017 年省级面板数据的实证研究［J］. 经济社会体制比较，2020（5）：79-89.

［136］杨超，李洁，马双，等. 最低工资如何影响小微企业投资?：基于 CMES 的实证研究［J］. 劳动经济研究，2021，9（1）：50-77.

［137］杨娟，李实. 最低工资提高会增加农民工收入吗？［J］. 经济学季刊，2016（3）：1563-1580.

［138］杨淑霞. 浅谈我国的最低工资保障制度［J］. 河南大学学报（社会科学版），1996（5）：65-67.

［139］杨正雄，张世伟. 最低工资对农民工非正规就业和工资的影响［J］. 农业经济问题，2020（9）：40-54.

［140］姚金海. 基于 ELES 方法的贫困线测量［J］. 统计与决策，2007（2）：115-117.

［141］叶文辉，江佳鑫. 中国最低工资政策对低收入群体就业的影响：基于 CGSS 数据的实证研究［J］. 山西财经大学学报，2020，42（10）：14-26.

［142］伊曼努尔·康德. 历史理性批判文集［M］. 何兆武，译. 北京：商务印书馆，2009：78-86.

［143］伊特韦尔，等. 新帕尔格雷夫经济学大辞典：第三卷［M］. 北京：

经济科学出版社，1996：511.

［144］易余胤，刘汉民. 经济研究中的演化博弈理论［J］. 商业经济与管理，2005，（8）：8-13.

［145］易余胤，盛昭瀚，肖条军. 合作研发中机会主义行为的演化博弈分析［J］. 管理科学学报，2005，8（4）：80-87.

［146］易余胤. 企业技术创新投资行为的演化博弈分析［J］. 科技进步与对策，2009，26（3）：36-40.

［147］俞可平. 走向善治［M］. 北京：中国文史出版社，2016：84.

［148］托马斯. 公共决策中的公民参与［M］. 孙柏瑛，等，译. 北京：中国人民大学出版社，2015：8.

［149］袁劲，马双. 最低工资与中国多产品企业出口：成本效应抑或激励效应［J］. 中国工业经济，2021（9）：62-79.

［150］袁伦渠. 新中国劳动经济史［M］. 北京：劳动人事出版社，1987.

［151］袁伦渠. 劳动经济学［M］. 6版. 大连：东北财经大学出版社，2021：134.

［152］袁青川，易定红. 最低工资的就业和工作时间效应：来自中国劳动力动态调查的证据［J］. 人口与经济，2020（1）：1-15.

［153］张丹丹，李力行，童晨. 最低工资，流动人口失业与犯罪［J］. 经济学（季刊），2018（3）：168-187.

［154］张广科，王景圣. 初次分配中的劳动报酬占比：演变、困境与突破［J］. 中州学刊，2021（3）：22-28.

［155］张慧文. 北京市经济增长与居民收入差距关系研究［J］. 商业经济研究，2017（12）：118-120.

［156］张捷，王苗苗，等. 共享经济中员工—企业关系演化博弈分析：基于平台用户监管视角［J］. 运筹与管理，2020，29（12）：74-81.

［157］张军，赵达，周龙飞. 最低工资标准提高对就业正规化的影响［J］. 中国工业经济，2017（1）：81-97.

［158］张立清，石小法. 不确定性经济研究的一种新方法［J］. 经济科学，1999（2）：6.

［159］张明丽，杜庆，李方. 澳大利亚最低工资制度的实施情况及对我国经验借鉴［J］. 改革与战略，2011（8）：188-191.

［160］张世伟，韩笑. 最低工资标准提升对农民工劳动供给的影响［J］. 人

口学刊，2019，41（3）：91-99.

[161] 张世伟，杨正雄. 最低工资标准能否促进农民工工资持续增长 [J]. 财经科学，2019（11）：95-108.

[162] 张学鹏，宋蕾. 我国最低工资标准及其变动的决定因素实证分析 [J]. 当代经济科学，2018，40（5）：117-123，128.

[163] 张五常. 最低工资种祸根 [N]. 南方周末，2000-11-15.

[164] 张翼. 当前中国社会各阶层的消费倾向：从生存性消费到发展性消费 [J]. 社会学研究，2016（4）：24.

[165] 赵秋运，张建武. 中国劳动收入份额的变化趋势及其驱动机制新解：基于国际贸易和最低工资的视角 [J]. 金融研究，2013（12）：44-56.

[166] 登哈特，等，新公共服务：服务，而不是掌舵 [M]. 丁煌，译. 北京：中国人民大学出版社，2004.

[167] 郑兴无，王豆豆，张翼. 最低工资标准、政府创新干预与城市产业结构升级：来自我国 279 个地级市的经验证据 [J]. 华东经济管理，2020，34（12）：39-47.

[168] 中国工会新闻. 最低工资标准是这样谈出来的 [EB/OL].（2017-04-19）[2021-10-21]. http：//acftu. people. com. cn/n1/2017/0419/c67583-29221886. html.

[169] 钟苏娟，李禕，施国庆. 水库移民中的组织化参与：基于丹江口库区 D 村移民公众参与的实证考察 [J]. 水利经济，2018（5）：70-74.

[170] 周晓丽. 论社会公众参与生态环境治理的问题与对策 [J]. 中国行政管理，2019（12）：148-150.

[171] 周志军. 关于工会"去行政化"问题的几点思考 [J]. 工会理论研究（上海工会管理职业学院学报），2014（4）：8-11.

[172] ABOWD M, KRAMARZ F, BLANCHFLOWER D, et al. The tail of two countries：minimum wages and employment in france and the United States [R]. Discussion paper No 203 Institute for the study of labor（IZA），2000.

[173] ACEMOGLU D, PISCHKE J S. Minimum wages and on-the-job training [J]. Research in labor economics，2003（22）：159-202.

[174] ACOSS. About ACOSS [EB/OL].［2021-01-17］. https：//www. acoss. org. au/about-acoss/.

[175] ACTU. About the ACTU [EB/OL].［2021-01-09］. https：//www.

actu. org. au/about-the-actu.

[176] ALCOCK P. Understanding poverty [M]. London: Macmillan, 1993.

[177] ARNSTEIN S R. A ladder of citizen participation [J]. Journal of the American planning association, 1969, 35 (4): 216 - 224.

[178] BEIERLE T C, CAYFORD J. Democracy in practice: public participation in environmental decisions [M]. Washington DC: Resources for the Future, 2002: 3.

[179] BOND A, PALERM J, HAIGH P. Public participation in EIA of nuclear power plant decommissioning projects: a case study analysis [J]. Environmental impact assessment review, 2004 (6): 24.

[180] BOSANQUET N, CRIPPS M, MACHIN S, et al. Is there a dual labor marker in Great Britain? [J]. The economic journal, 1973, 83 (330): 421-435.

[181] BOVAIRD T. Beyond engagement and partition: user and community coproduction of public services [J]. Public administration review, 2007, 67 (5): 846-860.

[182] BROWN C. Minimum wage laws: are they overrated? [J]. Journal of economic perspectives, 1988 (2): 133-145.

[183] CARD D. Using Regional variation in wages to measure the effects of the federal minimum wage [J]. Industrial and labor relations review, 1992a (46): 22-37.

[184] CARD D. Do minimum wages reduce employment? a case study of California, 1987 - 89 [J]. Industrial and labor relations review, 1992b (46): 38-54.

[185] CARD D, KRUEGER A. Minimum wages and employment: a case study of the fast-food industry in New Jersey and Pennsylvania [J]. American economic review, 1994 (84): 772-793.

[186] CARD D, KRUEGER A. Myth and measurement: the new economics of the minimum wage [M]. New Jersey: Princeton University Press, 1995: 178-239.

[187] COUCH K, WITTENBURG D. The response of hours of work to increases in the minimum wage [J]. Southern economic journal, 2001, 68 (1): 171-177.

[188] DICKENS T, LANG K. A test of dual labour marker theory [J]. American economic review, 1985, 75 (4) : 792-805.

[189] DINARDO J, FORTIN M, THOMAS L. Labor market institutions and the

distribution of wages, 1973 – 1992: a semiparametric approach [J]. Econometrica, econometric society, 1996, 64 (5): 1001–1044.

[190] DOERINGER B, PIORE J. Internal labour markets and manpower analysis [M]. Lexington M A: D. C. Heath, 1971.

[191] FLINN C J. Minimum wage effects on labor market outcomes under search, matching, and endogenous contact rates [J]. Econometrica, 2006 (4): 1013–1062.

[192] FRIEDMAN D. Evolutionary games in economics [J]. Econometric, 1991, 59 (3): 637–666.

[193] FWC. Members & case allocations [EB/OL]. (2019-04-16) [2020-05-21]. https: //www. fwc. gov. au/about-us/members-case-allocations.

[194] HAMERMESH D. Labor demand [M]. New Jersey: Princeton University Press, 1993.

[195] HAMERMESH D. Minimum wages and the demand for labor [J]. Economic inquiry, 2010, 20 (3): 365–380.

[196] HARASZTOSI P, LINDNER A. Who pays for the minimum wage? [J]. American economic review, 2019, 109 (8): 2693–2727.

[197] https: //www. acoss. org. au/about-us/.

[198] https: //www. actu. org. au/about-the-actu.

[199] https: //www. fwc. gov. au/about-us/members-case-allocations.

[200] KENNETH B, MORTENSEN T. Equilibrium wage differentials and employer size [R]. Discussion Paper No 860, 1989.

[201] KRUMM R J. The impact of the minimum wage on regional labor markets [M]. Washington: American Enterprise Institute, 1981: 121–135.

[202] LEE D S. Wage inequality in the United States during the 1980s: rising dispersion or falling minimum wage? [J]. The quarterly journal of economics, 1999, 114 (3): 977–1023.

[203] LEVINSON H M. Unionism, concentration, and wage changes: toward a unified theory [J]. Industrial and labor relations review, 1967, 20 (2): 198–205.

[204] LINNEMAN P. The economic impacts of minimum wage laws: a new look at an old question [J]. Journal of political economy, 1982, 90 (3): 443–469.

[205] LOWNDES V, PRATCHETT L, STOKER G. Diagnosing and remedying the failings of official participation schemes: the CLEAR framework [J]. Social policy

& society, 2006, 5 (2): 281-291.

[206] MARSH A. Concise encyclopedia of industrial relations with bibliography [M]. London: Gower Press, 1979: 196.

[207] MARSHALL R. Minimum wage effects on Florida's economic development [J]. Journal of law and economics, 1960 (3): 106-117.

[208] MICHL T. Can rescheduling explain the New Jersey minimum wage studies? [J]. Eastern economic journal, 2000, 26 (3): 265-276.

[209] MCNABB R, PSACHAROPOULOS G. Further evidence of the relevance of the dual labor marker hypothesis for the U K [J]. The journal of human resources, 1981 (16): 442-448.

[210] MINCER J. Unemployment effects of minimum wages [J]. Journal of political economys, 1976s, 84 (4): 87-104.

[211] NEUMARK D, WASCHER W. Employment effects of minimum and subminimum wages: panel data on state minimum wage laws [J]. Industrial and labor relations review, 1992, 46 (1): 55-81.

[212] NEUMARK D, WASCHER W. Minimum wages and employment: a case study of the fast-food industry in New Jersey and Pennsylvania [J]. American economic review, 2000, 90 (5): 1362-1396.

[213] NEUMARK D, WASCHER W. Minimum wages and employment: a review of evidence from the new minimum wage research [R]. NBER Working Paper, 2006.

[214] PARROTTA P, POZZOLI D, PYTLIKOVA M. Labor diversity and firm productivity [J]. European economic review, 2014, 66 (1): 144-179.

[215] RAVALLION M. Poverty comparisons, fundamentals of pure and applied economics [M]. Chur: Harwood Academic Press, 1994.

[216] RILEY R, BONDIBENE C R. Raising the standard: minimum wages and firm productivity [J]. Labour economics, 2015 (44): 27-50.

[217] ROSEN S. Learning and experience in the labor market [J]. Journal of human resources, 1972 (7): 336-342.

[218] ROWNTREE S. Poverty: a story of town life [M]. London: Macmillan, 1901.

[219] SELTEN R. A note on evolutionarily stable strategies in asymmetric animal conflicts [J]. Journal of theoretical biology, 1980, 84 (1): 93-101.

［220］SHAPIRO C, STIGLITZ T. Equilibrium unemployment as a worker discipline device ［J］. American economic review, 1984, 3 (74): 433-444.

［221］SMITH J M. The logic of animal conflict ［J］. Nature, 1973, 246 (5427): 15-18.

［222］SMITH J M. The theory of games and the evolution of animal conflicts ［J］. Journal of theoretical biology, 1974, 47 (1): 209-221.

［223］SOLOW R M. Another possible source of wage stickiness ［J］. Journal of macroeconomics, 1979, 1 (1): 79-82.

［224］STIGLER G J. The economics of information ［J］. The journal of political economy. 1961, 69 (3): 213-225.

［225］TAYLOR P D, JONKER L B. Evolutionarily stable strategies and game dynamics ［J］. Mathematical biosciences, 1978, 40 (1-2): 145-156.

［226］TSANG S, BURNETT M, HILLS P, et al. Trust, public participation and environmental governance in Hong Kong ［J］. Environmental policy & governance, 2009 (2): 99-114.

［227］STEWART M, SWAFFIELD J. The other margin: do minimum wages cause working hours adjustments for low-wage workers? ［J］. Economica, 2008 (75): 148-167.

［228］STIGLITZ J E. Information and economic analysis: a perspective ［J］. Economic journal, 1985 (95): 21-41.

［229］VERBA S, SCHLOZMAN K L, BRADY H E. Voice and equality: civic voluntarism in American politics ［M］. Cambridge: Harvard University Press, 1995.

［230］WELCH F. Minimum wage legislation in the United States ［J］. Economic inquiry, 2010, 15 (1): 139-142.

［231］YALE B. Minimum wage rates and household workers ［J］. Journal of law and economics, 1962 (5): 103-109.

［232］ZAVODNY M. The effect of the minimum wage on employment and hours ［J］. Labor economics, 2000, 7 (6): 729-750.

附　录

附录1　1994—2022年中国各地最低工资标准变化表（截至2022年4月1日）

元/月

时间/省份		1994	1995	1996	1997	1998	1999	2000	2001	2002	2003	2004	2005	2006	2007	2008	2009	2010	2011	2012	2013	2014	2015	2016	2017	2018	2019	2020	2021	2022
北京		210	240	270	290	310	400	412	435	465	495	495	580	640	730	800	800	960	1 160	1 260	1 400	1 560	1 720	1 890	2 000	2 120	2 200	2 200	2 320	2 320
天津	最高	210	240	270	290	290	340	350	412	450	480	530	590	670	740	820	820	920	1 160	1 310	1 500	1 680	1 850	1 950	2 050	2 050	2 050	2 050	2 180	2 180
	最低	—	—	—	—	—	—	—	402	—	—	510	570	650	720	820	820	920	1 160	1 310	1 500	1 680	1 850	1 950	2 050	2 050	2 050	2 050	2 180	2 180
河北	最高	180	180	180	210	210	290	290	290	350	350	520	520	580	650	750	750	900	1 100	1 320	1 320	1 480	1 480	1 650	1 650	1 650	1 900	1 900	1 900	1 900
	最低	140	140	140	160	160	210	210	210	250	250	420	420	440	450	540	540	690	860	1 040	1 040	1 210	1 210	1 380	1 380	1 380	1 580	1 580	1 580	1 580
山西	最高	200	200	200	230	230	300	300	300	340	340	520	520	550	610	720	720	850	980	1 125	1 290	1 450	1 620	1 620	1 700	1 700	1 700	1 700	1 880	1 880
	最低	120	120	120	140	140	180	180	180	220	220	400	400	430	490	570	570	640	740	855	990	1 150	1 320	1 320	1 400	1 400	1 400	1 400	1 630	1 630
内蒙古	最高	170	170	210	210	210	210	210	210	273	330	420	420	560	680	680	680	900	900	1 200	1 350	1 500	1 640	1 640	1 760	1 760	1 760	1 760	1 900	1 900
	最低	130	130	170	170	170	170	170	170	221	290	380	380	400	500	500	500	680	680	900	1 050	1 200	1 340	1 340	1 460	1 460	1 460	1 460	1 540	1 540
辽宁	最高	210	210	210	240	240	320	320	360	360	360	450	450	590	700	700	700	900	900	1 100	1 300	1 300	1 300	1 530	1 530	1 620	1 620	1 810	1 910	1 910
	最低	150	150	150	180	180	240	240	230	230	230	350	350	420	500	500	500	650	650	780	900	900	900	1 020	1 020	1 120	1 120	1 300	1 420	1 420
吉林	最高	190	190	190	245	245	270	270	270	310	360	360	360	510	650	650	650	820	1 000	1 150	1 320	1 320	1 480	1 480	1 780	1 780	1 780	1 780	1 880	1 880
	最低	140	140	140	195	195	210	210	210	240	300	300	300	410	550	550	550	680	830	950	1 120	1 120	1 280	1 280	1 480	1 480	1 480	1 480	1 540	1 540
黑龙江	最高	200	200	230	230	230	299	325	325	325	390	390	390	620	680	680	680	880	880	1 160	1 160	1 160	1 480	1 480	1 680	1 680	1 680	1 680	1 860	1 860
	最低	160	160	170	170	170	170	221	221	221	235	235	235	380	420	420	420	600	600	850	850	850	1 030	1 030	1 270	1 270	1 270	1 270	1 450	1 450

续表

时间/省份		1994	1995	1996	1997	1998	1999	2000	2001	2002	2003	2004	2005	2006	2007	2008	2009	2010	2011	2012	2013	2014	2015	2016	2017	2018	2019	2020	2021	2022
上海		220	270	300	315	325	423	445	490	535	570	635	690	750	750	840	960	1 120	1 280	—	1 620	1 820	2 020	2 190	2 300	2 420	2 480	2 480	2 590	2 590
江苏	最高	210	210	240	260	260	320	390	430	460	540	620	690	690	850	850	850	960	1 140	1 320	1 320	1 630	1 630	1 770	1 890	2 020	2 020	2 020	2 280	2 280
	最低	140	140	160	175	175	210	240	250	260	320	360	400	400	590	590	590	670	870	950	950	1 270	1 270	1 400	1 520	1 620	1 620	1 620	1 840	1 840
浙江	最高	210	245	245	270	270	380	410	410	460	540	620	670	750	850	850	960	1 100	1 310	1 310	1 470	1 650	1 860	1 860	2 010	2 010	2 010	2 010	2 280	2 280
	最低	200	230	230	230	230	320	340	340	340	340	440	490	540	620	620	690	800	950	950	1 080	1 220	1 380	1 380	1 500	1 500	1 500	1 500	1 840	1 840
安徽	最高	180	180	180	240	240	240	340	340	370	370	410	410	410	560	560	560	720	720	1 010	1 260	1 260	1 520	1 520	1 520	1 550	1 550	1 550	1 550	1 650	1 650
	最低	150	150	150	160	160	165	240	240	270	270	290	290	310	390	390	390	500	500	680	860	860	1 150	1 150	1 150	1 180	1 180	1 180	1 180	1 340	1 340
福建	最高	280	320	365	360	360	420	420	450	450	400	400	470	650	750	750	750	900	1 100	1 200	1 320	1 320	1 500	1 500	1 700	1 700	1 700	1 800	1 800	2 030	1 660
	最低	170	180	185	190	190	210	220	235	235	280	280	320	400	480	480	480	600	800	830	950	950	1 130	1 130	1 280	1 280	1 280	1 420	1 420	1 660	1 850
江西	最高	190	190	190	220	220	250	250	250	250	250	360	360	510	580	580	580	720	720	870	1 230	1 390	1 530	1 530	1 530	1 680	1 680	1 680	1 680	1 850	1 610
	最低	130	140	140	160	160	190	190	190	190	190	270	270	390	420	450	450	500	500	610	900	1 060	1 180	1 180	1 180	1 470	1 470	1 470	1 470	1 610	2 100
山东	最高	170	170	240	240	240	320	320	370	410	410	530	530	610	760	760	810	920	1 100	1 240	1 380	1 500	1 600	1 710	1 810	1 910	1 910	1 910	2 100	2 100
	最低	140	140	160	160	160	220	220	260	290	290	350	350	390	500	500	600	700	800	950	1 080	1 200	1 300	1 390	1 470	1 550	1 550	1 550	1 700	1 700
河南	最高	204	204	204	240	240	290	290	290	380	380	380	480	480	650	750	750	800	1 080	1 100	1 240	1 400	1 600	1 600	1 720	1 900	1 900	1 900	1 900	2 000
	最低	136	136	136	160	160	190	190	190	240	240	240	320	320	450	550	550	600	820	820	960	1 100	1 300	1 300	1 420	1 500	1 500	1 500	1 500	1 600
湖北	最高	180	200	200	200	245	260	260	260	400	400	460	460	400	580	700	700	900	1 100	1 100	1 300	1 300	1 550	1 550	1 750	1 750	1 750	1 750	2 100	2 100
	最低	120	140	140	140	185	180	180	180	240	240	280	280	340	380	450	450	600	750	750	900	900	1 100	1 100	1 250	1 250	1 250	1 250	1 520	1 520

续表

省份	时间	1994	1995	1996	1997	1998	1999	2000	2001	2002	2003	2004	2005	2006	2007	2008	2009	2010	2011	2012	2013	2014	2015	2016	2017	2018	2019	2020	2021	2022
湖南	最高	205	205	205	220	220	250	325	325	360	400	400	480	600	635	665	665	725	850	1 020	1 265	1 265	1 390	1 390	1 580	1 580	1 580	1 700	1 700	1 930
湖南	最低	136	136	136	175	175	190	200	225	280	300	300	350	400	440	500	500	560	600	930	945	945	1 030	1 030	1 130	1 130	1 130	1 220	1 220	1 550
广东	最高	320	320	380	380	380	450	450	480	510	510	684	684	780	860	860	860	1 030	1 300	1 300	1 550	1 550	1 895	1 895	1 895	2 100	2 100	2 100	2 300	2 300
广东	最低	190	190	220	220	220	250	250	270	280	280	352	352	450	530	530	530	920	850	850	1 010	1 010	1 210	1 210	1 210	1 410	1 410	1 410	1 620	1 620
深圳	最高	338	380	398	420	420	547	547	574	595	600	610	690	810	900	1 000	1 000	1 030	1 320	1 500	1 600	1 808	2 030	2 030	2 130	2 200	2 200	2 200	2 200	2 360
深圳	最低	300	300	310	320	—	419	419	440	460	460	480	580	700	750	900	900	900	900	1 500	1 600	1 808	2 030	2 030	2 130	2 200	2 200	2 200	2 200	2 360
广西	最高	200	200	200	200	200	200	350	400	450	450	500	500	580	580	580	670	820	900	1 000	1 200	1 200	1 270	1 430	1 430	1 680	1 680	1 810	1 810	1 810
广西	最低	150	150	150	170	170	170	170	210	280	340	320	320	400	400	400	460	565	565	690	830	830	1 000	1 000	1 000	1 300	1 300	1 430	1 430	1 430
海南	最高	280	280	280	300	300	350	350	400	450	450	500	500	580	580	580	630	830	830	1 050	1 120	1 120	1 270	1 430	1 430	1 670	1 670	1 670	1 830	1 830
海南	最低	180	180	180	200	200	250	250	300	300	300	350	350	430	430	40	480	480	680	900	970	970	1 120	1 280	1 280	1 520	1 520	1 520	1 680	1 680
重庆	最高	—	—	—	—	—	270	290	290	320	320	400	400	580	580	680	680	680	870	1 050	1 050	1 250	1 250	1 500	1 500	1 500	1 800	1 800	1 800	2 100
重庆	最低	—	—	—	—	—	210	230	230	260	260	330	330	440	450	520	520	520	720	950	950	1 150	1 150	1 400	1 400	1 400	1 700	1 700	1 700	2 000
四川	最高	180	180	190	210	210	270	270	260	340	340	450	450	580	580	650	750	850	850	1 050	1 200	1 400	1 500	1 500	1 500	1 780	1 780	1 780	1 780	2 100
四川	最低	125	125	130	145	145	160	190	190	230	270	280	280	450	450	550	600	650	650	1 050	1 000	1 100	1 260	1 260	1 260	1 550	1 550	1 550	1 550	1 870
贵州	最高	190	190	190	200	200	260	260	260	350	350	400	400	500	540	550	550	830	930	930	1 030	1 000	1 600	1 600	1 680	1 680	1 680	1 790	1 790	1 790
贵州	最低	130	130	130	140	140	182	182	182	260	260	320	320	450	450	550	550	630	740	740	850	1 000	1 400	1 400	1 470	1 470	1 470	1 570	1 570	1 570
云南	最高	185	185	230	270	270	300	300	300	360	360	470	470	540	540	680	680	830	950	1 100	1 265	1 420	1 570	1 570	1 570	1 670	1 670	1 670	1 670	1 670
云南	最低	135	135	170	230	230	220	220	220	270	270	350	350	420	420	420	420	630	720	830	950	1 070	1 180	1 180	1 180	1 350	1 350	1 350	1 350	1 350

续表

时间/省份		1994	1995	1996	1997	1998	1999	2000	2001	2002	2003	2004	2005	2006	2007	2008	2009	2010	2011	2012	2013	2014	2015	2016	2017	2018	2019	2020	2021	2022
陕西	最高	200	200	200	200	200	200	260	320	320	320	490	490	540	540	600	600	760	760	1 000	1 150	1 280	1 480	1 480	1 680	1 680	1 800	1 800	1 950	1 950
	最低	125	125	125	125	125	185	185	245	245	245	400	400	420	420	480	480	580	580	790	950	970	1 190	1 190	1 380	1 380	1 600	1 600	1 750	1 750
甘肃	最高	180	180	180	180	180	180	280	280	280	280	340	340	430	430	620	620	760	760	980	1 200	1 350	1 470	1 470	1 620	1 620	1 620	1 620	1 820	1 820
	最低	140	140	140	140	140	140	240	240	240	240	300	300	320	320	500	500	630	630	860	1 020	1 200	1 320	1 320	1 470	1 470	1 470	1 470	1 670	1 670
青海	最高	200	200	200	200	200	260	260	260	260	260	370	370	460	460	460	600	770	920	1 070	1 070	1 270	1 270	1 270	1 500	1 500	1 500	1 700	1 700	1 700
	最低	170	170	170	170	170	170	220	220	220	220	330	330	440	440	440	580	580	900	1 050	1 050	1 250	1 250	1 250	1 500	1 500	1 500	1 700	1 700	1 700
宁夏	最高	180	180	180	200	200	300	300	350	350	350	380	380	450	560	560	560	760	900	1 100	1 300	1 300	1 480	1 480	1 660	1 660	1 660	1 660	1 950	1 950
	最低	140	140	140	160	160	240	240	290	290	290	320	320	380	380	380	380	450	750	950	1 150	1 150	1 320	1 320	1 480	1 480	1 480	1 480	1 750	1 750
新疆	最高	180	180	245	245	260	390	390	440	440	440	480	480	480	670	670	800	960	960	1 340	1 520	1 520	1 670	1 670	1 670	1 820	1 820	1 820	1 900	1 900
	最低	130	150	160	160	170	230	230	260	260	260	300	300	300	400	400	520	640	640	980	1 160	1 160	1 310	1 310	1 310	1 460	1 460	1 460	1 540	1 540
西藏	最高	—	—	—	—	—	—	—	—	—	—	495	495	495	495	730	730	950	950	1 200	1 200	1 200	1 400	1 400	1 400	1 650	1 650	1 650	1 850	1 850
	最低	—	—	—	—	—	—	—	—	—	—	445	445	445	445	630	630	850	850	1 150	1 150	1 150	1 400	1 400	1 400	1 650	1 650	1 650	1 850	1 850

资料来源：①各省、市、自治区人力资源和社会保障厅（局）网站；
②人力资源和社会保障部网站。

附录2 北京市居民年人均消费性支出、食品支出与教育支出（1990—2016年）

元/年

年份	低收入户			中等偏下收入户			中等收入户			中等偏上收入户			高收入户		
	消费性支出	食品支出	教育支出	消费性支出	食品支出	教育支出	消费性支出	食品支出	教育支出	消费性支出	食品支出	教育支出	消费性支出	食品支出	教育支出
1990	1 144.01	711.16	—	1 451.43	835.62	—	1 697.2	900.21	71.4	1 876.52	954.2	—	2 189.58	1 108.14	—
1991	1 348.42	821.36	—	1 653.1	965.41	—	1 892.66	1 019.79	110.57	2 052.57	1 085.19	—	2 483.95	1 239.21	—
1992	1 519.60	921.94	50.78	1 899.4	1 076.49	47.74	2 095.25	1 126.44	159.08	2 424.88	1 192.83	66.84	2 861.54	1 356.87	74.88
1993	2 069.52	1 182.49	60.87	2 595.13	1 347.7	122.47	2 732.08	1 346.29	184.19	3 253.72	1 494.27	117.69	4 236.38	1 698.97	100.09
1994	2 835.25	1 695.87	122.71	3 476.54	1 853.63	152.25	3 976.03	1 848.67	270.26	4 503.11	1 987.4	164.11	6 035.74	2 240.57	130.67
1995	3 299.70	2 028.95	158.1	4 170.54	2 256.97	162.25	4 869.86	2 512.59	330.55	5 859.58	2 566.47	214.64	7 186.62	2 868.66	308.07
1996	3 978.58	2 298.18	187.88	4 756.88	2 491.21	263.13	5 651.75	2 693.55	573.5	6 595.51	2 893.54	376.77	7 948.35	3 035.65	296.24
1997	4 002.54	2 138.48	216.45	5 404.02	2 547.4	307.91	6 406.05	2 914.97	492.23	7 639.41	3 350.44	428.18	9 909.51	3 514.23	404.63
1998	4 500	2 297.6	345.7	5 700.3	2 559.5	372	6 720.8	2 898.7	603.29	7 882.7	3 173.5	502.1	10 926.9	3 580.6	530.4
1999	4 873.89	2 302.76	414.98	5 973.1	2 676.6	411.21	7 079	2 871.94	715.6	8 676.2	3 338.31	589.17	11 456.3	3 719.99	586
2000	5 412.73	2 385.19	411.3	6 763.12	2 842.4	544.79	8 369.35	3 206.29	839.1	9 687.15	3 379.24	674.53	13 043.4	3 747.34	896.94
2001	5 954.47	2 528.3	606.2	7 192.7	3 013.1	667.3	8 612.8	3 272.2	963.3	10 310.2	3 473.3	643.7	13 381.2	4 017.7	1 160.3
2002	6 837.5	2 623.6	771.6	8 230.5	3 193.6	715.1	9 777.3	3 445.4	965.5	12 021.1	3 810.9	1 154.7	15 354.3	4 449.3	947.4
2003	6 695.99	2 713.1	660.5	8 840.4	3 221.3	766.1	10 602.4	3 728.3	864.6	12 558.7	3 885.6	1 230.7	18 179.4	4 252	1 322.85

续表

年份	低收入户 消费性支出	低收入户 食品支出	低收入户 教育支出	中等偏下收入户 消费性支出	中等偏下收入户 食品支出	中等偏下收入户 教育支出	中等收入户 消费性支出	中等收入户 食品支出	中等收入户 教育支出	中等偏上收入户 消费性支出	中等偏上收入户 食品支出	中等偏上收入户 教育支出	高收入户 消费性支出	高收入户 食品支出	高收入户 教育支出
2004	7 395.4	2 866.9	804.3	10 009.4	3 609	951.3	11 115.4	4 023.1	71.4	13 907	4 296.9	1 090.7	19 969.7	5 093.3	1 099.1
2005	7 863.5	3 218.2	788.1	10 939	3 911.6	898.5	11 772.5	4 212.5	110.57	15 813.8	4 714	1 012.9	21 325.2	5 263.3	1 094.5
2006	8 911	3 467	764	12 436	4 196	1 029	14 080	4 611	927	16 452	4 960	1 046	23 520	5 774	1 129
2007	9 183	3 726	687	12 196	4 577	899	15 094	4 971	825	17 747	5 500	942	23 415	6 054	1 053
2008	8 985	3 780	584	12 776	4 932	772	15 380	5 601	753	19 109	6 176	830	26 589	7 407	1 121
2009	10 009	4 048	681	14 538	5 244	1 037	16 752	5 892	907	20 529	6 680	865	28 541	7 995	1 132
2010	11 478	4 514	1 542	16 611	5 698	2 585	18 683	6 458	2 618	22 433	7 104	3 192	31 085	8 294	4 652
2011	11 308	4 609	1 300	16 573	5 975	2 468	19 885	6 935	2 955	25 213	7 722	3 793	36 264	9 133	5 892
2012	14 245	5 405	2 028	19 688	6 677	2 757	21 842	7 534	3 278	25 824	8 198	4 296	37 935	9 723	5 996
2013	15 236	5 714	2 076	19 112	6 892	2 579	24 349	8 045	3 593	28 335	8 583	4 330	42 779	11 285	7 072
2014	16 744	6 181	2 227	21 061	7 249	2 779	25 640	8 019	3 838	29 922	9 365	4 986	45 389	12 018	6 680
2015	16 549	5 479	1 623	26 703	7 080	2 770	33 186	8 209	3 479	45 498	9 070	5 075	66 840	11 712	7 704
2016	16 848	5 430	1 785	28 909	7 193	2 886	36 156	8 350	3 771	46 586	9 165	4 843	66 743	11 106	7 178

资料来源：《北京统计年鉴》1991—2017。

附录3

问卷编号_____

北京市企业员工最低工资标准调查问卷

尊敬的先生/女士您好！

非常感谢您在百忙之中抽出时间填写此份问卷。我们是"北京市最低工资标准调整机制优化研究"课题组，旨在调查北京市最低工资标准的实施现状及实施中存在的问题，以完善相关法律制度，维护劳动者的权益，提升社会幸福指数。此问卷采用不记名填写方式，不涉及个人隐私和企业机密，我们将对您填写的所有内容进行严格保密，希望您能根据自己的真实情况放心填写！此问卷大约需要5分钟填写，再次真挚感谢您的配合！

一、基础信息

A1. 您的性别是：　　　　（1）男　　（2）女

A2. 您的实际年龄（即您的周岁）：

（1）16~19　（2）20~24　（3）25~29　（4）30~34　（5）35~39

（6）40~49　（7）50及以上

A3. 您的婚姻状况：（1）未婚　　（2）已婚　　（3）其他（离异、丧偶）

A4. 您的户籍情况：　　　北京／京外　　　农村／城镇　户口

A5. 您的学历：（1）初中及以下　　（2）高中、中专　　（3）大专及以上

二、职业信息

B1. 您的职业：_____

B2. 您工作的地点：北京市_____区

B3. 您工作所在的行业：_____

您工作的单位：（1）私营单位　　（2）非私营单位

B4. 您平均每月实际领取的工资（扣除五险一金、个人所得税）为：_____元，每周平均加班_____小时。

B5. 您每月的工资构成是：

（1）固定工资　　（2）底薪+提成　　（3）只有提成　　（4）其他_____

如果为（2），您的底薪是_____元

B6. 您的用人单位为您提供了以下哪些保险福利？（可多选）

（1）免费早餐　　（2）免费中餐　　（3）免费晚餐　　（4）免费住宿

（5）社会保险　　（6）住房公积金　　（7）免费商业保险　　（8）带薪年假

（9）免费体检　　（10）其他＿＿＿＿＿＿

B7. 您上一周平均每天的工作时间是＿＿＿＿＿＿小时

B8. 您上一个月平均每周工作＿＿＿＿＿＿天

B9. 您每天工作 8 小时以外部分是否有加班工资？

（1）有　　（2）没有　　（3）不清楚

B10. 您周末工作（平时无调休）是否有加班工资？

（1）有　　（2）没有　　（3）不清楚

B11. 您在法定节假日工作时，是否有 300% 的工资？

（1）有　　（2）没有　　（3）不清楚

B12. 您与所在用人单位签订劳动合同的情况是：

（1）与目前的用人单位签订劳动合同

（2）与劳务派遣公司签订劳动合同，在用人单位工作

（3）未与任何单位签劳动合同，但实际在用人单位工作

（4）其他＿＿＿＿＿＿

B13. 如果您与用人单位签订了劳动合同，劳动合同的期限为＿＿＿＿＿＿年。

B14. 您在目前单位的工作年限为＿＿＿＿＿年

B15. 您的累计工龄是＿＿＿＿＿

（1）不足 1 年　　（2）1~5 年　　（3）6~10 年　　（4）11~20 年

（5）20 年以上

B16. 您是否是工会会员＿＿＿＿＿

（1）是　　（2）否　　（3）不确定

三、家庭信息

C1. 您的家庭人口数（包括您本人）为＿＿＿＿＿＿人。

C2. 您家庭中共有＿＿＿＿＿＿人（包括您本人）从事有收入的工作。

C3. 您家庭中需要抚养的未成年子女为＿＿＿＿＿＿人。

C4. 您家庭中需要赡养的无收入老人为＿＿＿＿＿＿人。

C5. 您的家庭是否享受当地政府发放的最低生活保障金？

（1）是　　（2）否

C6. 您个人劳动收入占家庭总劳动收入的比重大概是＿＿＿＿＿＿

（1）20% 以下　　（2）20%~39%　　（3）40%~59%　　（4）60%~79%

（5）80%及以上

C7. 您家庭的劳动收入占家庭总收入（除劳动收入外，还包括投资收入、房租等）的比重大概是＿＿＿＿＿

（1）20%以下　　　　　（2）20%～39%　　　　（3）40%～59%

（4）60%～79%　　　　（5）80%～99%　　　　（6）100%

C8. 您自己目前的工资收入保障自己和所赡养家庭成员基本生活的情况

（1）自己的工资不够自己花

（2）自己的工资可以保障自己的基本生活，没有家庭成员需要赡养

（3）自己的工资可以保障自己的基本生活，但无法保障所赡养家庭成员的基本生活

（4）自己的工资可以保障自己和所赡养家庭成员基本生活

C9. 从保障您和您所赡养的家人基本生活的角度看，您对自己目前的工资收入：

（1）非常满意　　（2）基本满意　　（3）满意度一般　　（4）不太满意

（5）非常不满意

四、最低工资保障制度了解及影响情况

D1. 您是否了解最低工资保障制度＿＿＿＿＿

（1）非常了解　　（2）基本了解　　（3）一般了解　　（4）不太了解

（5）不了解

D2. 您是否知道北京市目前的最低工资标准＿＿＿＿＿

（1）知道　　（2）不知道

D3. 如果您了解北京市最低工资保障制度，您了解的渠道主要有＿＿＿＿＿（可多选）

（1）通过自己查阅法律规定了解　　（2）亲朋好友告知

（3）公司宣传告知　　（4）网络或电视媒体等　　（5）其他＿＿＿＿＿

D4. 您认为是否有必要实施最低工资保障制度＿＿＿＿＿

（1）是　　（2）否　　（3）无所谓

D5. 北京市在2019年7月1日将月最低工资标准调整为2 200元，那次调整对您的工资收入有影响吗？

（1）有，我的工资提高了　　（2）没有　　（3）不确定

D6. 2019年7月最低工资标准的调整对您的生活水平提高有影响吗？

（1）有，我的生活水平提高了　　（2）没有　　（3）不确定

D7. 2019 年 7 月北京市最低工资标准的调整对您的就业机会有影响吗?

(1) 有,就业机会少了　　(2) 有,就业机会多了　　(3) 没有

(4) 不确定

D8. 2019 年 7 月北京市最低工资标准的调整对您的工作时间有影响吗?

(1) 有,工作时间延长了　　(2) 有,工作时间缩短了　　(3) 没有

(4) 不确定

D9. 您是否愿意向政府相关部门反映您就最低工资标准调整的意见?

(1) 愿意　　(2) 不愿意　　(3) 无所谓

D10. 您知道您身边有哪些能反映您就最低工资标准调整意见的渠道吗? (可多选)

(1) 工会　　(2) 市长热线 12345　　(3) 北京市政府官网办事大厅

(4) 政府微博微信　　(5) 社区居委会、街道服务窗口

(6) 社工　　(7) 媒体　　(8) 领导接待日　　(9) 其他

(10) 不知道

D11. 如果您目前的月工资收入低于 2 200 元,这很可能意味着您的权益受到了侵犯,您的态度是_____

(1) 不在乎,保住工作就好　　(2) 与企业据理力争

(3) 向工会或有关部门投诉　　(4) 换工作　　(5) 其他

感谢您的填写!

调查员:_____　　调查时间:_____　　调查地点:_____

附录 4

问卷编号_____

北京市企业最低工资标准调查问卷

尊敬的先生/女士您好！

非常感谢您在百忙之中抽出时间填写此份问卷。我们是"北京市最低工资标准调整机制优化研究"课题组，旨在调查北京市最低工资标准的实施现状及实施中存在的问题，以完善相关法律制度，维护劳资双方权益。此问卷采用不记名填写方式，不涉及个人隐私和企业机密，我们将对您填写的所有内容进行严格保密，希望您能根据自己的真实情况放心填写！此问卷大约需要 5 分钟填写，再次真挚感谢您的配合！

一、企业基本情况

A1. 企业经济类型：

（1）国有　　（2）集体　　（3）民营　　（4）个体　　（5）外商投资

（6）港澳台投资　　（7）其他

A2. 企业所属行业：

（1）建筑业　　（2）批发和零售业　　（3）住宿和餐饮业　　（4）房地产业

（5）水利，环境和公共设施管理业　　（6）居民服务、修理和其他服务业

A3. 企业的性质特点属于：

（1）劳动密集型　　（2）资金密集型　　（3）技术密集型

A4. 目前企业员工工资收入情况：

A4-1. 如果包括员工的加班费：

□所有员工工资均高于 2 200 元。请注明企业职工中最低月工资为_____元，其人数占员工的_____%。

□有一部分员工工资低于 2 200 元。请注明占员工的 _____%。

A4-2. 如果扣除员工的加班费

□所有员工工资均高于 2 200 元。请注明企业职工中最低月工资为_____元，其人数占员工的_____%。

□有一部分员工工资低于 2 200 元。请注明占员工的 _____%。

二、最低工资保障制度了解及影响情况

B1. 您是否了解最低工资保障制度？

（1）很清楚　（2）知道，但不是很了解具体规定　（3）听说过　（4）不知道

B2. 您是否知道北京市目前的最低工资标准？

（1）知道　（2）不知道

B3. 您认为是否有必要实施最低工资保障制度？

（1）是　（2）否　（3）无所谓

B4. 北京市在2019年7月将月最低工资标准调整为2 200元，那次调整对您企业员工的工资收入有影响吗？

（1）有，工资提高了　（2）没有　（3）不确定

B5. 北京市最低工资标准目前为2 200元，您认为这个标准：

（1）太高　（2）偏高　（3）比较合适　（4）偏低　（5）太低

（6）不知道

B6. 北京市在2019年7月将月最低工资标准调整为2 200元，针对这次调整，您所在的企业已经采取或将采取什么对策？（可多选）

（1）裁减员工　（2）减少员工福利　（3）降低员工食宿条件

（4）不采取对策，执行该最低工资标准　（5）其他

B7. 北京市的最低工资标准提高到多少，将会影响企业的生产经营：

（1）2 300~2 400元　（2）2 401~2 500元　（3）2 501~2 700元

（4）2 702~3 000元　（5）3 001~3 500元　（6）3 501~4 000元

（7）4 001~5 000元　（8）5 001元及以上

B8. 您的企业在确定企业职工工资水平时，最低工资标准的参考标准作用如何？（可多选）

（1）以最低工资标准作为企业最低层员工的工资

（2）所有员工的工资都高于最低工资标准，主要以市场价位为基准

（3）不考虑最低工资标准，主要以市场价位为基准

（4）以最低工资标准作为部分员工的底薪

（5）以最低工资标准作为部分/全部员工加班费的计算基数

（6）部分/全部员工工资低于最低工资标准

B9. 最低工资标准的调整对企业人工成本有影响吗？

（1）影响很大　（2）影响较大　（3）影响较小　（4）没有什么影响

B10. 最低工资标准的调整对企业产品/服务竞争力有影响吗？

（1）影响很大　（2）影响较大　（3）影响较小　（4）没有什么影响

B11. 企业考虑到北京投资时，北京当地的最低工资标准对投资意向有影响吗？

（1）影响很大　　（2）影响较大　　（3）影响较小　　（4）没有什么影响

感谢您的填写！

调查员：＿＿＿＿＿　调查时间：＿＿＿＿＿　调查地点：＿＿＿＿＿＿＿＿

附录5

北京市低收入劳动者访谈提纲

访谈引导语：

××您好，我们是"北京市最低工资标准调整机制优化研究"课题组的成员。今天我们在这里对您做一个访谈，访谈的主要内容就是了解您日常工作、工资福利与家庭负担等相关情况，访谈的目的是为完善北京市最低工资标准的调整机制提供建议。我们的访谈不涉及您个人隐私和企业机密，当您不想回答某一个问题时，可以直接告诉我们。我们将对您说的所有内容进行严格保密，希望您能如实介绍相关情况。不知道我把访谈的内容和目的讲明白了没有，有没有哪些是我没有说到的，您想了解的？好，如果没有了，我们就正式开始。

1. 请问您的家乡是哪里？

2. 请问您现在的主要工作内容是什么？

3. 请问您是什么时候开始在现单位工作的？之前都做过什么工作？

4. 请您详细说一下目前的工作时间是怎样的？（每天工作时间、休息情况、周六日工作情况、法定节假日工作情况）

5. 请问您目前的工资结构是什么样的？

6. 请问您现在每月的工资数额是多少？是否有加班费？

7. 请问您上一次工资调整是在什么时间？之前的工资是多少？您周围同事大体的调整情况是怎样的？

8. 用人单位都为您提供了什么福利？

9. 您在北京的居住情况如何？

10. 您的家庭成员都有谁？请您描述一下他们的具体情况。

11. 如果您有正在读书的子女，请描述一下他们读书费用的负担情况。

12. 如果您有需要赡养的老人，请描述一下赡养费用的情况。

13. 您和家庭成员的健康情况如何？医疗和保健费用的支出情况如何？

14. 您是否可以描述一下每月的生活花费情况？您的收入是否可以维持您自己和所赡养家人的基本生活？

15. 请问您了解最低工资保障制度吗？如果了解，是通过什么方式了解的？

16. 您认为有必要实施最低工资制度吗？

17. 请问您知道北京市目前的最低工资标准是多少吗？

18. 北京市最低工资标准的调整对您的工资、就业和工作时间有什么影响吗？您关注最低工资标准的调整吗？

19. 北京市最低工资标准目前为 2 200 元，您觉得这个数是否合理？

20. 如果您失业了，是否可以领失业保险金？如果可以领取的话，与北京市最低工资标准相比较，您觉得是愿意领失业保险金还是按照最低工资标准领工资？

21. 您享受当地的最低生活保障吗？如果享受的话，与北京市最低工资标准相比较，您愿意领低保还是按照最低工资标准领工资？

22. 在工作中如果您的权益受到损害，您会怎样做？

23. 您了解工会吗？向工会反映过自己的意见吗？

24. 您知道还有哪些反映意见的途径吗？

附录 6

北京市用人单位访谈提纲

访谈引导语：

××您好，我们是"北京市最低工资标准调整机制优化研究"课题组的成员。今天我们在这里对您做一个访谈，访谈的主要内容就是了解企业低收入员工的收入、工作时间、福利和最低工资标准对企业的影响等，访谈的目的是为完善北京市最低工资标准的调整机制提供建议。我们的访谈不涉及您个人隐私和企业机密，当您不想回答某一个问题时，可以直接告诉我们。我们将对您说的所有内容进行严格保密，希望您能如实介绍相关情况。不知道我把访谈的内容和目的讲明白了没有，有没有哪些是我没有说到的，您想了解的？好，如果没有了，我们就正式开始。

1. 请问您所在企业的经济类型是什么？
2. 请问您所在企业属于哪个行业？
3. 请问您所在企业是否属于劳动密集型？
4. 请问您的具体职位是什么？
5. 您企业中工资最低的员工月工资是多少元？请您详细说一说这些低收入员工的工资结构和福利情况。
6. 这些低收入员工都是从事什么工作的？
7. 低收入员工有多少人？占企业员工总数的比例是多少？
8. 您是否了解最低工资保障制度？
9. 您是否知道北京市目前的最低工资标准？
10. 您认为是否有必要实施最低工资保障制度？为什么？
11. 北京市在 2019 年 7 月将月最低工资标准调整为 2 200 元，那次调整对您企业员工的工资收入有影响吗？如果有影响的话，请您具体说一说。
12. 北京市最低工资标准目前为 2 200 元，您认为这个标准是否合适？为什么？
13. 针对北京市最低工资标准的调整，贵单位是否已经采取或将采取什么对策？为什么？
14. 您认为北京市的最低工资标准提高到多少将会影响企业的生产经营？

15. 您所在的企业在确定企业职工工资水平时，是否会参考北京市最低工资标准？如何参考？

16. 最低工资标准的调整对企业人工成本是否有影响？如果有，请您具体说一说。

17. 最低工资标准的调整对企业产品/服务竞争力是否有影响？如果有，请您具体说一说。

18. 最低工资标准的调整对企业投资意向是否有影响？如果有，请您具体说一说。